MORYA
y TÚ

SABIDURÍA

MORYA
y TÚ
SABIDURÍA

MARK L. PROPHET
ELIZABETH CLARE PROPHET

SUMMIT UNIVERSITY PRESS ESPAÑOL®

Gardiner, Montana

MARK L. PROPHET

ELIZABETH CLARE PROPHET

SUMMIT UNIVERSITY ☙ PRESS ESPAÑOL®

27 26 25 24   1 2 3 4

ÍNDICE

PRÓLOGO

¿Qué es la sabiduría? El significado oculto de la palabra es *sabio dominio,* lo cual se refiere a la capacidad de conducir los asuntos de una manera iluminada y divinamente inspirada para producir un profundo sentimiento de satisfacción para todas los interesados.

El Maestro Ascendido El Morya tiene una capacidad sobresaliente de manejar las facultades de la mente como un espléndido reflector de la mente de Dios. Por este motivo se lo conoce con muchos nombres asombrosos: el maestro zen; el maestro mercurial; el maestro de la mente Géminis; alguien cuya mente es como la mente de brillo diamantino de Dios.

Nuestro intento de comprender la naturaleza de El Morya como señor de sabiduría nos lleva a un pasado remoto. No nos debe sorprender que, aunque Morya trabaje ahora extensivamente con las evoluciones de la Tierra, su origen se encuentre en el planeta Mercurio.

Mercurio y Venus, nos dicen los Maestros Ascendidos, estuvieron poblados por seres parecidos a los que ahora viven en el Tierra. En aquellos tiempos pasados, estos dos planetas todavía no tenían los ambientes tórridos e inhóspitos que los caracterizan actualmente. Mientras que el hermoso Venus fue un foco de la llama del amor, Mercurio fue una plataforma para el desarrollo de la mente.

Cuenta la vieja historia que, en un punto específico de la larga historia de Mercurio, las cosas se torcieron terriblemente una vez que la batalla intergaláctica entre el Bien y el Mal extendió su inicua influencia a ese pequeño planeta, igual que a la Tierra. El Morya nos explica lo que ocurrió:

> En aquel cuerpo planetario, el problema de la luz y la oscuridad estaba presente. Aquí, donde el signo de Géminis es la mente de Dios para la acción en concentración, la perversión de la luz se produjo en la creación mecánica de un robot que imitaba la mente Géminis. ¡Una absoluta farsa contra el Todopoderoso! Sin embargo, los caídos llevaron a cabo su ardid; ¡y durante un tiempo pareció que prevalecerían!
>
> Por tanto, crearon una manifestación robótica con una capacidad superficial de manejar información mundana, pero sin la profundidad de las puntas de amor/sabiduría que surgen de la llama trina. Este robot, pues, aparentemente práctico, pero enormemente poco práctico espiritualmente, empezó a invadir aquella civilización. El desafío para los hijos y las hijas de Dios fue la utilización… de la mente Géminis para refutar, desmentir, denunciar, atar y eliminar de Mercurio esas manifestaciones; una absoluta usurpación de la creación del Todopoderoso.
>
> Al ver el desafío y puesto que nos enseñó el Dios Mercurio, supimos que la inquebrantable devoción a la voluntad de Dios, la interiorización de la energía al punto diamantino del Yo, el esgrimir la espada de llama azul y la maestría de la acción de claves foháticas daría como resultado la victoria.

Al contarnos el maestro esta antigua lucha en Mercurio se hace evidente cómo se formó su conciencia y su determinación al participar en el heroico esfuerzo de reclamar el planeta como un lugar de luz. Morya continúa:

> Entonces, a partir de un profundo deseo de liberar a las almas que evolucionaban en Mercurio (las cuales no tenían ninguna posibilidad contra la creación robótica) fue que desarrollamos nuestra condición de adeptos en la

voluntad de Dios. Las perversiones absolutas del poder absoluto exigen ser contrarrestadas por la intensidad de las energías del Imán del Gran Sol Central. Recordaréis que la victoria que logró Jesucristo le dio el poder del cielo y la tierra, el medio a su disposición para derrotar al enemigo.

Dios nos dio a nosotros, cuando librábamos la batalla de los mundos en Mercurio, esa energía, ese poder, únicamente porque estuvimos dispuestos a equilibrar la llama trina, a practicar la sabiduría y el poder de la sabiduría, a intensificar un amor tal en cada célula y en la llama de cada célula, que nuestra aura estaba tan saturada de amor que no había posibilidad alguna para la mala cualificación de un solo ergio del poder de Dios mediante cualquier forma de tiranía.[1]

Entonces, ¿qué es esta mente Géminis que se ha convertido en la marca característica de El Morya? Para empezar, es lo contrario a la mente mecanizada y robótica a la que se refiere Morya. Pero, más específicamente, es la mente equilibrada que expresa la plenitud y la totalidad de la conciencia divina.

Elizabeth Clare Prophet, quien con su esposo, Mark Prophet, recibió los mensajes de Morya reunidos en este libro, explica que «cualquier división, cualquier cisma dentro del yo (la guerra de los miembros de uno, la división entre el cuerpo de los deseos y la mente), les quitará esta plenitud, esta unidad».[2]

Cuando los maestros hablan de unirse a la mente universal, se refieren a la capacidad que tiene la mente de Dios de moverse en nosotros con libertad para que no tengamos una conciencia separada de Dios. Debemos comprender que la mente que utilizamos, incluso en nuestros asuntos cotidianos, es la mente de Dios que obra a través de nosotros. El cerebro no es el generador de la mente, explica Elizabeth Clare Prophet, es simplemente «un cáliz para una programación determinada, para ciertas habilidades que debemos poner en práctica en una encarnación determinada, una herramienta para una preparación y una conciencia determinadas...

«A través de cerebro, a través del sistema nervioso, a través de los chakras, a través del corazón nos sintonizamos con la mente universal de Dios y nos damos cuenta de que lo que podemos hacer y ser (el punto de acción) supera con creces la capacidad del cerebro, que tiene más que ver con la maniobrabilidad en el entorno físico que con la exploración de la vida universal».

En breve, la mente de Dios obra independientemente de la forma física. Como lo explica la Sra. Prophet: «Puesto que el cerebro no es un recipiente adecuado para la mente de Dios... se crea un arco por el que se evita el cerebro para llegar a la percepción del alma, que es la conciencia del alma, el mismísimo corazón. Y se produce un saber instantáneo basado en una condición del Ser instantánea en presencia de Dios».[3] Este es exactamente el punto al que nos desea llevar el Maestro Morya.

Indudablemente, es importante comprender que la mente Géminis no es una simple abstracción, no es un tesoro espiritual que uno se complazca en tener sin que sea realmente útil en la vida. Al contrario. El desarrollo de la mente Géminis nos permite pensar igual que piensa Morya y actuar como actúa Morya. Es una necesidad, una condición para poder integrarnos totalmente con el maestro mercurial y volvernos útiles para él. Nadie lo dice mejor que el propio Morya en este dictado, en el que habla del proceso que atraviesa el chela o discípulo para atarse a su corazón diamantino:

> Benditos corazones, el proceso de atarnos es un sello muy parecido a la vulcanización que existe al procesar el caucho. Benditos corazones, sellarnos es atarnos. Por tanto, para lograrlo debéis entender el Sendero y sus consecuencias...
>
> No tenéis por qué caminar por la Tierra en el sentido de que sois un ser kármico, una persona apesadumbrada y limitada. ¡Exclamad los fíats! ¡Interiorizad la luz! Y que esta celebración de otro aniversario sea una celebración de muchas velas encendidas alrededor del mundo que han dicho: «¡Se acabó! ¡No quiero tener nada más que ver con mi creación humana! ¡La pisotearé! ¡La echaré fuera! No tendré la guardia baja. No me veré a mí mismo de repente

en esos valles de escarnio en los que mi Dios es escarneci-
do por perder yo el tiempo en el sinsentido de la lástima
por mí mismo y la complacencia».

¿Sientes en estas palabras del maestro la feroz determinación
de ayudarnos a ser como él ya es? El amor de Morya por nuestra
alma es tan grande que le resulta difícil esperar el momento de
nuestra victoria. Le cuesta vernos luchar incesantemente contra los
dictados de nuestra naturaleza superior y en cambio tardar tantí-
simo en deshacernos de nuestras creencias finitas acerca de quién
somos de verdad. Morya nos insta a que nos apresuremos:

> Benditos, ¡debéis reevaluar vuestro salto! Podéis saltar
> mucho más lejos de lo que pensáis. Pero os permitís per-
> manecer en unos estados tan limitados que, debo decir, se
> me acaba la paciencia. ¡Y me impaciento! Y entonces sen-
> cillamente me marcho del sitio donde estáis, porque no
> puedo esperar ni un momento más. Porque la vida me
> llama en todas partes de este planeta y debo estar donde
> me llama.
>
> Y estoy donde la perforación de la mente Géminis
> pueda llegar al mismísimo corazón de la mente del chela,
> donde tan rápido como un destello de luz podéis captar
> mi pensamiento y después no os demoráis en implemen-
> tarlo, sino que sabéis que es mi pensamiento, porque co-
> nocéis mi vibración. Lo hacéis. Actuáis en consecuencia.
> Y sabéis cuál es el proceso de recibir dirección divina de
> vuestro Gurú de corazón a corazón y de mente a mente.

Lo único que hace falta para aprender a recibir lo que nos envía
desde su corazón, dice Morya, es volvernos receptivos a su palabra
en cuerpo, alma y mente.

> Debéis tener la apertura. ¡Los oídos deben estar abier-
> tos! ¡Los poros deben estar abiertos! ¡Los chakras deben
> estar abiertos! ¡Y debéis tener un corazón que escucha!
> ¡Debéis tener una mente que escucha! Debéis tener espacio
> donde yo pueda hablaros y vosotros podáis reconocer mi

rayo tan nítidamente distinto al balbuceo de las otras voces astrales, que os prometen esto y aquello y senderos más fáciles y recompensas fáciles.[4]

Sin duda, El Morya está pidiendo a sus estudiantes que suban más arriba de donde estaban cuando él los encontró en las vías y caminos de la vida.

En este segundo volumen de dictados del incomparable maestro de Mercurio, se indagan en gran manera sus profundos pensamientos sobre la mente de Dios de la que él mismo se ha apropiado. ¡Que las palabras de Morya te inspiren a buscar la mente Géminis y la sabiduría divina de la que habla!

Carla Groenewegen
Directora de Summit University

CAPÍTULO 1

La Presencia siempre está al alcance.
La Presencia está sobre vosotros con su
radiación brillante y resplandeciente
a todas horas del día y la noche.

LA PERFECCIÓN DE VUESTRO CORAZÓN ES DIOS

Esta mañana traigo conmigo el resplandor de los Hermanos del Corazón Diamantino y todos los que aman la buena voluntad. Lo habéis oído decir, la voluntad de Dios es buena. Habéis creído con vuestra mente que la voluntad de Dios es buena. Pero nuestros chelas no siempre han actuado en su mundo de los sentimientos o incluso en la actividad exterior de su ser con la perfección de la que han hablado y que han venerado. Y por este motivo vengo esta mañana, amados, para llamar vuestra atención al hecho de que se os dio la Gran Ley para que pudierais avanzar con ella hacia la perfección. No se os dio la Ley simplemente como un documento para que lo examinarais y como objeto de curiosidad para pasar el tiempo. No se os dio la Ley para que os sintierais bien de alguna forma específica y en particular, aunque es cierto que la Ley debería hacer eso si se obedece. Se os dio la Ley con el fin de daros vuestra libertad eterna. Y la Ley es la Ley de Dios escrita en vuestro corazón.

Cuando manifestáis la voluntad de Dios en la vida cotidiana, estáis manifestando la perfección de Dios y estáis complaciendo a los Maestros Ascendidos y a los que aman los propósitos del Padre. Amados, cuando no manifestáis la perfección de las esferas eternas, sino que cedéis ante los impulsos de la sustancia sombría y todas las fuerzas del negativismo que están desenfrenadas en la Tierra, lo único que hacéis es impedir la manifestación del plan bello y eterno, que ahora se espera revelarse a toda la humanidad.

ADORAD LA PERFECCIÓN DE VUESTRA PRESENCIA

Amados, el misterio del ser, como lo llaman, no es misterio para nosotros. Nosotros que vemos directamente el rostro de nuestra poderosa Presencia YO SOY, nosotros que comulgamos a diario porque nos hemos unido a ella, la Presencia de la Vida, no hallamos misterio alguno excepto los infinitos misterios de Dios, que se revelan con un método ordenado y progresivo incluso a los santos y seres ascendidos. Pero no hay misterio en nuestra aparición, pues conocemos el rostro del Padre y contemplamos constantemente el rostro de su voluntad buena y pura.

Amados, no puedo censurar a quienes de vosotros tenéis un corazón tan puro que habéis venerado continua y fielmente a vuestra Presencia a diario durante muchos años. Tampoco puedo censurar a quienes están en la ignorancia ni puedo censurar a nadie; pero quisiera pronunciarme a fin de inspiraros a que cambiéis el futuro allá donde lo exterior no ha manifestado la perfección que hay en vuestro corazón. La perfección que hay en vuestro corazón es Dios. La bondad de Dios debe ser considerada como la fuerza vital más grande en vuestra vida. Sin embargo, amados, mucha gente se fija mucho más en las condiciones externas que en la importancia de venerar la perfección de su Presencia.

LA PRESENCIA SIEMPRE ESTÁ AL ALCANCE

Estoy de lo más agradecido por veros aquí esta mañana, pues después de la efusión en Pascua esperaba que los estudiantes encontraran un enorme imán que los atrajera a estas reuniones y se dieran cuenta de que las reuniones no se celebran solo para apaciguaros o para apaciguar al yo exterior; se celebran, amados, a fin de proporcionarnos un foco y una plataforma en donde poder derramar nuestra radiación para vosotros y a través de vosotros hacia el mundo de la forma, hacia esta ciudad y para bendecir a toda la humanidad con un gran amor espiritual de Dios, la voluntad de Dios, el poder del fuego sagrado y toda buena bendición que la Ley os permita recibir.

La Presencia siempre está al alcance. La Presencia está sobre vosotros con su radiación brillante y resplandeciente a todas horas del día y la noche. Pero, amados, independientemente del hecho de que la gran y magnífica Presencia de la Vida está sobre vosotros, sigo viendo que algunos estudiantes se despiertan durante la noche y tienen un sentimiento de opresión, depresión, duda o temor. Amados, debéis deteneros para comprender que esto es como si hubiera una nube delante de la faz del Sol de vuestra Presencia.

Debéis comprender que la Presencia, con su luz, siempre brilla detrás de esa nube de maya, sombra, oscuridad y opresión. Y vosotros debéis disipar eso llamando al Arcángel Miguel y a los de nuestra octava para que hagamos destellar nuestro poder tangible —la espada de llama azul, el poder del fuego sagrado— a través de esa nube y la disipemos. ¡Debéis enseñorearos de vuestro mundo! Debéis aprender a ejercer la autoridad que Dios os ha dado y comprender que solo al ejercer esa autoridad os levantaréis como hijos de Dios e hijas de la luz y del fuego sagrado hacia el estado que os corresponde, donde se tiene un conocimiento de todos los misterios.

UN DRAMA CÓSMICO DE LA EXISTENCIA SIEMPRE PRESENTE

Entonces no hay nada extraño, entonces no hay nada oculto, no hay nada secreto acerca de los misterios típicos del reino de Dios que no sabréis. Sabréis, amados, todo lo que la Gran Ley exija que sepáis para ascender. Ahora bien, este es un aspecto específico e importante. Es absolutamente imposible que nadie de este planeta tenga todo el conocimiento antes de ascender. Incluso nosotros, amados, en nuestra octava de perfección eterna, no sabemos todo lo que el Padre tiene guardado, pues él decide desvelar y revelar continuamente a los Maestros Ascendidos nuevos y trascendentes misterios. Y, por tanto, en ninguna parte del universo existe lo definitivo.

Pero, amados, debéis recordar que la Ley exige que sepáis todo lo necesario para que podáis ascender. Y, por tanto, cuando llamáis a vuestra omnipresente y omnisciente Presencia de la Vida, debéis comprender que ella tiene el poder de daros exactamente la cantidad de perfección de conocimiento que tiene y que es necesaria para liberaros. Y no es necesario que el universo os dé una jota más de su energía que aquello que os libere, porque una vez que sois libres de elevaros sin trabas y libres hacia las octavas de luz, podéis descubrir por vosotros mismos cómo abrir cada puerta hacia el conocimiento secreto que necesitéis debido a la necesidad de desarrollar y expandir vuestro servicio específico a la vida desde las octavas superiores.

Oh amados, tantos son los que han tenido el sentimiento de que después de transitar hacia las octavas superiores la vida seguiría de manera automática y ya no habría ninguna necesidad de prestar ningún servicio específico. Bien, que lo vuelvan a considerar, amados. Porque nosotros ascendimos hace mucho tiempo y aún seguimos prestando un servicio a la luz y, por la gracia de Dios Todopoderoso, esperamos continuar haciéndolo siempre. Porque este universo está inundado, literalmente inundado de planetas, estrellas y sistemas de mundos y grandes galaxias, y los planes del Padre son desde la eternidad hasta la eternidad. Y, por tanto, creemos y sabemos que la luz infinita de Dios desplegará ante nuestros ojos, espiritualmente abiertos, un drama cósmico constante de la existencia que continuará a lo largo de los ciclos eternos por siempre jamás.

Y nosotros, por tanto, no tememos temor a un fin o a un repentino llegar a no existir, pues percibimos siempre una perfección omnisapiente, trascendente y desvelada proveniente de la mente de Dios. Y vosotros también, ahora mismo, estando no ascendidos, si queréis, podéis entrar en eso y deshaceros de las cadenas de la existencia, las cadenas que os han mantenido atados durante demasiado tiempo.

ELEVAOS CON EL PENSAMIENTO
Y SENTID CÓMO ASCENDÉIS

Y podéis ascender hacia vuestra perfección con el pensamiento aun antes de haber ascendido hacia vuestra perfección elevando el cuerpo físico, hasta que sus átomos se conviertan en átomos de luz pura: sin peso, imperecederos, celestiales, inmortales, con el fuego cósmico elevándose en vuestro ser. Y, por tanto, podréis elevaros con el pensamiento antes de ese momento y, al hacerlo, contribuiréis a vuestra ascensión.

Amados, ¿os gustaría probar, durante muchas semanas, la ceremonia de imaginaros cada mañana, al levantaros de la cama, como si fuerais a ascender y entonces, mirando al sol naciente, sentiros como el Cristo sobre la montaña ascendiendo[1] hacia la luz? ¿Os gustaría probar este ejercicio, amados? Sentid que vuestro cuerpo asciende. Tratad de imaginar qué pensamientos tendríais y cómo os sentiríais si estuvierais ascendiendo hacia la perfección inmortal de Dios.

Entonces, amados, después de ver que no habéis ascendido y que seguís afianzados a la Tierra, podéis ir y afrontar los problemas con algo del espíritu del matador de dragones. Y seréis capaces de matar a esos dragones de la existencia de los que habéis estado plagados durante demasiado tiempo, porque tendréis una idea de lo que os espera y la gran perfección que Dios Todopoderoso hará que os llueva, quien, con todo el amor, creó a cada hijo de la luz para darle la exaltación de su ascensión en la luz y que cada átomo de su cuerpo, cada valiosa célula de luz, pueda estar tan inundada del resplandor de Dios, refulgente y trascendente, que brille como el sol. Y que cada átomo pueda ser elevado y la totalidad ascienda en la luz perfecta como hizo el Cristo, para ser recibida fuera de la vista humana en los reinos invisibles, en las octavas de luz,[2] y salir de ese reino invisible a voluntad, para manifestarse (como Saint Germain y los grandes Maestros Ascendidos hicieron y hacen) ante la humanidad y bendecirla, sanarla, elevar esta civilización hasta un pináculo de gran logro.

Benditos, todo esto puede darse, pues es lo que la voluntad de

Dios quiere para vosotros. ¡Es bueno! Y es lo real, lo puro y lo verdadero y puede conocerse. Puede lograrse. Puede accederse. Está a vuestro alcance. No es un fruto que no pueda obtenerse, sino que es un fruto que podéis obtener, vosotros que escucháis mi voz esta mañana y todos lo que decidan aceptar la perfección de Dios, la voz de muchas aguas,[3] que habla a la humanidad y dice a todo el mundo: «Ven. Y el que tiene sed, venga; y el que quiera, tome del agua de la vida gratuitamente»[4]

En el santo nombre de la libertad, desde las mesas del Consejo de Darjeeling, os doy las gracias a todos. Os bendigo esta mañana con un sentimiento de eternidad, traído abajo al reino del tiempo, porque sois seres de eternidad, no creaciones efímeras de tiempo.

Gracias y buenos días.

6 de mayo de 1962
Theosophical Hall
Ciudad de Washington
Mark L. Prophet (MLP)

CAPÍTULO 2

Se acerca la hora cuando la sabiduría se atesorará,
cuando la sencillez de la sabiduría se reconocerá
como la complejidad de Dios.

VOLAD AL CORAZÓN DEL SOL

La niebla en la montaña se disipa.
El orbe luminoso del sol dorado
está ante los ojos del observador.

YO SOY el que ha acudido a quienes viajan fatigados
para dar un refrigerio en la fuente de la buena voluntad,
para concienciar
a aquellos de anhelos y esfuerzos valientes
de los hechos de que el cielo no ha abandonado a la humanidad
en su viaje incesante
por las arenas sin huellas del desierto.

El plano del ser, el plano de la razón,
el plano de la no consecución
debe considerarse a la luz del logro.
Las montañas que hay adelante son desafíos.

Mófense los hombres del poder de la Verdad;
eso es como un jején que pasa volando.
Busquen los hombres un juego de ajedrez;

la mano de Dios es el triunfo.
Afánense los hombres en vano;
Dios Altísimo se reirá cuando las olas
caigan sobre sus castillos de arena
y se los lleven.
Se disiparán y no quedará nada
más una suave playa
y huecos en la arena
donde los que están sentados ojean el cielo con un
     sentimiento vano.

Ha llegado la hora cuando virtud y belleza
y la esencia de la rosa deben atesorarse.
Los que, como escorpiones, tienen aguijón han de cuidarse
para que el león que va por la calle no los devore
y no sean más que una comida
para las bestias salvajes.
Ha llegado la hora cuando el trono de Cristo
debe establecerse en el corazón de todos.

¡Que quienes quieren buscar
la vanidad del engaño hagan eso mismo!
Tanto desdén, tanta soberbia, tanta vanidad
los llevará al juicio más pronto.
Verán que los caminos hacia nuestra morada están cortados
cuando busquen los caminos del saqueador
y los prefieran al sendero de la Verdad.
Llamarán y la puerta estará cerrada.
¡Llamarán y no habrá respuesta!
Se esforzarán y será en vano.

Que quienes comprendan y reconozcan
que los ungüentos de la vida son necesarios para sanar
los apliquen antes de que la herida destruya la carne
y la gangrena corroa los órganos vitales.

Hoy decimos a todos:
Los enigmas que han desconcertado la mente de los hombres

no pueden resolverse al sencillo modo de la Tierra,
pero pueden resolverse al sencillo modo del corazón.
Pues la Tierra es la Tierra
y el corazón es el corazón.
Y el corazón está en la Tierra.
Pero el fuego de la vida arde
en su centro,
y su centro contiene este fuego
que no se extinguirá; ¡no!
Pues sobre Sion descenderá la luz.
¡Y la luz se expandirá!
Y todos los países verán
la gloria Shekinah del Señor.
El poder del primer rayo está extendido por la tierra.
Y lleva orden, como la primer ley del cielo,
en su acción vibratoria.

Cuídense los hombres de la simplicidad
cuando esa simplicidad es vanidad.
Cuídense los hombres de la complejidad
cuando esa complejidad es vanidad.
Aprendan a esforzarse para escapar de la jaula,
de la mano del saqueador, y de lo vano.
¡Vuelen al corazón del sol!
las alas no se les chamuscarán,
si las alas están llenas
del poder de amianto del Espíritu.

Yo digo, por tanto, en esta era
cuando esperáis alguna palabra de las alturas,
cuando vuestro corazón tiene hambre y sed de justicia:
sabed que el poder de la verdad
siempre está a vuestro alrededor y en vosotros.
Vosotros, con el esfuerzo del reconocimiento,
llegaréis a una conciencia de Dios.
Os desharéis de las viejas túnicas.

¡La llama las consumirán!
De vuestra memoria se desvanecerán.
Y todo lo que es luz y la voluntad de Dios
las sustituirá.

Se acerca la hora cuando la sabiduría se atesorará,
cuando la sencillez de la sabiduría se reconocerá
como la complejidad de Dios,
cuando los hombres verán sus sueños surgir
como realidad que aparece de repente.
Pues sus sueños serán sueños de luz,
tejidos con el resplandor del fuego sagrado
y dedicados según el plan.
Entonces todas las cosas llegarán a la pureza,
porque los planes de los hombres a menudo no son los
    planes de Dios.

Ahora estamos en Darjeeling
a la espera de la venida del arquero.
Ahora esperamos la venida de los arqueros perfectos,
quienes, con su flexibilidad y agilidad,
verán con claridad el ojo y la diana
y dispararán la flecha como a la perfección.
Esperamos los esfuerzos del espíritu.
Esperamos la purificación de los recipientes.
Esperamos la evaluación del tesoro.

Os decimos a todos:
Perseguid la verdad.
Que no se os escape.
Paz y bendiciones
desde el fuego en la montaña.
El día es para los veloces y los fuertes.

Que todos se deshagan de sus cargas.
Que todos se hagan buscadores.
Que todos se hagan estimadores.

Que los hombres aprecien la justicia.
Que eviten el mal.
Que la vanidad sea abandonada.
Que los viejos cadáveres de animales se pudran en el desierto.
Que los huesos se blanqueen.
Y que los hombres perciban lo que tiene valor.

Entonces la esencia del Espíritu
se desplegará en la forma.
Y del velo aparecerá la espiral.
Y ¡mirad! el maestro aparece como en el aire,
y todo está bien.

Porque el que contempla
también contemplará en sí mismo.
Y sucederá
que el hechizo exterior de la vanidad se romperá
porque el camino al templo se conocerá.

Gracias y buenos días.

17 de enero de 1965
Dodge House
Ciudad de Washington
MLP

CAPÍTULO 3

Las órbitas de la Tierra, cada una de ellas,
tienen el propósito de marcar el logro cíclico,
y cada giro del planeta sobre su eje quiere ser
el girar de la rueda de la vida un paso más cerca
a la manifestación de la perfección.

LA SACUDIDA DE LA LIBERTAD

Con el resonar del cántico del *Yasna*[1] en los oídos de sus devotos, en mi mente surgen visiones de ángeles de fuego sagrado que entonan cánticos del OM sagrado a la voluntad de Dios.

Hoy os saludo desde Darjeeling, inundado de amor por el primer rayo y por el golpe por un propósito digno que se ha manifestado entre vosotros. La calumnia y el vilipendio al ideal divino nunca pueden conservar de forma permanente ningún vestigio de malos efectos, cuando la imagen divina se alza en alto como un icono de luz. La luz se elevará por encima de la oscuridad y lo impregnará todo. La luz fortalecerá los lazos de hermandad. La luz percibirá a la luz desde lejos, y la unión y la fortaleza y la voluntad de Dios se acentuarán.

Las visiones de hermosura y de percepción han inundado la mente de los santos. ¿Y los que desean ser santos, pero carecen de la necesaria puesta en práctica? Hoy venimos para volver a llamar vuestra atención a la necesidad que hay de ser diligentes en la puesta en práctica. Porque sin la puesta en práctica los mejores santos no surgirían y sus vestiduras serían un peso que los apesadumbrarían por el flujo de la gravedad y la atracción descendiente desde el noble propósito.

Por tanto, nosotros imaginamos hoy un corte de los hilos conectados con los pesos del pensamiento del mundo. Proponemos la libertad de la desesperación. Proponemos la libertad de los propósitos por uno mismo que no han llegado a ser divinos, de ideas que no tienen iluminación; y así, puesto que carecen de iluminación, no son ideas en absoluto, sino los conceptos de mortalidad que no han producido en todas las generaciones ni una onza de libertad.

Paz, benditos. La voluntad de Dios es intensa, pero puro amor cuando es entendida. La voluntad de Dios es una defensa contra todo lo que quiera atribuiros aquellas acciones que no son los propósitos supremos manifestados a través de vuestra forma y vuestro pensamiento. Vuestro pensamiento de hecho afecta a vuestra forma, y vuestra forma también puede afectar a vuestro pensamiento. Pues la convergencia de influencias a menudo es poco entendida y la fuente de infecciones es poco reconocida por parte de quienes se ven frustrados en todas sus nobles actividades por las vanidades del engaño mortal, a las cuales se aferran como si fueran pasaportes hacia los reinos más altos.

LA FALTA DE ATENCIÓN AL PLAN
SAGRADO DE DIOS

¿Cuándo aprenderá la humanidad a reconocer la salvaje infiltración a la que se somete en su mente, pensando que es realidad, cuando nosotros sabemos perfectamente que la pureza de Dios la liberaría de las sutiles y a veces obvias, aunque siempre crasas, interferencias en el plan sagrado?

El plan sagrado ha sufrido a raíz de la falta de atención por parte del hombre. El plan sagrado ha sufrido a raíz de la defección por parte del hombre y a raíz de aquellos propósitos que están tan por debajo de la dignidad de lo Divino que son inexistentes en nuestro reino. Para nosotros no tienen existencia alguna; sin embargo, hablamos de ello porque, aunque sean jejenes y moscas que infestan el reino inferior, parecen ser de interés para quienes insisten en ser diferentes a la hueste ascendida, quizá solo por el hecho de ser diferentes. Por tanto, ellos sufren todos los resultados de sus defecciones de la realidad y además se quejan, más que todos los demás. Sin embargo, han tenido oportunidad tras oportunidad y han dejado que las oportunidades pasen sin reconocer la gran fortaleza que surge al convocar la santa voluntad al orden divino, a la aceptación del llamamiento supremo.

Ahora pues, estoy al tanto de todo lo que los hombres acostumbran a hacer y me doy cuenta de que hoy, en el mundo de la forma, hay movimientos que distorsionan las maravillosas bendiciones del cristianismo en todo el mundo y que desean robarle a la humanidad ese derecho de nacimiento a través de una acción de unos pocos hombres del clero, que desean alterar la estructura de una manera muy fundamental a fin de poder ser considerados sabios como intérpretes del plan sagrado. Estos hombres del clero de hecho han cedido ante la infiltración de la música jazz en del santuario. Han permitido que entren en la Santa Iglesia esas acciones vibratorias de destructividad mortal y disonancia que surgen de las muy depravadas actividades de brujería centradas en Luisiana y Nueva Orleans.

Por tanto, os hago saber que la jerarquía está decidida a dejarles que continúen de este modo hasta que, por las olas de contraposición, la humanidad vea el contraste y por consiguiente desee liberarse de tales pastores falsos, quienes, en el nombre de la sabiduría terrenal, su posición o título, buscarán de alguna forma imponerle más a la humanidad el peso de la destructividad. Tened la certeza de que no prevalecerán. Sin embargo, algunos les han hecho caso y han persistido en su propio reino en continuar con una acción que no les ha acercado al cuerpo de Cristo, sino que les ha acercado al cadáver del engaño mortal, que siempre esparcirá los estragos de la muerte y el deterioro donde la resurrección, la justicia y la vida deberían honrarse.

LA IMPORTANCIA DEL HONOR CÓSMICO

Ahora, estimados, habiéndoos dado algunas advertencias, vengo también trayendo y portando desde Darjeeling una oración sagrada de influencia para todos vosotros que ya lleváis bajo mi

tutela muchos años en este ámbito. Vengo para que podáis sentir
el amor de Morya por todo lo que habéis hecho por la protección
de los Estados Unidos y para producir los milagros cósmicos de
amor de los Maestros Ascendidos que han salido de nuestros dominios hacia el reino de los dominios de la Tierra para refrescar al
viajero cansado.

Por tanto, hoy venimos portando la llama de la voluntad divina.
Venimos a transmitir. Venimos a fortalecer. Venimos a traeros el
socorro del cielo y a afirmarlo para todo el futuro. Vuestro país es
nuestro país. Porque de este gran llamamiento, el llamamiento de
los Estados Unidos, ha surgido una fuente de libertad para el
mundo. El espectáculo de todos los países está manifiestamente
bendecido por toda esa libertad que se ha acunado entre vosotros.

El pasado podrá ser prólogo, pero el futuro debéis forjarlo
vosotros. Y, por tanto, al venir hoy, os decimos: Sed conscientes de
las páginas del futuro. No os deleitéis en engaños del pasado. No
os impregnéis de este o aquel engaño. Rehuid y evitad la confusión
terrenal y la sustancia que ha resecado los huesos. Reconoced que
la fuerza vital de Dios Todopoderoso que hace latir vuestro corazón
es para daros vuestra libertad ahora. ¡Pero debéis aprovecharla!
Debéis aprovechar cada oportunidad, y debéis reconocer la fuerza
del honor.

Hoy están los que no tienen ningún honor y no son conscientes de ello. Hoy están los que tienen honor y son conscientes de
ello. Y están los que no tienen ningún honor y son conscientes de
ello. Que todos tengan cuidado con un estado del ser sin honor.
La forma de pensamiento para este año, que os ha entregado el
Señor del Mundo y que vosotros habéis instalado y elevado por
encima de vosotros, es la visión sagrada de la «Paz con honor».[2]

El gran maestro de Lúxor, el amado Serapis Bey, advirtió sobre
las actividades destructivas dirigidas contra los Estados Unidos.
Hoy y ahora venimos, antes del solsticio de invierno, antes de la
Navidad, antes de la llegada de toda la oleada de ángeles que en
esta estación alegran el corazón de los hombres, para deciros que
debéis, si habéis de mantener vuestra libertad en este gran país,

hacer más caso de los Maestros Ascendidos y de la Gran Ley que se manifiesta desde nuestra octava como honor cósmico.

Cuando los hombres conservan una visión de honor, son como caballeros de antaño convocados en torno a nuestro consejo. Escucharán pues las palabras de este viejo bardo y sabrán que cada onza de energía que se os ha dispensado y que habéis mantenido en la valiosa botella del yo concentrado es vuestra y la debéis comandar para siempre. Cuando se derrocha o se derrama en el suelo por buscar la vanidad y sin un propósito sagrado, se convierte en una piedra de molino colgada a vuestro cuello, porque cada onza debe redimirse. Creo que las mismas piedras de Stonehenge son pequeñas en comparación con las cargas que algunos se han colgado al cuello debido a la discordia humana dirigida hacia esos pequeños de Dios que se entregan totalmente a su amoroso cuidado.[3]

MANTENED EL CONCEPTO INMACULADO DE LOS MAESTROS ASCENDIDOS

Si estuviera encarnado entre vosotros, no quisiera cargar con la responsabilidad de haber forjado una obra de condenación hacia cualquier parte de la vida. Por tanto, deseo aclarar las cosas para todos vosotros y todas las personas conectadas con esta actividad con respecto a la frase de que los Maestros Ascendidos han condenado. Nuestras acciones tienen el propósito de deshacer la cristalización mortal y nuestras palabras están diseñadas para arrancaros de esas posiciones letárgicas que serían vuestra ruina, para que os aclimatéis a la atmósfera de los portales del cielo.

En el nombre de toda la creación, os digo a cada uno de vosotros: ¿creéis por un instante que el cielo sea como la tierra en su estado actual? ¿Estáis tan engañados como para concebir por un instante que exista la discordia en nuestra octava? ¡No existe! Y, por tanto, ya sea que os hable Saint Germain, la Virgen María, el Gran Director Divino o uno de los arcángeles, no hay diferencia alguna. Entre nosotros no hay discusiones ni discordia. No buscamos acaloradamente algún estatus entre vosotros para que uno de vosotros diga: «¡Oh, ya vuelve Morya con toda su pomposidad!».

Queridos, os digo y os lo digo de verdad, que entre el cuerpo estudiantil ha habido personas que en efecto nos han atribuido esas cualidades de comportamiento mortal. Por consiguiente, hoy es de suma importancia y es muy significativo que os diga que en vuestros deleites espirituales reconozcáis la necesidad de mantener la visión del concepto inmaculado de los Maestros Ascendidos. Cuando decidimos practicar cualquier forma de ligereza o sobriedad, si decidimos adoptar un carácter con un golpe para un propósito, quizá a veces sea algo entretenido, pero no quiere hacer que perdáis la energía o que nos critiquéis. Porque hacerlo sería un disparate.

Toda la energía de nuestra vida que ahora está agotada está siendo renovada en seguida gracias al poder de Dios en un golpe para un propósito a su servicio. Entonces, estimados, ¿os podéis imaginar que, a nosotros, que lo hemos dado todo, se nos negara todo lo que nos corresponde? Todo lo que hemos dado ahora nos pertenece para siempre. Porque, aunque lo hemos regalado, ha sido renovado como una fuente de fortaleza inconmensurable, una gran columna que se pone contra la Tierra y empuja a la Tierra en su ronda por el espacio hacia los brazos de Dios.

Las órbitas de la Tierra, cada una de ellas, tienen el propósito de marcar el logro cíclico, y cada giro del planeta sobre su eje quiere ser el girar de la rueda de la vida un paso más cerca a la manifestación de la perfección. La mente carnal, con su intenso espíritu de engaño, siempre está preparada para atribuir, incluso a los Maestros Ascendidos, cualidades humanas, como si nosotros en efecto obráramos ahora, en el estado ascendido, como lo hacíamos antes de ascender. Pero quisiera negar que obráramos de forma humana antes de ascender. Porque en los años inmediatamente anteriores a nuestra ascensión e incluso en encarnaciones anteriores, la mayoría de nosotros ya estábamos bien encaminados sobre la senda de luz y buscábamos con todo el corazón producir la perfección de Dios Todopoderoso en la manifestación exterior.

Sabéis, queridos, que una persona proclamó una vez en nuestro nombre que éramos temperamentales; y se hizo una proclamación en el nombre de Kuthumi diciendo que él estaba preocupado porque no lo habían invitado a tomar un asiento que sí se había puesto para otros Maestros Ascendidos en cierta casa.

Quisiera deciros que atribuir a los Maestros Ascendidos cualidades de imperfección es el mismo acto que los hombres de poca fe han atribuido a Dios. Estos han atribuido a Dios cualidades humanas a lo largo de los siglos y han sentido que, con el destello del relámpago y el estruendo del trueno, con el temblor de la tierra, la ira de Dios se manifestaba.

No han comprendido que su propia energía, al fluir, cualificada con discordia humana, entró en la vida elemental donde permaneció, causando gran sufrimiento a los elementales, como un gemido que apenas podía pronunciarse, retenido al máximo límite de la misericordia cósmica y después liberado al fin como el único medio de salvar al planeta de la destrucción total.

Cuando la humanidad entienda la causa de la calamidad, cuando entienda las causas detrás de las acciones, ya no condenará al cielo. Reconocerá que la responsabilidad es solamente suya, por sus errores en el pensamiento y por los conceptos que ha fomentado en ella un sacerdocio recalcitrante, sumos sacerdotes de la oscuridad, y las fuerzas residuales de la negación que siguen no transmutadas en el planeta en algún sombrío rincón o recoveco del tiempo y el espacio.

BARRERAS CONTRA LA CAUSA DE LA BUENA VOLUNTAD EN LA TIERRA

Y ahora, estimados, al contemplar los minaretes, aquí en Darjeeling, al ver el reluciente mármol blanco tan distinto, aunque tan parecido al Taj Mahal, al ver nuestros tesoros artísticos resplandecientes con la esperanza en la voluntad de Dios, cómo quisiera compartir con vosotros algún vislumbre de todo lo que permanece aquí como logro monumental dedicado al Templo de la Buena Voluntad. Cómo quisiera compartir con vosotros las suaves alfombras de nuestro retiro. Cómo quisiera compartir con vosotros el tintineo musical de nuestra fuente. Cómo quisiera compartir con vosotros las placenteras horas al lado de la chimenea, contemplando el propósito inmortal.

Cómo quisiera compartirme a mí mismo con vosotros y todo lo que Dios ha forjado a través de mí. Cómo quisiera compartir con vosotros el amor de los brillantes rostros alrededor de nuestra mesa de consejo. Cómo quisiera compartir con vosotros las deliberaciones de nuestro consejo. Cómo quisiera compartir con vosotros la comunión de los santos y la comunión con el cielo. Cómo quisiera compartir con vosotros la poderosa columna de buena voluntad, la gran llama azul que pulsa en nuestro altar. Cómo quisiera compartir con vosotros todos los dones de la buena voluntad, en esta estación y eternamente.

Sin embargo, existe una barrera que cada cual debe derribar. Nosotros hemos enviado la invitación. Los hombres han pensado en responder y no lo han hecho. Se han quedado atrás con temor a sufrir pérdidas. Se han interesado en progresar sin estar dispuestos a hacer lo necesario. Han fomentado un espíritu dubitativo en sí mismos y a veces lo han alimentado cuando solo necesitaban una chispa más de fe para cambiar la situación. Han visto iniquidad donde existía el amor y se han imaginado que existían actos de amor donde se han manifestado propósitos inicuos. No siempre han juzgado o comprendido correctamente nuestros propósitos.

Y, por tanto, a pesar de todo lo que hemos hecho y con todo lo que hemos dicho, la humanidad no ha realizado el progreso deseado, ni ante los ojos del yo ni ante los de Dios. Y el Señor que vive y todo lo ve hoy os confirma esto así: que sepáis que en los días futuros debéis conseguir una esfera más grande en el reino de la santa voluntad de Dios uniendo el yo al gran propósito cósmico, dedicando el yo a la comprensión, reconociendo amablemente nuestra misericordia.

Y, queridos, es una lástima que a menudo debamos preocuparnos por los que son unas polillas, cuando los valientes se meten muy adentro de la llama con la reluciente armadura que penetra en la llama. Sin embargo, a veces debemos hacerlo, porque están los que no dudan en entrar en nuestro reino sin darse cuenta de la fuerza de nuestra octava, sin comprender sus propias fuerzas o que carecen de ellas, y sin la necesaria dedicación.

Nosotros, preciados, en muchos casos no les negamos la oportunidad. Desgraciadamente no somos capaces de convencerlos de nuestra realidad o sinceridad de modo que ellos puedan convencerse también de su propia realidad y sinceridad y así, debido al yugo cósmico, hallen dentro de sí mismos la voluntad de vivir y de hacerlo como Dios quiere, sin temor y sin dudas. Porque es la duda, queridos, lo que crea una puerta cerrada ante todos aquellos a los que queremos llevar nuestro mensaje de buena voluntad. Y es la duda en los eternos propósitos o las eternas recompensas lo que hace que los hombres deseen darle la mano al yo finito para que no se les escape algún placer temporal.

¡Lamentables criaturas de la oscuridad! ¿Deben vagar para siempre en el reino de la sombra? ¿Pueden concebir que todo lo que la vida ha forjado es para la destrucción? ¿Pueden concebir que todo lo que la vida ha forjado es para ruina del hombre? ¿No pueden percibir las manos del amor infinito que los abarcan rodeándolos? ¿Qué más debe hacer Dios? Él es como un mago. Habiendo producido todo un conjunto de trucos y su complemento total, se le pide que se supere a sí mismo. Y, sin embargo, en esta gran actividad de diatermia cósmica, la humanidad aún tiene a bien cuestionar la actividad de Dios que la sanaría, que la purificaría y la transformaría.

¿Por qué? Los hombres se comportan como si vadearan en la playa. Se meten hasta los tobillos, ven una ola a trescientos metros y se van corriendo a la orilla. Huyen cuando nadie persigue; y desean seguridad y la perderán. Porque a menos que estén dispuestos a sumergirse en las profundidades de Dios Todopoderoso, nunca podrán conocer el amor de su Filiación, el amor de su unión, el amor de su compasión, en toda la eternidad. Así, las barreras humanas impiden que todo lo que quisiéramos compartir con vosotros aparezca en manifestación.

Una por una hemos eliminado barreras contra la expansión de esta actividad. Y esto también debería ser un acto de fe que todos habéis visto. Y deberíais alegraros, todos, de todo lo que se ha hecho y continuar dando un golpe para un propósito, continuar sirviendo a la causa, la Primera Causa de buena voluntad en la tierra para los hombres.

Queridos, nosotros no os necesitamos, desde el punto de vista de la autosuficiencia. Somos autosuficientes en el estado ascendido sin vosotros. Dios os necesita para diseminar el mensaje de buena voluntad y para crear matrices de ayuda a la humanidad no ascendida que aún no ha alcanzado una conocimiento de la libertad y la necesidad de buscarlo.

REHUID LA INFILTRACIÓN DE LAS ENERGÍAS IMPURAS

El sabueso del cielo, pues, persigue a la humanidad a través de vosotros, y el patrón kármico que de desarrolla en la Tierra con toda su actividad calamitosa a veces hace temblar los cimientos de la fe de los hombres, hasta que estos llegan a ser más maleables, a estar más dispuestos a ceder, al desear más deshacer los misterios de la vida y así ser capaces de subir un escalón más. Sin embargo, no siempre se contentan con separarse de sus engaños. Porque al subir las escaleras se siguen agarrando a la baranda de abajo y parece que sientan que, si no lo hacen, el resultado vaya a ser la infelicidad.

Deseo decir esto con sencillez, queridos, porque la sencillez nace de la necesidad. Las ideas y frases complejas formuladas con las más grandes palabras, que a menudo hemos utilizado —palabras de una retórica superior— no siempre son comprendidas. Uno de los chelas de aquí le hizo un comentario en el pasado a este mensajero diciendo que yo con frecuencia había hablado casi al estilo zen a través de Nicholas Roerich. He hablado así a través de este mensajero también. Considero necesario adoptar muchos estilos, imitando quizá a los muchos estilos de mis oyentes y a fin de poder comunicarme y romper los patrones cristalizados del pensamiento humano.

En la Tierra tenéis un dicho: «el fin justifica los medios», y vosotros no lo podéis utilizar, porque hacerlo es destructivo. Pero en nuestra octava, en efecto, el fin justifica los medios, porque todo lo que queremos hacer es benigno. Al haber escapado totalmente de entre vosotros, no podemos enredarnos otra vez en vuestra actividad. Y, por tanto, todo lo que hacemos es para vuestra advertencia y protección. Es una actividad de amor, como Dios mismo solía hacer. Y vosotros, queridos, si deseáis clavar un ancla en el velo, os daréis cuenta de que podéis actuar desde ese estado inmotivado en el que el único motivo es lo único que existe y así realizar por vuestro prójimo aquellos actos de virtud cósmica que servirán de ayuda a liberarlo de toda forma de esclavitud mortal, porque se trata de una actividad motivada no por la expectativa de una ganancia, sino por la bendita emisión de la llama de la libertad en su mundo y en el mundo para devolver a los hombres al corazón de Dios.

Estar inmotivado conlleva una gran bendición en lo que respecta al pensamiento humano. Porque, ah, qué generación tan motivada es esta. ¡Si pudiera hacer una mueca, hoy la haría con absoluto menosprecio por esta generación! Ni siquiera desean abrir la boca y decir «buenos días» sin esperar algún saludo que los adule. ¡Y la luz de Dios que brilla desde mil montes les da la esperanza de Dios que se transmite como el pan del cielo! ¡Y nuestro pan es la Sagrada Eucaristía! ¡Esta une a Dios y al hombre como uno solo! Y no se puede unir la oscuridad a la luz; por tanto, debéis transmutar la oscuridad en los hombres y en vosotros mismos y entrar, completar el ciclo, en sus dominios.

Arriba no podéis frustrar los propósitos cósmicos con las acciones del pensamiento y sentimiento mortal, pero ciertamente podéis demorarlos aquí abajo, como habéis hecho. Solo hay un modo de evitarlo en el futuro, que consiste en rehuir la infiltración siniestra de esas energías que vosotros sabéis, cuando las recibís, que son impuras. Cuando recibís las energías impuras en el pensamiento y el sentimiento, ¡sabéis que son impuras! ¡Y aun así lo hacéis! ¡No lo rechazáis!

Perfeccionadlo, pues. Comprendedlo. Sed sabios.
Subid como águilas por el cielo,
destellando simetría de brillante estrella,
la unión de Dios que viene de lejos,

llamándoos: «¡Despierta y ve
el camino supremo de la vida para unos pocos!».
Quisiera rodear a muchos ahora
y verlos hacer el voto del primer rayo:
A hacer tu voluntad, oh, Dios, vengo
del resplandeciente Sol Central.
Magnífico en pureza,
YO SOY el lazo para mantener a los libres
por siempre unidos al poder de Dios
para mantener la victoria por lo que es bueno.

Seguro YO SOY [estoy] en los dominios de Dios,
por siempre libre de la mancha mortal.
Lograda mi victoria por la voluntad de Dios,
sostendré esa antorcha sobre el monte.
¡No la dejaré caer nunca!
YO SOY la luz para igualar la situación
y hacer que por el bien que Él ha hecho,
nuestro Dios sea honrado en el Hijo.
¡YO SOY la voluntad de Dios, el alba de lo bueno!
¡YO SOY la voluntad de Dios, la fuerza del poder!
YO SOY la voluntad que os libera a todos.
Lo honro a Él. A vosotros, os llamo:
Oh venid y formemos de nuevo
un sendero cósmico para unos pocos
y ensanchemos la valerosa avenida
para que vengan muchos y acepten su molde,
el Cristo de Dios, el Poderoso,
la destellante armadura del Hijo,
la reluciente fuerza para hacernos a todos
su pueblo escogido ahora y por siempre.

¡Venid, pues, al portal del Edén
y ved el Árbol de la Vida!
Comed su fruto,
agarraos a su raíz.

¿Sois un brote verde?
Espero que sí.

Pronto será Navidad. ¿Qué aventura hay en el concepto que gira en torno a este ideal?

¡Como una gran rueda los ciclos discurren
y la energía del primer rayo arde en mí!
¡Perforaré esa mortaja que lleváis,
seguid viniendo aquí, donde YO SOY [estoy]
y sabréis que Morya sabe
dar un mandoble por Dios
y libertad a la Tierra!

Dios ha hablado en los espacios silenciosos
donde yo no hablo,
porque tiene interés en liberar
a esta generación de toda mancha.
Pues ni una jota o tilde
del engaño del mundo pasará
hasta que corrijan
toda esta confusión en masa.
Y si pensáis, quizá, que yo mismo
bebo algún engaño mortal,
seguid mirando a lo que aparecerá
en manifestación en los próximos días
y ved si no preferís cambiar vuestros caminos.
Espero que lo hagáis y creo que lo haréis,
pero, por otro lado, de la vida humana me cansé
en días pasados y a veces dije:
«Quizá la mano de Dios debiera apagarlo todo,
como una vela, y empezar de nuevo».

Queridos, en un ocioso momento poético de una encarnación pasada, dije una vez: «Arrastran el hocico». Creo que lo hacen, y creo que ya es hora de terminar con eso. Puede que en vuestros modos mortales mi mensaje no os parezca apropiado para la estación navideña, pero si pudierais ver la sacudida que deseo crear por vuestra libertad en caminos superiores, extenderíais las manos hacia mí con gratitud; ¡y yo te las daría todas a ti, oh, Dios! Porque esta generación merece ser libre.

> He dado un golpe por un propósito.
> Toda esta actividad,
> centrada en torno a nuestro querido gobierno,
> oh, América, premio de Saint Germain,
> debe ir a los cielos
> y elevarse, elevarse, elevarse
> hasta que sus hijos, culturas, todo
> se vuelva radiante esplendor que nosotros invocamos.
> Debe hacerlo, lo hará, hecho será.
> Es su voluntad para cada cual.
> Vosotros que me oís sois pocos ahora,
> pero toda la Tierra un día prometerá
> a Dios servir al rayo que yo sirvo.
> Porque antes de hallar el tinte de su libertad,
> deben hincar la rodilla ante el Cristo arriba
> y servir a la causa del sagrado amor.

Esta es la paciencia de los siglos, extendiéndose por las áridas arenas, medida de oasis a oasis, hasta que, en esa conjunción de vida, la Santa Madre rodeada, bendecida por arcángeles y ángeles por igual, proclamada por pastores y amorosamente honrada a lo largo de los siglos, se acerca a la puerta de cada hombre, de cada mujer y de cada hijo en el planeta. No se puede excluir a nadie.

Gracias, y que vuestras sandalias se conviertan en sandalias aladas de luz cuando os quitéis la escoria mortal. Y entonces caminaréis sobre mi alfombra, aquí en Darjeeling, y no dejaréis ni una mancha. Porque vosotros también, como nosotros, tendréis estos pensamientos de libertad por todos.

Gracias. Adiós con cariño. Desde este lugar hemos puesto en órbita nuestra maravillosa actividad. Y ahora vamos a preparar un lugar para vosotros, para que donde YO SOY [estoy], vosotros también estéis.[4] Esta es la voluntad de Dios. Paz y bendiciones en el nombre de Dios, por siempre jamás.

Dejad que os tome en mi corazón aquí. Recordad al Señor todos vuestros días.

Os doy las gracias y os deseo una tarde buena y placentera.

12 de diciembre de 1965
Beacon's Head
Vienna (Virginia)
MLP

CAPÍTULO 4

Estáis compartiendo los grandes rayos de gracia divina.
Al fluir estos fragmentos de Dios a través de vuestra vida,
se llevarán consigo todo lo que es densidad y sombras
y os volveréis seres livianos que pueden encender
los grandes fuegos del fóhat en el mundo y en el universo.

CAPÍTULO 4

EL DON DE LA GRACIA DIVINA

Al examinar el maravilloso propósito de Dios para su creación, el deleite de amor que ha dejado caer a través de la naturaleza
sobre la humanidad y la magnífica pureza de su amor, mediante el
cual siempre es el Gran Dador y apenas el recibidor, me sorprende
la obstinación de la humanidad y su incredulidad con respecto a
la grandeza de Sus conceptos para ellos.

Qué pronto aceptan los hombres el epitafio de «pecador». Qué
pronto en efecto afirman para sí mismos la peor condición, que
consiste en ser creados por Dios, pero estar decididos a caer bajo
el peso de la mínima condenación mortal.

¿Qué condenación inmortal ha recibido la humanidad? La
única denuncia que ha recibido el hombre de Dios es simplemente lo inherente a la belleza de sí mismo. La mismísima belleza de
Dios y la belleza de la naturaleza, con el infinito poder de su amor
y la amplitud de su mente, siempre es un rechazo a todo lo inherente al reino de la exigua mortalidad.

¡Os digo que los hombres deberían estar cansados de sus propios
maullidos! Hoy os digo que deberían intentar hacerse un hogar de
luz allá donde se encuentran. Porque allá donde están, está Dios.
Y donde está Dios, ahí habita el espíritu de armonía infinita.

Sabemos que hay muchísimas escusas pobres que la humanidad formula, diciendo: «Si esto fuera así, aquello sería así». No hace falta que os esforcéis en ser tolerantes en exceso con aquello que permitís. Si simplemente comprendéis que la vida no depende de «esto» y «aquello», comprenderéis que depende de que vosotros aceptéis el gran diseño y os sintáis satisfechos dentro de él. Pues cuando la humanidad está insatisfecha con la búsqueda de Dios, ¿a quién irán? Como dijeron los apóstoles antaño: «¿A quién iremos? Tú tienes palabras de vida eterna».[1]

Por tanto, queridos, debéis comprender que la creación de un «hogar, dulce hogar», ascendidos o no ascendidos, es un acto de gracia divina. Y cuando la vida no se manifiesta abajo como se quería, y cuando lo que hay Arriba no parece manifestarse abajo, es hora de hacer una súplica a Dios pidiendo más gracia.

La gracia es un don de Dios, pero los hombres deben recibirla y reconocerla como el poder dominante de su vida. Siempre que los hombres se contenten con imágenes inferiores y siempre que estén descontentos con imágenes inferiores, en ambos casos existe un vacío que actúa con frecuencia. Esto puede parecer un poco contradictorio. Pero si reflexionáis en el enigma, estoy seguro de que entenderéis que hay veces cuando se da un caso y hay otras cuando se da el otro.

Debéis comprender, estimados, que los poderes de la luz que con frecuencia han sacudido a la humanidad, lo han hecho a fin de aliviarla de la densidad de su propia imponderabilidad. Debéis comprender que los hombres a menudo se sienten apesadumbrados y abrumados con los pensamientos de sus muchas dificultades, mientras que el Altísimo espera dispersar, con el viento del Espíritu Santo, esos pensamientos, todos ellos, y decirle a esa mota de polvo que es energía mal cualificada: «¡No existirás nunca más!».

Porque Dios liberará a esta alma para que se ponga ante él vestida y sea ungida con el aceite del regocijo y la compasión hacia el yo pequeño, ese yo pequeño que a menudo está unido a los estados que son tan decisivos en la producción de un estado de infelicidad, mientras que Dios, con su amor infinito y su capacidad de amar, siempre es un otorgador de gracia a toda la vida de acuerdo con la capacidad y el deseo del hombre de recibirla.

Casi hace gracia (si no fuera algo tan grave) considerar que hay hombres que temen pedirle a Dios gracia divina para no perder el poder de hacer su testaruda voluntad. En realidad, y en la densidad de su razón mortal, creen que su camino es lo mejor. Y cuestionan y dudan de un estado de conciencia que nunca han conocido en la forma humana y que apenas entienden, aun cuando sí saben en parte.

¡Debéis comprender, queridos, que con esto me estoy refiriendo al hecho de que los hombres no entienden la vida celestial! Entienden, en parte, la vida mortal y pasan por las mortajas de su densidad de vez en cuando, pareciendo tener un momento de regocijo sobre el discurrir del tiempo. Pero a menudo se hartan de sí mismos y de los demás, y se aburren, queridos, porque las experiencias parecen pasar demasiado despacio para su comprensión.

Esperan la venida de cosas más elevadas con una mezcla de sentimientos. Hay veces que les dan la bienvenida, cuando están cansados del mundo y su esclavitud. Pero hay otras que parecen pasárselo bien y casi sienten ansiedad al intentar evitar el contacto con los poderes de la Deidad, pareciendo sentir que no existe ninguna afinidad real entre los poderes superiores y ellos mismos.

Parecen temer el contacto con Dios, como si Dios les fuera a robar las ilusiones de la vida y sus mezquinos disfrutes. Dejad que os diga, preciados, que este temor de entrar en contacto con Dios es una declaración muy malvada que los hombres hacen acerca de sí mismos. Si tan solo entendieran la necesidad de deshacer los misterios de Dios, pronto verían con claridad que los conceptos de los hombres están totalmente equivocados y que están impregnados de orgullo y vanidad, que nunca pueden darles a los hombres su libertad.

Ahora pues, en esta era de gran iluminación cuando el mundo parece ser tan sabio, ¿por qué parece tener lugar una lucha así dentro de los dominios de la individualidad, dentro de los dominios del servicio espiritual y también dentro del reino de los asuntos mortales, a donde estamos llevando el don de la libertad a la humanidad? ¿Por qué continúa el conflicto?

Preciados, hay una multitud de motivos por los que el conflicto continúa, pero ninguno de ellos tiene ninguna validez ante los ojos de Dios, que es el maestro de la armonía. De hecho, el don de la libertad es un ofrecimiento de suma magnificencia y generosidad por parte de Dios Todopoderoso, que ha ofrecido a la humanidad, en medio de toda su densidad y falta de gratitud, los valiosos dones de la vida y la oportunidad.

Los hombres reciben continuamente la concesión de nuevos ofrecimientos de las alturas, mientras que no utilizan los que ya han recibido. Y a veces los hombres —de forma no intencionada, por supuesto, pero de hecho siendo así— desdeñan los ofrecimientos de Dios y el cielo. Porque lo que los hombres no utilizan abandonará de hecho la pantalla de su conciencia.

LA LEY DE LA ATRACCIÓN

Cuando los hombres reciben un don y no se adueñan de él, no hay duda de que somos conscientes del hecho de que ahí hay negligencia con respecto a la ley del dar y recibir. Esto con frecuencia es el resultado de una negligencia que ha ocurrido en el pasado y que produce una repetición de negligencia en el futuro. Sin embargo, toda esa negligencia, cuando se acumula, produce la interrupción de la gracia divina.

Así, los hombres ven que no pueden recibir y comprender la ley divina simplemente porque en el pasado no han realizado el esfuerzo necesario. Esto puede parecer por un momento algo injusto, pero no lo es, os lo aseguro. Sin embargo, por otro lado, ¿no está escrito con claridad que «a cualquiera que tiene, se le dará, y tendrá más; pero al que no tiene, aun lo que tiene le será quitado»?[2]

Esta es la ley de la atracción, queridos. Los que no tienen, tienen otras condiciones: condiciones de negación. Han atraído esas condiciones de negación hacia sí mismos y, por tanto, la preponderancia de su vida está compuesta de impulsos negativos. La gran calamita de su ser, pues, consiste en la negación y por eso atraen más negación hacia sí, puesto que esto es la esencia de la que consisten.

Los que tienen divinidad y gracia, puesto que en su mundo hay una preponderancia de gracia divina, reciben más gracia. Porque la calamita o imán de la vida siempre es aquello que hay en exceso o aquello que se encuentra en manifestación total.

Debéis comprender, pues, que, para recibir más de Dios, debéis adueñaros de aquello que ya habéis recibido. Al expandir los dones y las gracias de la vida, recibiréis más y más gracia divina. Y, al final, debido a esta preponderancia de gracia, la negación huirá de vuestra vida y descubriréis que superaréis las cosas que habéis anhelado superar. Esto se da simplemente porque habéis continuado adelante y porque habéis sido constantes y habéis actuado con un propósito digno.

RESPONDED A LO QUE ES REAL

Desgraciadamente, hombres y mujeres no comprenden qué período tan pequeño es una vida en los grandes reinos del infinito. En comparación, no es más que un punto —sí, medio punto o un cuarto de punto— y en algunos casos no es más que una mota. Sin embargo, os digo, queridos, que debéis comprender que la duración de la vida es algo de suma generosidad si os adueñáis de ella correctamente. Y si cualificáis la vida con las actitudes correctas de gracia divina y con una receptividad y disponibilidad a servir, siempre existe una continuación del derramamiento de oportunidad y gracia.

Muchos de vosotros que estáis aquí habéis respondido una y otra vez en el pasado a los cuidados de la gracia. Pero ha habido momentos en los que el sol de vuestro ser se ha eclipsado en vuestro mundo, y en esos momentos de oscuridad y sombra ciertas vergüenzas se han deslizado en vuestro mundo y en vuestros asuntos.

Debéis comprender, preciados, la necesidad de saldar estas vergüenzas, ahora y con franqueza. Esto es para que podáis alcanzar un estado de concordia con Dios Todopoderoso y con los Maestros Ascendidos, lo cual excluye la posibilidad de que finalmente perdáis vuestra ascensión, sino que, [en cambio, hace posible que] la recibáis sin demora. Sencillamente, queridos, esto significa que, si no os ganarais la ascensión hoy, os la ganaríais mañana, lo cual es mucho mejor que en algún dudoso futuro.

Creo, por tanto, que, si os detenéis a considerar el efecto de vuestros actos en vuestro mundo, os daréis cuenta de que casi todas, si no todas las vicisitudes de la vida que habéis tenido han sido el resultado de vuestra propia acumulación de escoria humana.

Ahora bien, me doy cuenta de que las palabras «escoria humana» no parecen ser muy lindas, pero estoy seguro de que son de lo más descriptivo. Y así, puede que a vuestra mente le resulte vivificante comprender cómo es que muchas de las cosas que la humanidad valora profundamente, son en realidad los deshechos de todas las cosas y toda la actividad humana, fuere lo que fuere. Y nosotros, que hemos comprendido la gracia divina, consideramos la multitud de cosas que la humanidad valora profundamente nada más que como una nimiedad en contraste con esa gracia divina, y apenas merecedora de atención.

Sin embargo, los hombres a menudo se atemorizan de los estados de su propia mente, y según ellos tienen realidad y la tienen erróneamente. Nosotros os pedimos que veáis la realidad como algo fáctico, como aquello que es. La «realidad» tal como la perciben los hombres suele ser un error, porque lo que les parece ser real a ellos, no lo es. Por consiguiente, lo fáctico raramente se comprende, porque el velo no se les levanta de los ojos, sino que permanece como densidad y error humano. Esto da perpetuidad a las mortajas de oscuridad que cercan al alma humana y desconectan la luz de su propia felicidad y gracia.

OS CONOCERÉIS A VOSOTROS MISMOS COMO SERES DIVINOS

Hoy, por tanto, venimos para alertaros de estos estados; no para manteneros en ellos, no a dar perpetuidad a estos estados, sino a daros la poderosa espada de la vida que os liberará de todo lo que os ata y que os llevará a comprender la gracia infinita.

Los hermanos, aquí en Darjeeling, examinan el mundo de muchas formas. Examinan el mundo como Dios lo quiere, y se quedan parados, dando un grito ahogado llenos de admiración y elogios que abarca el reino del infinito. Pero después examinan el mundo con el hombre viviendo en él, y se giran y evitan su mirada y se dicen unos a otros: «Casi no puedo mirar».

Bien puedo entender esto. Porque aquellos de nosotros que a veces y del algún modo hemos actuado como limpiadores, ayudando a los hombres a liberarse de su propios deshechos, a menudo hemos tenido que realizar, incluso desde el estado ascendido, sesiones en las que hemos utilizado algunas llamas de la libertad recién salidos del reino de los asuntos mortales.

Vosotros os habréis lavado las manos por sentir que estaban sucias, pero nosotros nos hemos lavado las manos sabiendo que estaban limpias, preguntándonos si quizá estuvieran manchadas por la porquería en las que nos encontrábamos, porquería [que nos rodeaba] al intentar liberar a los hombres de estados de los que apenas éramos conscientes cuando nosotros mismos estábamos encarnados en el planeta.

Debéis comprender, por tanto, que sentimos compasión por vuestras situaciones, y creo que es una compasión total. Sin embargo, quisiéramos que vosotros sintierais compasión de vosotros mismos para entender que ninguno de estos estados es necesario.

No me importa desde qué estado de conciencia os vean los que están en el mundo. No me importa cómo puedan considerar vuestra vida. Si vosotros consideráis vuestra vida como la manifestación de la perfección infinita y os mantenéis ahí de forma absoluta, os aseguro que ello marcará una diferencia y que uno de estos días abriréis los ojos y os conoceréis como seres Divinos. Comprenderéis que el Edén —el paraíso de Dios, las realidades de Dios— siempre están presente con vosotros y siempre ha estado con vosotros. Sencillamente, vosotros habéis permitido, como un gran golfo, que las sombras del pensamiento y sentimiento mortal se interpongan entre vosotros y la Realidad que siempre ha sido vuestro Yo Verdadero.

Debéis comprender, pues, que a los hombres esto les resulta algo difícil de entender, porque no entienden las cosas que no pueden tocar y manejar con las manos y con los sentidos mortales.

Prefieren las formas de razonamiento que se acostumbran a tener en el planeta y no comprenden cómo es que Dios trasciende toda la razón y, sin embargo, puede ser comprendido hasta cierto punto mediante el razonamiento. Porque él mismo ha dicho: «Venid luego, y estemos a cuenta».[3]

Así pues, preciados, cierto grado de comprensión por parte de Dios Todopoderoso y de las leyes infinitas del cosmos puede percibirse y conocerse mediante el entendimiento mortal. Pero esto está limitado en cada corriente de vida, poseyendo algunas la capacidad de ir más lejos que otras y, por consiguiente, esto no es algo de lo que puedan depender quienes buscan expresiones infinitas.

Quienes buscan el Infinito deben comprender la necesidad de abandonar el razonamiento finito o, al menos, hacerlo a un lado hasta que la mano de Dios, la mano que compuso toda la vida en manifestación, pueda eliminar las escamas de los ojos de los hombres[4] y dejar que vean con claridad, como ve Dios. Entonces, en ese momento, se da una disminución y una reducción del velo kármico, y los hombres ven los brillos de la santidad de Dios que penetran a través del oscuridad humana.

DIOS ES VUESTRA VICTORIA

Este es nuestro deseo: expulsar la oscuridad circundante, dispersar las sombras y la oscuridad, hacer que huyan los fantasmas de la fantasía humana que los propios hombres han creado. Todo esto también es nuestro deseo:

Que el rostro de Dios pueda aparecer gracias a su poder,
que el rostro de Dios pueda aparecer en esta misma hora,
que el rostro de Dios pueda fortalecer a todos,
que la fe de Dios pueda responder a los llamados dirigidos
     a él con fe,
que la vida sea liberada del pecado y su concepto,
que los hombres perciban la gracia de aquel que los ama a todos
expresándose sobre todos
para que el amor pueda serlo todo
tal como está en todo.

Comprended, pues, queridos, que a nosotros no nos importan los juegos de palabras mortales, ni nos importan las opiniones mortales, ni nos importa lo que las personas piensen de nosotros. Sabemos lo que hemos recibido y lo conocemos a él en quien hemos creído. Por tanto, cuando seáis como nosotros, en vuestra mente encontraréis menos interés en el mundo en general en lo que respecta a la opinión mortal. Sin embargo, ejecutaréis cuidadosamente todos vuestros actos para no echar ninguna piedra en el camino de vuestro hermano ni nada que sea un tropiezo. Mas siempre estaréis dispuestos a ayudar, del modo correcto, a todos a quienes amamos e incluso a los que no nos aman.

Porque todos los hombres están destinados por Dios Todopoderoso a recibir los mejores dones que sean capaces de recibir, siendo su propia capacidad el factor de limitación que les impida lograr la comprensión en esta hora. Comprended, pues, que con el paso del tiempo muchos descubren, viendo y repasando, que pueden cambiar su mente y que ellos también pueden aceptar la luz que quita las anteojeras que impiden su visión.

Queridos, ¿sabíais que hay magníficos conceptos inherentes a las palabras? Porque incluso la palabra *visión* contine el magnífico concepto de victoria para el hijo individual de Dios.* Debéis comprender, por tanto, que Dios es vuestra victoria y que el amado Maestro Ascendido Poderoso Víctory escogió el nombre de «Víctory» por la gran cualidad Divina inherente a ese nombre; y Dios mismo le agregó el título al mismísimo ser del Poderoso Víctory.

Todas estas cualidades, que el hombre puede numerar y contar, son cualidades de Dios. Y todas estas cualidades pueden concederse a cualquiera, a cualquier hijo que las quiera recibir. Por consiguiente, toda la humanidad puede tener con orgullo el título de «Victoria» y toda la humanidad puede tener el título de «Libertad», si tan solo exterioriza desde el corazón de Dios las cualidades correspondientes.

¿Cuántas personas creéis que hayan tenido la «fiebre del oro», queridos, y hayan salido al mundo en busca de oro material? Os digo que si desarrollaran una décima parte del entusiasmo que

---

*En inglés, *victory (victoria)* + *individual* + *son (hijo)*. (N. del T)

tienen por la búsqueda de riquezas mortales en la búsqueda de los tesoros del cielo, manifestarían beneficios diez veces más.

SOLTAD LA AUTOCONDENACIÓN

¿Comprendéis cómo funciona la Ley, la ley de vuestro ser?

Creo que comprendéis esto parcialmente. Pero hay muchas partes de vosotros que no entendéis con claridad. Por tanto, la búsqueda debe continuar. Pero qué raro es que los impregnados del tinte del intelectualismo a menudo se apresuren a afirmar que han comprendido todas las cosas, mientras que los menos sabios en los caminos mortales a menudo pueden entender por fe aquello que las mentes de los hombres no pueden comprender por el poder del intelecto.

Por consiguiente, os instamos a todos a que no despreciéis ningún don o gracia de oportunidad mortal, ni honor de persona y lugar, sino que todos entiendan que el ideal divino es soltar todos los pensamientos mortales que han hecho que los hombres e incluso los ángeles se avergüencen. Entiendan todos que el ideal divino es sanar con el bálsamo de amor infinito el gran cisma que divide a los hombres unos de otros y de Dios, entendiendo, pues, la necesidad de soltar todas las horribles semillas, las malas hierbas, de contemplación de actos mortales.

Ahora bien, ¿qué quiero decir con esto? Examinémoslo con un poco más de claridad. Veamos la cantidad de actividades que existen en el mundo. Multiplicad estas actividades por el número de personas en el mundo e imaginad el peso, el peso preponderante y pesado que descansa en efecto sobre la conciencia de la humanidad como actos humanos malvados. Un examen y una perspectiva de estas actividades [nos muestra que] no darán jamás a la humanidad su libertad.

Queridos, el peso de la condenación sobre cualquiera nunca dará a la humanidad su libertad. Podéis condenar al mundo o podéis condenar a vuestro prójimo, al que tenéis cerca, y ninguno de estos actos dará como resultado vuestra libertad. ¡El Hijo de Dios no vino al mundo a condenar al mundo, sino a salvar al mundo![5]

Por tanto, si vosotros sois en efecto hijos de Dios, no estáis aquí para condenar al mundo, sino que estáis aquí para salvar al mundo. ¡En algunos casos, queridos, esto exige que la corriente de vida señale para aquellos que son del mundo en general el peso de la autocondenación que han impuesto sobre sí mismos!

Esto no quiere decir que un hijo de Dios haya de percibirse como un ángel de luz, como alguien que nunca dice una sola palabra que parezca correctiva. Esto no quiere decir eso en absoluto. Queridos, esto significa que hay que alertar a la humanidad cuando sea necesario sobre sus propias debilidades inherentes. Pero ello debe hacerse de una forma buena y adecuada para que las almas de la humanidad puedan comprender que en ese acto no existe ninguna condenación divina contra el alma del hombre, ni siquiera condenación humana o personal, sino que solo se les señala a las personas que los actos que llevan a cabo son en sí mismos condenatorios y, por consiguiente, no forman parte del patrón de la vida, sino del patrón de la muerte, que no puede heredar la vida eterna.

Cuando la humanidad comprenda esto, estará más dispuesta a comprender las leyes de Dios, porque percibirá que Dios no tienen ningún interés en la acción punitiva, teniéndolo en cambio en la reparación de los defectos para que sus leyes se respeten por ser justas, rectas y verdaderas. Cuando la humanidad entienda esto y lo acepte en todos los ámbitos de su conciencia y su vida, ello es tan maravilloso como un tónico regenerativo que hace que la humanidad suelte esa condenación.

Soltar todo el peso de la condenación del mundo es algo magnífico. Pero a menos que soltéis los actos y las actitudes condenatorias que tenéis contra vosotros mismos, seguro que veréis que seguiréis atrayendo aquellas cualidades de negación que en el pasado habéis condenado en otras personas.

Por tanto, debéis entrar en una catarsis total para que el Consejo de Darjeeling pueda pararse y aplaudir vuestros actos. Porque lo haremos. Aplaudiremos vuestros actos cuando veamos que no condenáis a ninguna parte de la vida. Y entonces, si recordáis la cancioncita tan sencilla que se pone a menudo en las escuelas dominicales de todo el país e incluso las canciones de los niños, «Ilumina el rincón donde estás»,[6] entenderéis que como un hijo de Dios tenéis la necesidad de brillar. No se trata de un brillo de genialidad intelectual, ni siquiera del brillo de la arrogancia personal. No es ni siquiera el brillo de las hazañas, sino el brillo del cielo que comparte.

CONSTRUID VUESTRA PIRÁMIDE DEL SER

Debéis comprender que estáis compartiendo los grandes rayos de gracia divina, los rayos de la Realidad que hay en vosotros. Estáis dejando que los fragmentos de Dios fluyan a través de vosotros. Y al fluir estos fragmentos de Dios a través de vuestra vida, se llevarán consigo todo lo que es densidad y sombras, y os volveréis seres livianos que pueden encender los grandes fuegos del fóhat en el mundo y en el universo. El poder de la victoria aparecerá y el poder del logro y la consecución personal también aparecerá. La luz vuestra será brillante y será la luz de Dios brillando desde vuestro interior.

Esto es un gran golpe por un propósito. Es un entrar en la Realidad. Es el deshacerse de todos los conceptos pésimos y deplorables que han hecho a la humanidad densa e infeliz a lo largo de los siglos. Y nosotros nos sentiríamos muy felices de veros, a todos, como se os vería en ese momento cuando finalmente el último jirón, la última trompeta haya sonado.[7]

Debéis comprender que tengo tantos deseos de que estas palabras caigan a vuestra octava, que es casi de casualidad que en ocasiones me deje una pequeña frase aquí o allá. Porque el bendito a través de quien estoy hablando apenas puede mantener el ritmo con la rapidez de mi mente al continuar derramando sobre vosotros mi instrucción y mi esperanza por vosotros como hijos de la libertad y como hijos de Morya.

Debéis comprender que como hijos de Morya sois albañiles divinos. Estáis recordando los antiguos patrones que Dios ha grabado en los cielos. Estáis tomando en la mano la gran paleta* masónica y encementando la piedra angular principal a la mismísima tierra

---

*cuchara en algunos países. (N. del T.)

donde deseáis construir vuestro edificio del Ser.[8] Entonces, cada piedra, colocada al lado de la piedra angular principal, tiene su patrón según esa piedra angular que fue hecha eterna en los cielos, y la plomada se utiliza para asegurarse de que vuestro edificio esté derecho y nivelado.[9]

Debéis comprender que el Ojo de Dios lo ve todo y que los propósitos son el construir una pirámide de actividad divina, donde su base sea cuadrada y su ápice triangular, y donde al fin hayáis logrado llegar a un punto en el que el Ojo de Dios en la piedra cúspide pueda examinar toda vuestra creación que está echada sobre el cuadrado, actos de virtud forjados en oración sagrada.

Hoy, los hombres, con su falta de entendimiento sobre lo que les pertenece, con frecuencia tienden a malentender las antiguas leyes masónicas. Y, por tanto, espero haber arrojado algo de luz sobre este tema hoy. Porque a menudo la Iglesia ha infligido condenación a la fraternidad masónica y a otros actos de los hombres, que simplemente no fueron comprendidos. Y hoy muchas personas de esa fraternidad no han entendido, ni apenas una pizca, todo lo que se ha transmitido a su conciencia en la tradición simbólica.

Y así ocurre con la Iglesia y lo mismo es con la vida;
es la falta de comprensión lo que genera la lucha.
Pues los hombres en ignorancia han hecho actos malvados.
Y así, el Maestro dijo: «Padre, perdónalos, porque no saben lo que hacen».[10]
En cambio, hoy, digamos que iluminaremos a unos pocos
y todos pueden añadírsenos
hasta que unos pocos se vuelvan muchos
y el mundo esté lleno de almas iluminadas
que comprendan las grandes metas de Dios y las suyas.

Queridos de la luz de la libertad, queridos amigos de Saint Germain, queridos amigos de la verdad y de Dios, vuestro trabajo no debería ser en vano. Por tanto, construid con inteligencia sobre ese cimiento al que habéis honrado al principio con vuestra atención, y no dejéis que nada os robe vuestro inmortal derecho de nacimiento.

Recordad, todo lo que se afana por la gracia divina es capaz de desbaratar los propósitos del Tentador. Y eso debéis hacer vosotros; debéis superar personalmente. El que nosotros nos hayamos ganado nuestra libertad no basta para que la vuestra esté asegurada. Debéis lograrla de manera individual. Y, por tanto, permanecemos para ayudar, como hemos hecho en el pasado, y ayudamos a quienes han fallado, así como a quienes han pasado.

Por tanto, queridos, ya veis que siempre está la actitud eternamente presente de la gracia divina. Pero vosotros, hablando en lo individual y en el lazo de esta vida terrenal individualizada, tenéis un período limitado en el cual llevar a cabo el plan. Por tanto, creo habría que dar a los momentos ociosos buen uso. ¿No creéis? Creo que la vida debería buscarse como medio de demostrar la beneficencia de Dios Todopoderoso; no para desmentir su beneficencia, sino para aprobarla con fe, lo cual manifestó Abraham, lo cual estaba en lo antiguos profetas, lo cual estaba en el Maestro Jesús y lo cual está en todo hijo del cielo.

Esto no es una disminución del propósito divino. Si toda la humanidad manifestase el propósito divino, ¿creéis que a Dios se lo robarían todo? Creo que no. Porque Dios es el otorgador y solo le roban cuando los hombres se roban a sí mismos los valiosos dones de propósito divino.

Os doy las gracias, y confío en que todos os inclinéis un poco más hacia el cielo.

Gracias.

24 de julio de 1966
La Tourelle
Colorado Springs (Colorado)
MLP

CAPÍTULO 5

El estandarte de cada retiro de la
Gran Hermandad Blanca ondeará sus banderas...
La luz estallará como el sol en su esplendor
como diez mil soles para el planeta.
Una nueva esperanza llenará el cáliz del
corazón de los fieles.

LA VOLUNTAD DE DIOS ES UNA CARGA DE RADIACIÓN QUE PROVIENE DE LEJOS

¡Qué mareas de deterioro desmiembran a la humanidad! Cómo es arrastrada una y otra vez de los elevados amarres del Espíritu, que animan a los hombres a buscar los portales del cielo aun cuando el brillo y el glamur de la conciencia del mundo exterior de abajo parece presentarle a su ser un tesoro incomparable.

Nosotros que entendemos las valiosas diademas destellantes de magnetismo espiritual somos bien conscientes de que en efecto no hay comparación entre la mortalidad y la inmortalidad. Pero quienes están unidos a la mortalidad, que no se dejan engañar por la lente y la pantalla de imperfección de la humanidad, una y otra vez se estrellan contra las rocas y los bancos de entumecimiento mortal.

Nosotros, por tanto, venimos a despertar a la humanidad del letargo de los sentidos. Venimos decirle que la voluntad de Dios es buena, que es una carga de radiación proveniente de lejos que se acerca al corazón y la mente a fin de crear en ella una respuesta a los cuidados de la Deidad, el Maestro Alfarero que moldea el barro para poder deificarlo y convertir a esa creación de barro en la manifestación creativa de sí mismo.[1]

Sean conscientes los hombres, pues, de que de la oscuridad surge una gran luz porque la luz tiene el poder de expandirse en la oscuridad y mostrar en ella que la vida está rebosante de abundancia porque Dios existe.

¡Puesto que Dios existe, vosotros existís! ¡Y puesto que vosotros existís y puesto que Dios existe, la Realidad nace! Y los estallidos solares de ese primer destello de conciencia en el reino del individuo son la puerta hacia la gran oportunidad. Pero cuando esta oportunidad es desechada a la ligera por la chucherías y baratijas de la vida, ¿qué creéis que dirán los Señores del Karma cuando lean detenidamente el registro del individuo y vean que una y otra vez este ha expresado tener preferencia por las condiciones del mundo exterior?

¿Hemos de encontrar alguna medida de compensación que nos permita conceder a los hombres oportunidades renovadas, cuando esta senda está repleta de oportunidades rechazadas una y otra vez?

Menciono, pues, la responsabilidad que tienen las personas de leer detenidamente por sí mismas los registros eternos y comprender, leyendo esos valiosos registros, que no existe ninguna circunstancia exterior que no esté gobernada por la ley del ser del hombre.

La humanidad, una y otra vez, declara que desea expandir la sabiduría de su propósito Divino, pero una y otra vez se dirige hacia las condiciones del mundo exterior como si fueran reales, y rechazan la seguridad interna de la Estrella Polar del Ser como si fuera irreal.

LO REAL Y LO IRREAL

Yo, El Morya, Chohán del Primer Rayo, estando dedicado a la gran voluntad de Dios, os traigo hoy el sentimiento Divino de seguridad eterna que proviene de esa paz y buena voluntad que nace del corazón de Dios.

¡Esto es realidad! Es la realidad de la revelación divina que corre las cortinas y los velos que los hombres han creado sobre el rostro de la Naturaleza, revelando el maravilloso reino de la Naturaleza como perteneciente a Dios. Y vosotros, como parte de ello, ya no consideráis que la Naturaleza sea una cosa furiosa y rugiente que quiere devoraros, sino que es aquello sobre lo cual se os dio señorío en un principio, señorío divino para comandar al viento y las aguas y decir: «Calla, enmudece»,[2] y después observar mientras la Naturaleza obedece.

¡Esto es el señorío de los seres Crísticos! Es el señorío de quienes han buscado y hallado su propia realidad Divina y han comprendido la necesidad de la constancia de expresión con la que pueden practicar el Sendero divino hasta que este se convierte en la única realidad tangible de la existencia. ¡Cuando los hombres hacen esto, no carecen de las mareas de gracia! ¡No están cubiertos con las mortajas de oscuridad! ¡En cambio, han abierto el Huevo Cósmico[3] y la luz solar de la Presencia eterna entra brillando!

El conocimiento de la voluntad de Dios, por tanto, es el punto fuerte del hombre realizado en Dios. Y los que moran en las tinieblas de afuera, donde hay lloro y crujir de dientes,[4] donde dominan la banalidad y la infelicidad, deben entender que esto ocurre ¡porque ellos lo han permitido!

Sabemos que el hombre no tiene la fortaleza para poder resistirse al mal a menos que extraiga esa fortaleza de la Fuente Divina. Pero no hay ninguna excusa para que el hombre se permita a sí mismo ser arrojado más allá de la existencia espiritual al reino de la inseguridad incrustada perteneciente al pensamiento y sentimiento mortal, con su constante ronda de luchas incesantes por la existencia y la felicidad.

¡Dios vive! ¡Y vive en vosotros! Pero debéis alimentar las semillas de su llama y el recuerdo de su pacto en un grado mucho mayor de lo que habéis aceptado el peso demoledor del mundo y los sentidos del mundo. ¡Sin embargo, los hombres a donde se dirigen es al mundo, como si fuera real, y de Dios se apartan como si él fuera irreal!

Hace mucho tiempo, cuando los grandes Señores del Karma tuvieron el deseo de enseñar a la humanidad y de hacerlo a través de un instructor vivo, y cuando se hizo la selección en la Orden Teosófica de que fuera el Sr. Krishnamurti,[5] el deseo fue que este expusiera el ideal de lo Real como algo opuesto a lo falso. Desgraciadamente, algunos pudieron cautivar y confundir a esa valiosa alma y así, de nuevo los poderes de la oscuridad que quisieron zarandear* como a trigo,[6] pudieron expresar a través de este proponente escogido las cualidades de la falsedad. Esto ocurrió como refutación a las grandes mareas de verdad y ley de los Maestros Ascendidos, que aparecieron en la obra original, *A los pies del Maestro*.[7]

CUANDO LOS HOMBRES NO DAN LA TALLA

Así ha sido a lo largo de los siglos, cuando tronando desde grandes alturas han llegado los tomos de vida inmortal, que a las personas las han zarandeado como trigo mientras que otras han señalado a esas personas como una cosa sobre el lado del abismo y han dicho: «Ahí está o yace Lucifer».[8] Esta [situación] es comprensible, pues el reino de Dios es un premio, el premio más grande que pueda recibir cualquiera. Por tanto, los peligros son grandes y los obstáculos, muchos. Pero los que tienen una conciencia del mundo exterior no son consumidos por sus propias maneras, porque forman parte del mar de fango que envuelve a los corazones y los aleja de las grandes mareas de realidad cósmica.

Quienes forman parte de esta conciencia del mundo exterior no parecen estar mezclados en ninguna lucha. Porque en el marco de referencia que es su propio mundo liliputiense, viven y mueren como ratones y hombres,[9] representando los pequeños dramas de sus expresiones individuales como si fueran un drama cósmico de proporciones heroicas.

Pero cuando los ojos de Dios los miran no son considerados como entre los vivos, porque ya están muertos por transgresiones y pecados, transgrediendo contra la realidad de su propia vida. Esto no es una transgresión contra la Deidad, ya que la Deidad es algo aparte del hombre, sino que es una transgresión contra la Deidad

---

*El zarandeo elimina la cáscara protectora del trigo, lo cual indica la eliminación de la protección al Sr. Krishnamurti.

que sí forma parte del hombre. Porque la vida es Dios y toda expresión de la vida quiere ser una manifestación total de su victoria, felicidad y éxito Divino.

Cuando los hombres no dan la talla y no consiguen llegar al gran objetivo y premio cósmico, siempre sienten lástima cuando reconocen, a partir de los residuos dejados por la lástima de sí mismos, que han fracasado y no han conseguido llegar al objetivo. No hay necesidad de lamentarse por esta situación, siempre que la conciencia pueda evaluarse a sí misma. Porque cuando la conciencia evalúa que no ha llegado al objetivo, el primer paso que debe dar el individuo está claro. Deberá levantarse como el hijo pródigo y decir con decisión firme: «Volveré a la casa de mi padre».[10]

¿Están cansados de los deshechos y la escoria de la vida? Entonces que vuelvan a donde la Realidad vive y mora por siempre. Que se aparten del vómito de la miseria humana y se dirijan a la seguridad del reino Crístico.

No hay ninguna necesidad de que los hombres permanezcan en un estado de miseria, porque Dios vive en cada momento. Los propios hombres permanecen tras la cortina de su propio autorrechazo afrontando un pequeño círculo de inseguridad, de pensamiento erróneo, de sentimiento erróneo, de un mal uso de la energía, del descuido en la acción y de inquietud, lo cual a veces, por desgracia, desean extender a su prójimo. Porque a menudo es cierto que las personas atrapadas en las fauces de la trampa de su conciencia mortal parecen de hecho derivar cierto beneficio del esparcimiento de su propia inseguridad al mundo de la forma y de subvertir a los demás hacia su propio estado de decrepitud. «Por desgracia», decís vosotros, y nosotros nos hacemos eco de ese sentir.

¡Pero volvemos a afirmar que Dios vive! Y vive para quienes se han rechazado a sí mismos y quienes han rechazado su Realidad inmortal, así como para quienes han atravesado el velo hacia su victoria Divina. ¡Dios vive para todos, y vive en todos, y su voluntad es para la libertad de todos! Su voluntad es para la victoria de la Tierra sobre toda su desafección, deslealtad y falta de reconocimiento con respecto a la gran Verdad que es la voluntad del Eterno.

LA VOLUNTAD DE DIOS SATURA LA TIERRA

Hoy vengo con una renovada determinación para que los propósitos de esta era que Dios ha concebido para la humanidad se cumplan. ¡Nosotros no adoptaremos nuestra postura en base al desencanto de los hombres! ¡Adoptaremos nuestra postura en base al propósito divino!

[El maestro exclama; la congregación se pone de pie].

¡Maximizad, maximizad, maximizad el propósito divino! ¡Minimizad, minimizad, minimizad la desafección humana!

(Por favor, tomad asiento).

El Padre eterno, con su gran majestuosidad de propósito, ha retirado del planeta Tierra hoy a los nueve embajadores que estaban aquí para realizar un servicio específico para la jerarquía.[11] Algunos de ellos que están encarnados físicamente permanecerán encarnados físicamente, pero se ha cancelado su misión.

La jerarquía ha renovado la determinación de cumplir las obligaciones de la jerarquía hacia la Deidad y se ha decidido a negarse a aceptar los problemas externos impuestos por la humanidad que contradicen la perfección eterna del plan divino. Puede que algunos de vosotros no os percatéis de todo el significado de esto durante un período de tiempo, y que otros lo capten al instante. Pero voy a elucidar su significado de forma parcial de modo que tengáis la esperanza de poder captarlo de una forma más instantánea. ¡Y os lo digo a todos vosotros!

Aunque es cierto que la mente de Dios nunca ha caído de su elevado estado, la jerarquía, como parte de la Santa Presencia Crística actuando como mediadora entre Dios y el hombre, de vez en cuando ha actuado en el mundo de la forma con el fin de informar sobre varios episodios que estaban teniendo lugar en el planeta, mediante los cuales el hombre de hecho ha manipulado, en un sentido de la palabra, las respuestas del cielo con respecto a sus actividades.

Esto, por supuesto, formaba parte de la sabiduría de la propia jerarquía, que ha actuado bajo inspiración divina. Pero ahora se ha decidido por un tiempo, y tiempos, y la mitad de un tiempo[12] que lo vamos a intentar con la voluntad de Dios al actuar de manera suprema. Sin templar más las mareas cósmicas para las ovejas esquiladas de la identidad del hombre en su estado de percepciones evolutivas, traeremos las grandes verdades cósmicas al planeta mediante las mareas de amor que brotan del corazón de la Presencia viva de Dios.

Esto quiere decir que la voluntad de Dios saturará cada piedra y cada árbol. Significa que la creación de la radiactividad eterna, desde el mismísimo núcleo en el centro de la Tierra, en el reino de Pelleur*, a través del aire, la atmósfera y a todo vuestro alrededor, surge para que la Presencia de Dios en sus aspectos celestiales se manifieste abajo en una medida inconcebible actualmente para la mente del hombre. Y este surgimiento de la Presencia de Dios, aunque se manifieste en la constante de tiempo, en el continuo espacio temporal, también se producirá con una rápida inclinación hacia la manifestación a fin de preservar con ello la vida en el planeta. Porque será por decreto divino, y se utilizará la ciencia del cielo.

LA TIERRA RECIBE LA RADICIÓN IMPERSONAL DE DIOS

Ya no estamos interesados en la reacción de los hombres con respecto a los cuidados del cielo, pero estamos preparados para ayudar a aquellas corrientes de vida que hayan decidido dentro del campo energético de su corazón y su ser, con total fe, que aceptarán la voluntad de Dios cósmica y decidan expresarla. A ellos daremos los cuidados de la inmortalidad del Dios Infinito. Daremos el grado más pleno de nuestra atención a la vida. Lo daremos a los elementales. ¡Lo daremos en todas partes! Y de hecho puede que abajo se produzca una rápida reacción ante eso por parte de los hombres. Porque ante la presencia del cielo, estando el cielo alrededor de la humanidad y estallando alrededor de sus pies, ya veremos cuánto tiempo resisten esa presión.

En tiempos pasados, los hombres encarnados, incluso los santos inocentes, fueron subvertidos por esta horrorosa manifestación de las

---

*Virgo y Pelleur son los jerarcas del elemento tierra, quienes dirigen a los seres elementales conocidos como gnomos.

hordas luciferinas y los poderes de la oscuridad de los cuales este planeta ha sido anfitrión. Pero ahora se trata de niveles impersonales; ¡no con hombres encarnados, sino con la presencia del Espíritu Santo! Pues descendiendo del corazón del Señor Maha Chohán y a través del Maha Chohán, se da esta dispensación. ¡Y el planeta, pues, recibirá la radiación impersonal de Dios Todopoderoso!

Que nadie la tema. Que todos la veneren. Y que todos la vean como una bendición para los aspirantes a hijos de Dios y para la determinación Divina del cosmos de responder a los de corazón inocente que buscan para encontrar, en esta época, la libertad de las manifestaciones abrumadoras de las condiciones del mundo exterior.

La jerarquía ha hablado. Como Chohán del Primer Rayo, hoy os he dado esta dispensación. Es una época que ha terminado, y es una época que está comenzando. Es el amanecer de un milenio de esperanza, y es para todos los hombres.

Pero quienes deseen expresar a la Deidad, caminar como Cristos vivos entre los hombres, serán los beneficiarios. Y al resto —no porque lo deseemos, sino porque es un efecto secundario producido por la elevación desde la Tierra de los emisarios y las huestes cósmicas dedicadas a Dios— se les dará la manifestación de aquello que producirá aquellos gritos: «Que los montes y las peñas caigan sobre nosotros, y que los collados nos escondan».[13] Porque habrá lloro y crujir de dientes cuando la humanidad recoja lo que ha sembrado.

Pero en el mundo, el estandarte de esperanza ondeará. El estandarte de cada retiro de la Gran Hermandad Blanca* ondeará sus banderas. Sus estandartes ondearán a las brisas del Espíritu Santo y la luz estallará como el sol en su esplendor como diez mil soles para el planeta. Una nueva esperanza llenará el cáliz del corazón de los fieles y será un reciente llenar el cáliz de magnificencia Crística, el Santísimo Grial.

La posición del devoto y del chela será entonces la del reconocimiento de lo Superior, de la sintonización a cada hora con lo

---

*El término "blanca" no hace referencia a la raza, sino al aura de luz blanca que rodea a estos inmortales.

Superior, de la comprensión de que el reino de Dios se acerca a la Tierra.[14] Y ya no nos preocuparemos por la oscuridad, porque:

¡La oscuridad ya ha pasado!
¡La oscuridad ya ha pasado!
¡La oscuridad ya ha pasado![15]

Y la aurora desde lo alto se acerca para visitar a los hombres en su aflicción[16] cuando El Avance del Peregrino[17] se cierne ante quienes anhelan hacer, conocer la voluntad de Dios, ser Cristo entre los hombres; ser humildes, como los que nacen en un pesebre, pero están conducidos por la estrella que apareció como una nova desde el corazón del cosmos.

Os doy las gracias.

27 de agosto de 1967
La Tourelle
Colorado Springs (Colorado)
MLP

CAPÍTULO 6

Si los hombres desean aspirar al Infinito,
deberán dominar lo finito.
Porque lo finito puede someterse y se someterá
a lo Infinito cuando los hombres…
reúnan un poder infinito para gobernar
la manifestación finita.

CAPÍTULO 6

A DONDE CONDUZCAN
LOS MAESTROS,
QUE VAYAN LOS HOMBRES

El lazo de la voluntad de Dios unirá los corazones. Y nosotros hemos venido, convocados por los espíritus de los escogidos, de hombres justos hechos perfectos,[1] a irradiar entre vosotros y para un mundo oscurecido y moribundo el sol de resplandor unificador, de esperanza y de la llamada a la humanidad al llamamiento supremo al que nosotros, hace mucho tiempo, dimos respuesta.

La concepción de una Mesa Redonda fue algo no de dudosa belleza, sino una manifestación de hermosura atroz.[2] He utilizado esta palabra, «atroz», porque evita la palabra «exquisita», y deseamos que comprendáis que es algo tan hermoso que casi duele.

Os señalamos, pues, que lo que siente dolor y se siente afligido es el hombre exterior, con el error de sus caminos y con la discordia de lo que ha exteriorizado y a lo que ha atribuido una realidad taciturna. No estamos interesados en la supervivencia de estas manifestaciones desagradables, más bien nos interesa la supervivencia de la verdad de modo que la verdad pueda vivir en vosotros y de modo que vosotros podáis vivir por la verdad, al convocar el orden en vuestro mundo que nos dará la capacidad de cubriros con un manto de dignidad universal.

La dignidad universal es el mismo tejido que ha cubierto a cada *arhat** y ha hecho que entienda cómo la belleza, la trascendente belleza gobernada por la ley universal que lo ha llamado a seguir adelante a través de las áreas oscurecidas del cosmos, lo ha conducido a un lugar donde todo es luz pura.

Por tanto, los hombres deberían comprender que el viaje en sí a menudo atraviesa lo oscuro, atraviesa lo invisible, atraviesa un reino donde la fe no parece manifestar la realidad tangible. Pero el resultado final, el efecto final es lo que hay detrás de la causa central de aquello a lo que estamos dedicados, el efecto que enseña a cada hombre su realidad como alma† y que hace que entienda la función de la voluntad de Dios en la manifestación de la verdad en su vida. La voluntad de Dios no solo es buena, sino que es necesaria para completar y purificar a una mónada individual, y la convocación de los escogidos responde a la voluntad de Dios.

Ahora bien, no niego que la voluntad de Dios pueda de vez en cuando hacer que la humanidad tiemble, porque en efecto en esto estamos lidiando con aquello que supera una capacidad limitada, una medida finita. Por consiguiente, las personas siempre deben considerar que por delante tienen el reino que posee una belleza mayor de lo que sus ojos están acostumbrados a ver.

Por tanto, pueden manifestarse vistas extrañas cuando los hombres evocan la luz. Pues la luz revelará aquello que está oculto no solo en la vida de otros, sino también en la suya. Esto es así para que puedan producir las manifestaciones oscuras que, de hecho, han escondido durante siglos y que puedan transmutarse.

Cuando estas manifestaciones salen a la luz, no es para exponer su fealdad y que otros la vean, sino para que los hombres puedan lidiar con lo que han manifestado y para que puedan comprender que esta fealdad ya no debe dominar en su mundo. Por consiguiente,

---

arhat: adepto o santo budista; alguien que ha logrado la iluminación.
†Debido a una ambigüedad fonética en inglés, "su realidad como alma" *[soul reality]* también podría ser "su realidad única" *[sole reality]*, donde *soul [alma]* y *sole [única]* se pronuncian de igual forma.

los hombres deben tomar medidas para que esta energía sea liberada y enviada de regreso al corazón del Gran Sol Central para que sea purificada; y procurarán que, en su lugar, en el mundo de ellos, se eleve una estructura que pueda enseñar a la humanidad cómo puede exteriorizar una mayor medida de gracia universal.

Pues, *todos* los hombres son instructores y *todos* son líderes. Pues todos los hombres lideran algo, y algo sigue a todas las cosas. Sin embargo, cuando los hombres comprendan la Ley de una forma más completa, no desearán estar al final de la fila seguidos de un pobre e insignificante discípulo. En cambio, desearán liderar a millones de personas, porque cuanto más avanzado está el individuo, más cerca está del trono de la Realidad y la voluntad central de Dios.

Por tanto, nosotros no nos arrepentimos en absoluto de nuestra posición ni la consideramos como un lugar noble desde el que podamos, por así decirlo, dominar arrogantemente a otros hombres. Más bien, siguiendo la advertencia del Padre, reconocemos que nuestro papel es el de un siervo más grande. Pero (y aquí sonrío con ironía), a no ser que tengamos alguien que nos escuche, me temo que de ninguna manera podríamos dirigir a otros. Porque un ejército anodino que no hace caso al grito de guerra que da el comandante, no es ningún honor para el comandante.

Por tanto, cuando hacemos esta convocación, es para todos los que quisieran hacer firme su vocación y elección.[3] Esto es para que comprendan que el papel del sometimiento no es un estado de entrega al poder soberano de la voluntad a una fuerza inferior, sino más bien es un sometimiento a un propósito superior. Porque un propósito superior es un propósito que conduce a la humanidad hacia las alturas y que la convoca hacia las alturas, lo cual sin duda no lleva a la degeneración de una persona, sino más bien a su regeneración. A esto estamos dedicados y en este sentido nos movemos.

Naturalmente, los percebes de la vida que se han asido a una persona durante demasiado tiempo a veces se caen cuando hacemos esta convocación. Porque se hace esencial que las personas suelten el lastre, que las ha mantenido abajo, de modo que puedan elevarse.

Cuando las personas están dispuestas a someterse a esto y pueden darse cuenta de que al sendero espiritual no le falta el necesario aligeramiento de la carga, serán capaces de progresar más, porque ya no se aferrarán a las manías humanas como si fueran una herencia. Porque, al fin y al cabo, vuestra [verdadera] herencia es la libertad, y la libertad llega cuando estáis libres de impedimentos, cuando estáis libres de los peligros del mundo psíquico, cuando habéis creado una nueva esperanza y sois capaces de reconocer que aquello que acabáis de crear también se creó para vosotros y se bajó a la manifestación como un don de vuestra Presencia YO SOY para vuestro yo exterior.

El reino adimensional es, arriba, el reino de dimensión. Y si los hombres desean aspirar al Infinito, deberán dominar lo finito. Porque lo finito puede someterse y se someterá a lo Infinito cuando los hombres entiendan Ley exige que reúnan un poder infinito para gobernar la manifestación finita.

Al principio esto puede parecer un poco obtuso, pero su ponderación lo traerá con rapidez a la manifestación para todos vosotros. Y creo que esto no os sobrepasa, sino que es algo que todos podéis entender. Por consiguiente, me apresuro a pediros que desengañéis a vuestra mente del pensamiento de que vuestra mente no está llena de la capacidad de comprender algo de la enseñanza que estoy entregando.

Uno de los grandes problemas del cuerpo estudiantil en la actualidad es que muchas veces, cuando entregamos información, los estudiantes tienen demasiada tendencia a clasificar esa información en un estado que [consideran] que está muy por encima de su capacidad de comprender y utilizar. Creo que nunca, en ninguna de nuestras entregas, hemos hecho que una enseñanza se manifieste de forma tan elevada que el niño más pequeño no pudiera beneficiarse de ella si estuviera dispuesto a buscar las piedras que debe recoger en su clase.

Es cierto que aquí hemos colocado grandes peñascos que la persona normal y corriente no podría levantar. Pero la persona, mirando, puede calibrar estos peñascos y decir: «Con mi fuerza que va en aumento los levantaré». Pero los guijarros que también acompañan a estos grandes peñascos son fáciles de levantar y en la vida de los chelas hay muchas áreas en las que las cositas pequeñas pueden corregirse y arreglarse para que las cosas más grandes puedan lograrse.

Vosotros tenéis un dicho que dice que uno no se debe llenar la boca con más de aquello que pueda masticar.* Bien, benditos, si habéis puesto cuidado en hacer las cosas de esta manera, deberíais poder masticar lo que os hayáis puesto en la boca. Y creo que, si lo masticáis y comprendéis que, al hacerlo estáis alimentado a vuestra alma, os daréis cuenta de que todas las cosas os son posibles en bocados a vuestra medida.

Ahora bien, espero que le hinquéis los dientes a esto. ¡Porque si no, me temo que algunos de vosotros os vais a morder la lengua! Esto se debe a que la Ley es una ley de gran diligencia y de esta Ley no pueden alardear a la ligera los hombres que han abandonado otras causas para poner su mano en este arado.[4] Este arado es para arar un surco derecho de modo que la humanidad pueda ver el poder de este ejemplo en esta época, cuando la religión parece deteriorarse en su conciencia y cuando la filosofía se ha convertido en un medio con el que hacer de la religión algo inocuo.

Creo, por tanto, que os daréis cuenta de que el poder de la ley de Dios de enseñorearse de aquellos chelas que se someten a nosotros es en efecto muy grande, y estamos decididos a guiaros porque estáis siguiendo la luz lo mejor que sabéis. Estamos decididos a que el poder que entreguemos demuestre al mundo para siempre y con eficacia que los Maestros Ascendidos existen de verdad, que los Maestros Ascendidos pueden ayudaros a manifestar las esperanzas y los deseos que se han convertido en sueños de señorío divino en vuestro mundo. Vosotros deseáis que Dios se enseñoree de vuestro mundo y él os devuelve la pelota y os dice: «Escuchadme, hijos míos. Porque espiritualmente os he dado el poder que necesitáis para manifestar señorío sobre vuestro mundo, y mi Ley está en vuestra mano y vuestro corazón para que podáis hacerlo».

Ahora bien, cuando Dios os devuelve esta pelota y os dice, «haced mi voluntad», ¡esto significa precisamente eso! ¡Significa

---

*Quien mucho abarca, poco aprieta. (N. del T.)

que tenéis el poder de hacer su voluntad! Y si aceptáis esto, de hecho, seréis libres. Porque Dios obrará a través de vosotros y servirá a través de vosotros, y comprenderéis que Dios también vive en vosotros. Y entonces, por supuesto, no parecerá que él esté tan lejos de vosotros y los maestros no parecerán estar tan lejos de vosotros, y la posibilidad de que atravesemos el velo no parecerá tan remota en lo que al tiempo se refiere.

Veréis que uno de los grandes medios por el que los maestros pueden atravesar el velo es hacerlo manifestándose en vuestra vida. Porque entonces apenas tendrá importancia alguna si manifestáis las mismas ideologías que nosotros y los mismos poderes que nosotros, porque no pasará mucho tiempo antes de que vosotros también estéis donde estamos nosotros. Por consiguiente, ¿qué más da si vosotros atravesáis el velo hasta nosotros o si nosotros atravesamos el velo hasta vosotros?

¿Lo entendéis? Confío en que hoy se os revele este conocimiento, pues es un aspecto importante, aunque anteriormente irrelevante.

En el nombre de Dios Todopoderoso, os doy las gracias y digo: A donde conduzcan los maestros, que vayan los hombres. Porque hemos vencido la muerte. Hemos vencido las engañosas manifestaciones y los atractivos del mundo.

Hoy somos vuestros mentores y guías, esperando que nunca permitáis que la antorcha que os damos se apague, sino que permitáis que impregne vuestro mundo como pensamiento, palabra y obra en manifestación, hasta que el mundo en su totalidad entienda el señorío de los Maestros Ascendidos y el poder del Cristo infinito para hacer los milagros de toda la eternidad en el tiempo, ¡exactamente donde os encontráis!

En el nombre de Dios, yo, El Morya, Chohán del Primer Rayo, saludo a la llama de la voluntad de Dios en vuestro corazón.

24 de marzo de 1968
La Tourelle
Colorado Springs (Colorado)
MLP

CAPÍTULO 7

Instamos a que todos entiendan
no la oscuridad, sino la luz.
¡Porque la luz puede convocarse!
¡La luz puede invocarse!
¡La luz puede ser la clave de la
libertad del hombre!

CAPÍTULO 7

EL PODER DEL PENSAMIENTO CORRECTO

La inteligencia universal os ha otorgado vuestra mente

Morya quisiera instruiros acerca de cómo remontar el vuelo. ¿Queréis venir conmigo, por tanto, a ese reino coronado de nubes de vuestro amado Saint Germain, el reino de la imaginación donde podéis crear mediante la magia del ojo interior los símbolos de futura hermosura que deseáis ver manifestados en el mundo de la forma?

Porque la sustancia de los sueños de los hombres a menudo renace en el sinsentido del mundo exterior porque los propios sueños han estado compuestos de sinsentidos. Por tanto, llamamos a que se levanten las hebras de la conciencia y de la mente para que el individuo pueda remontar el vuelo con el pensamiento sin peligro, como una dinamo humana llena del espíritu del amor y el servicio eterno.

No es necesario que las personas estén moldeadas por los factores sociales del entorno. Las personas deben comprender que, con un pensamiento, pueden elevarse y salir de la insignificante miseria de esta época actual y entrar en ese magnífico espíritu de realización Divina que nos permite fabricar en el mundo un imperio invisible de servidores divinos. Estos servidores se reconocerán mutuamente debido al espíritu de esperanza universal y manifestación creativa, que surge como poderosos rayos luminosos del hemisferio de la mente y crea ese nimbo brillante de realidad universal al que artistas y visionarios han llamado «el halo». Porque existe un halo de amor; existe un rastro de emanaciones, un haz luminoso de energía concentrada que surge del aura de la conciencia de cada persona.

Por tanto, cuando pensamos en términos de la crueldad del mundo exterior y vemos que el aura es de un color turbio (marrón e insípido como melaza y que fluye hacia el mundo como una sustancia vaporosa que envuelve a la humanidad con una mortaja de odio), instamos a que todos entiendan no la oscuridad, sino la luz. ¡Porque la luz puede convocarse! ¡La luz puede invocarse! ¡La luz puede ser la clave de la libertad del hombre!

EL TEJIDO DE LA MENTE DEL MUNDO

Es extraño que a partir de las veintiséis letras del alfabeto se puedan crear tantas palabras. Es extraño que, a partir de la magnífica manifestación de palabras compendiadas y no compendiadas en los diccionarios del mundo, tantas ideas nobles e ignominiosas puedan ponerse juntas en la corriente de la mente del mundo. Sin embargo, al examinar la mente del mundo y su tejido, somos conscientes de que esta es tanto un vertedero como un emparrado de belleza. Temporalmente y según el grado de su pensamiento, los hombres se sintonizan con los segmentos varios de este flujo de energía.

Actualmente, el nivel de conciencia mortal está lejos del reino del cielo, lejos del reino coronado de nubes del reino invisible. Los sonidos del mundo atraen a los hombres con facilidad, alejándolos del espíritu del principio Crístico. Los suspiros del mundo también atraen y los pensamientos de los hombres son tomados rapidísimamamente por los pensamientos de otros que siguen una tendencia descendente.

Convocamos a los escogidos de esta era. El llamado se ha pronunciado y los hombres han oído nuestra voz. Que entiendan el significado de las mortajas de oscuridad. Que entiendan el significado de las mortajas de muerte y amargura. Que rehúyan todo lo que pudieran llevar puesto que no sea la vestidura del Señor o las vestiduras de Dios.

Existe una tendencia en el mundo de permitir que los engaños del yo envuelvan totalmente a la conciencia hasta que los conceptos más hermosos son pisoteados como si fueran feos y no tuvieran ningún valor. Nosotros estamos interesados en el desarrollo de un reconocimiento directo en el espíritu de la humanidad, en las lentes de percepción, en el aparato perceptor del estandarte universal del SEÑOR. Porque cuando este estandarte es alzado y los hombres no lo ven, es como si la energía para alzarlo hubiera sido en vano, y cada jota y tilde de energía emitida en el orden mundial nos preocupa.

Es interesante cómo la tendencia de la mente humana se siente preparada para juzgar los pensamientos más nobles y a percibir detrás de ellos algún motivo sutil de maquinación humana. No hablamos con desprecio de los esfuerzos nobles de la humanidad, pero sin duda somos conscientes de los habitantes de la oscuridad y de esos suministradores de inmundicia y degradación humana que han creado en el mundo un lugar de incesto donde debería estar el templo de Dios.

IDEAS CARGADAS DE RADIACIÓN PROVENIENTES DE LA MENTE DE DIOS

Al mirar los registros del sombrío pasado (es decir, según la mirada de la mayoría de las personas), me doy cuenta de que aquí mismo, en este punto donde estoy, una vez se erigió un templo de esperanza. Este templo estaba cuidado por seres angélicos y supervisado por vírgenes vestales cuyo corazón y pensamientos se centraban en la captura de su divinidad latente. Ellas pensaban solamente en términos de un pensamiento correcto. Y al deciros esto os insto a comprender lo sencillo, a revestiros de la percepción de lo sencillo: ¡El poder del pensamiento correcto! ¡El poder del pensamiento correcto! ¡El poder del pensamiento correcto!

Porque en la mente del hombre existe la tendencia a tomar las ideas más gloriosas y, por haberlas escuchado con anterioridad, decir: «Esto no es nuevo». Queridos, cuando el espíritu de un individuo puede extraer del espíritu de Cristo la verdad contenida en cualquier declaración cósmica, ese individuo puede hacer que esa declaración resuene en cualquier momento como si fuera la mismísima novedad de Dios, ¡un lustre brillante y bruñido que trae esperanza al mundo otra vez!

Qué lástima sería que todo lo que ha pasado por el nexo de la conciencia de divinidad descendente, de la belleza de las concesiones humanas que la mano de Dios ha hecho, fuera echado a un montón de deshechos simplemente por no ser nada nuevo y por haber sido conocido temporalmente por un alma o incluso defendido durante una época.

¡Qué engaño se practica en el nombre de Dios! Porque los seres oscuros, que en sus madrigueras de iniquidad quieren esclavizar la mente de la humanidad, ponen constantemente los dinamos de su atención sobre métodos con los que poder robarles a los hombres la felicidad lanzando ideas vagas que vampirizan a la mente humana y hacen que las personas no vean las bellezas en la vida.

¿Se debe esto simplemente a que las bellezas de la vida no son nuevas? Absolutamente no. Mas esto se debe simplemente a que la mente y la conciencia de las personas del mundo, que son susceptibles a esas vibraciones, tienden a aceptar las emanaciones hipnóticas de los seres oscuros que son puestas en la atmósfera.

Estas personas tampoco entienden, aunque quisieran, que las manifestaciones de la pureza Crística y de belleza también flotan en la misma atmósfera. Mezclándose con los dominós de oscuridad que derrumban al hombre, se pueden hallar las alas de luz que elevan al hombre. Y la selectividad siempre es el fuerte del hombre realizado en Dios (o la persona, ya sea hombre, mujer o niño) que está entrenado a comprender el significado de buscar una idea en vez de dejar que la idea lo busque a él.

Cuando buscáis una idea vitalizada por los conceptos divinos contenidos en ella, debéis comprender que la expectativa de vitalidad del pensamiento divino es en sí misma de lo más alentador, haciendo que los hombres digan: «¡Ese pensamiento me ha iluminado! ¡Me ha elevado!». Sin embargo, os aseguro que, de vez en cuando, el mismo pensamiento pronunciado por otros labios y otros corazones, tendría un efecto totalmente distinto sobre las personas que lo escucharán.

Todo este concepto, pues, implica la vitalización de la verdad y el ver que es posible hacer que esa verdad cobre vida. Esto se debe a que la verdad en sí misma es en efecto un factor de la vida divina. Y cuando ese factor cobra vida en los dominios de una persona —como una expresión de la vida de esa persona cuando una corriente de vida individual reclama esa cualidad en particular—, ¡es algo vivo!

Las ideas son los pensamientos de Dios cuando surgen de su mente cargados con su radiación y capturados por la llama de lo Divino en las fauces del corazón. Porque el corazón también debe comer, beber y ser alimentado y debe extraer energía si ha de sustentar los patrones de luz que Dios desea ver exteriorizados en esta era.

HABITANTES DEL REINO PSÍQUICO

Los hombres aún no entienden el significado de la caracterización ficticia. No se dan cuenta de que, de vez en cuando, los artistas del mundo, como los llaman, que sirven a los poderes oscuros, dibujan imágenes de rostros populares y después los engalanan, con el arte de la impresión, en las revistas del mundo. Estas caricaturas son una degradación de la forma humana, simbolizan la destrucción y la oscuridad y tienen una tendencia a rebajar toda la grandeza en el corazón y la mente de aquellos a quienes corresponde la imagen y estampa. Porque esta distorsión de la forma y figura humana en nombre del arte es como miasmas surrealistas extraídas de los abismos de los hermanos de la sombra.

Nosotros, pues, queremos que se sepa que los conceptos de Dante Alighieri en su *Infierno*[1] también transmiten a la humanidad ciertas verdades relacionadas con el reino de lo astral, el reino del *delirium tremens* y el reino de la adicción a las drogas. Es en este reino que las personas, en sus viajes psíquicos al reino astral, se ven literalmente hechas pedazos por los seres de la oscuridad, que en ese momento a ellas les parecen reales, pero después deciden que no lo son.

Quisiera hacer hincapié en que el pensamiento es real. Quisiera hacer hincapié en que una idea representada en imágenes es real, que cuando las personas ven un dragón de oscuridad durante un viaje [inducido por drogas] al mundo astral mediante la utilización de drogas psicodélicas, están experimentando un encuentro horroroso con una fuerza oscura, cruel y destructiva que puede aferrarse a su fuerza del pensamiento y cercarla de manera significativa durante un período de tiempo. Esta experiencia en el inframundo mantiene una cantidad de energía de la persona en cautiverio y esclavitud, tendiendo de vez en cuando a llevarse a tal persona abajo, hacia aquellos ámbitos de degradación y destrucción.

Quiero que todo el mundo entienda que esta batalla está teniendo lugar ahora en el mundo de la forma. Si tan solo abrís los ojos y miráis estas cosas (que a algunos de vosotros que estáis dedicados exclusivamente a ver la verdad de un modo espiritual os resulta difícil), podréis comprender la urgencia del momento. Podréis comprender qué poco tiempo queda para que podamos efectuar alguna transformación o, al menos, el modo en que podamos efectuar una prevención en los jóvenes del mundo y en esas manifestaciones de oscuridad ineficaces, esas manifestaciones que están siendo enviadas al mundo con la vana esperanza de que esta oscuridad pueda final y permanentemente esclavizar a la humanidad.

Hago hincapié en la transitoriedad de estas manifestaciones de oscuridad porque es necesario reconocer que en un sentido son tigres de papel, pero en otro son crueles por lo general y totalmente destructivas. Son tigres de papel, pues no tienen ningún poder sobre la luz de Dios que nunca falla. Son tigres de papel en comparación con el gran poder del Arcángel Miguel y las huestes ascendidas.

Pero para las personas que aún no tienen una percepción espiritual desarrollada de su Presencia Divina, cuando estas personas se ven capturadas en las contracorrientes de estas mareas de energía psíquica sin tener ni siquiera el conocimiento de la Señal de la Cruz[2] o el poder del exorcismo, os digo que ello hace que muchas acaben en el manicomio o tomen la vía del suicidio humano.

¡Nosotros, por tanto, no deseamos ver una continuación de esta horrenda actividad! Porque cada alma del planeta sigue teniendo, hasta el momento, algún parecido con la imagen poderosa, original y perfeccionada de lo Divino. No digo esto enteramente como condenación o censura a toda la humanidad, sino solo como censura a los hermanos de la sombra que una vez conocieron al menos una parte del sendero espiritual, pero que ahora instan a la humanidad a que se dirijan hacia las expresiones de los demonios.

Tenemos algún conocimiento de los demonios y sus expresiones. Hemos observado a lo largo de los siglos el ritual del exorcismo. Hemos visto los sombríos y horribles aspectos de la brujería. Hemos visto la desnudez y el desnudo de la conciencia que ha entrado en el corazón de los hombres cuando han buscado realizar los horrendos y oscuros aspectos de sus lujurias.

LOS MAGNÍFICOS ASPECTOS DE DIOS

Estamos interesados, por tanto, en desarrollar esas matrices maravillosas de santa inocencia que formaron parte de los simbólicos Adán y Eva en el Jardín del Edén original.[3] Porque Hedón fue un lugar de placer infinito donde lo Divino podía comulgar con la humanidad.[4] Pero los hombres, en el momento presente, no entienden todas estas cosas excepto de un modo místico o mitológico principalmente. Son demasiado propensos a no equiparar la deseada entrega de verdad Crística en las historias y dramas de la creación que, si ellos lo permitieran, les expresarían las poderosas advertencias de Dios que se revelaron en los primeros momentos de la creación de este sistema de mundos y toda la cadena planetaria.[5]

Entonces, os pido, en nombre de Dios y en honor a su santa voluntad, que consideréis por un momento qué le queréis imputar a la Deidad. ¿Vais a imputar a la Deidad la creación de estos monstruos terroríficos de engaño? ¿Vais a imputar a la Deidad el deseo de esclavizar a la humanidad en una ronda de desgracia mortal? ¡Os digo que no! Porque Dios no ha creado la desgracia-, ni la ha formado. Ni ha tenido ningún placer en la muerte del impío,[6] ni en su destrucción-, ni en la cosecha de su recompensa kármica por sus actividades sombrías de oscuridad. Dios es todo lo que el nombre implica: Bondad personificada.

La intención del Padre es muy elevada y hermosa. No es simplemente un reino nuboso de formas nubladas blanqueadas con luz. Es un reino de maravilla espiritual donde nacen los conceptos más magníficos. Estos conceptos son conceptos dominantes relacionados con la psique del hombre en el drama universal, relacionados con la psique del hombre en el plan universal. ¡Estos conceptos de Dios para el hombre representan los principios de la voluntad santa!

Los principios de la santa voluntad de Dios son buenos para todos. Envolverán a la humanidad a cada momento con luz y con pureza. La voluntad de Dios también puede liberar a la humanidad de las ideas de esclavitud, y la liberación es en sí misma un atributo divino. Porque la cualidad de la libertad, que Dios dio al hombre (y la bendición de la libertad como parte del plan divino), ha dado a los hombres la capacidad de ir al paso que ellos quieran.

Por tanto, aquí, en este cuerpo planetario, ahora mismo, encontramos, incluso entre algunos de los estudiantes de la luz, a personas que se toman su tiempo en ponerse a hacer la voluntad de Dios. Ellas saben muy bien que están haciendo ciertas actividades que su Presencia Divina no desea. Saben muy bien que, de vez en cuando, están siendo apartadas de la puerta de los placeres del Edén espiritual, pues en realidad lo que están haciendo no lo hacen con inocencia. Pero continúan buscando una corteza de pan, una miga de la mesa de Dios en manifestación exterior. Alguna cosita insignificante sin ningún significado se les convierte en un fetiche, algo que buscar, mientras el gran drama del Espíritu y su comprensión, el poder de la conciencia universal, no se les esclarece en absoluto porque no piensan en ello.

LA EXPRESIÓN CREATIVA DEL PADRE
ESTÁ LATENTE EN TODOS LOS HOMBRES

Ahora bien, el pensamiento en sí mismo es en efecto muy plástico y puede moldearse a voluntad. Y cuando la voluntad lo moldea y lo forma puede convertirse en una sustancia muy esponjosa y delicada que se endurecerá bajo el deseo y la presión de la luz y de la búsqueda del hombre de la luz. Por tanto, cuando uno somete las matrices de la mente a lo Divino y pide que los sellos de nobleza cósmica sean inscritos en ellas (con llamados a la Divinidad para que las matrices se endurezcan), estas matrices se endurecerán. Y cuando lo estén, se convertirán en una reserva de fortaleza espiritual para la persona. Porque, al fin y al cabo, igual que la humanidad crea estas matrices de pensamiento y sentimiento, también puede ver un paralelo en el uso del lenguaje. Porque el lenguaje hace uso de ciertas antiguas figuras y símbolos, lineamientos que pueden inscribirse en la conciencia y después descifrarse a voluntad.

Por tanto, ¿os queréis unir a mí, habiéndoos señalado esta noche el muy natural poder de cómo la mente se estira hacia Dios y recibe de su mano las presiones de su amor? Porque Dios inscribirá sus leyes en el corazón y la mente de los hombres, y estas fueron cosas que se dijeron antaño como profecía.[7] Sin embargo, la verdad Crística encarnada en ellos se les ha pasado totalmente por alto a muchos que consideran su mente algo así como su ropa interior, algo que pueden quitarse periódicamente para lavar y airear.

¡Quisiera recordaros que vuestra mente es mucho más que esto! Es una otorgación de la inteligencia universal, la capacidad de recibir de la mente de Dios aquellos pensamientos que también podéis retener no solo por un momento, sino para siempre. Porque las antiguas Tablas de Mem[8] contienen las polaridades negativas y positivas que dan a los hombres la capacidad de grabar para siempre las bendiciones de verdad Crística y realidad universal. Esto da a los hombres la capacidad de conservar su identidad espiritual, de convertirse en una bendición para el universo para siempre.

¿Y qué es el universo? *U-n-i,* uno (vosotros y yo, todos nosotros, la manifestación de la completitud); no solo uno, pues Dios mismo ha dicho que no es bueno que el hombre esté solo.[9]

Compréndase, pues, que la expresión creativa ha salido constantemente y con impetuosidad de la poderosa Presencia de la Vida en el corazón del Gran Sol Central, y por la galería de las grandiosas galaxias ha pasado con impetuosidad el deseo del Padre de expresar de manera creativa. Esta expresión creativa también está latente, inactiva y dormida en todos los hombres. Lo volvemos a enfatizar:

¡Esto está latente, inactivo y dormido en todos los hombres!

¡Esto está latente, inactivo y dormido en todos los hombres!

Lo volvemos a enfatizar:

¡Esto está latente, inactivo y dormido en todos los hombres!

Bien, si esto fuera así (y debe serlo, porque lo he dicho tantas veces), sin duda merece que os lo repitáis a vosotros mismos muchas veces. Porque una vez que comprendéis que el hombre puede dormir y de verdad estar muerto, pero puede vivir lo suficiente para permitir que sus oídos oigan la voz del hijo de Dios —cualquier hijo de Dios— para poder vivir, comprenderéis que, al fin y al cabo, os habéis sometido a las canciones de cuna de la vida. Estas han mecido y dormido al yo espiritual mientras que el yo material exterior ha querido obtener su beneficio en el mundo de la forma. Y al hacerlo así, ¿en qué os habéis beneficiado aquellos de vosotros que habéis «ganado», hablando en sentido figurado, el mundo entero, pero os habéis convertido en marginados de las experiencias espirituales en profundidad?

UN ALIVIO CÓMICO

Oh, he observado cómo las personas han puesto los pies sobre el Sendero con cautela, pasando de una piedra a otra con miedo a resbalarse. Y entonces, cuando aparece un poco de limo verde sobre una piedra, la evitan con tesón. Parece que no entienden que la «clorofila» espiritual a veces puede hallarse en sitios extraños.

¡Cielo santo! ¡Ni siquiera os reís cuando digo algo como esto!

[risas] ¿Esto se debe a que tenéis el sentido del humor totalmente inmovilizado en estos ambientes espirituales? ¿Creéis por un momento que las huestes ascendidas nunca ven el humor en la vida? ¡Bien, os digo que no! ¡Debemos ver el humor en la vida para mantener la cordura a niveles internos, particularmente cuando trabajamos con seres humanos en el mundo de abajo! [risas]

¡Porque esto es para llevar hasta el más grande de los arcángeles a un estado casi de majestuosidad perdida! Y os digo, queridos, que de hecho han tenido lugar algunas situaciones muy absurdas a niveles internos que nos han convertido en lectores de las páginas cómicas del cosmos. Porque nosotros también somos capaces de encontrar un alivio cómico, que nos da a todos una conciencia de que Dios es verdaderamente el Dios de la felicidad.

VOLUNTAD: EL INGREDIENTE MÁS IMPORTANTE DEL UNIVERSO

Aunque muchas personas me han caracterizado de vez en cuando como un ser cuya voluntad está absolutamente blindada (y algunas de hecho gustarían de llamarme Old Ironsides)[10], creo que deberíais deteneros un momento y reflexionar sobre cuál es el ingrediente más importante del universo hoy día. Y creo que el ingrediente más importante del universo hoy día ¡es la voluntad! ¡Porque la voluntad es el poder cohesivo y espiritual que permite a las personas afirmarse en el idealismo cósmico y en esfuerzos hacia el logro espiritual, haciendo imágenes de lo que quieren ser, lo que quisieran expresar en el futuro!

Las personas siempre están sujetas a las presiones de los demás, cuyos dominios estereotipados las circundan constantemente con las ideas más horribles. Y es que a veces, en nombre de la misericordia, hasta hemos infringido la ley cósmica e incurrido en karma al hacerlo por no poder tolerar el concepto de una madre sobre su hijo. ¿Os dais cuenta de lo que significa esto? Esto significa que a veces debemos apartarnos de las personas para no sentir demasiada lástima por sus desventuradas metas.

Digamos que podemos sentir lástima por aquellos de vosotros

que algunas veces estáis tan llenos de amor que sois demasiado generosos con vuestra energía y a veces os metéis donde no debierais. Pero esto resulta en vuestro perjuicio, y con ello creáis una falta de progreso espiritual, incluso durante un período de diez años. Esto se debe sencillamente, por ejemplo, a que estuvisteis tan interesados en alguna persona, que ni siquiera estaba interesada lo suficiente en sí misma para dar el primer paso, que seguisteis mimándola y trabajando con ella porque esperabais poder penetrar al final en sus densidades.

Pero después de un tiempo, de repente tuvisteis la idea de que quizá el cielo no apoyaba vuestros esfuerzos y cejasteis en vuestro empeño. Y prácticamente al mismo tiempo la persona no pudo entender por qué la abandonasteis tan completamente, excluyéndola de vuestra vida, y empezó a lamentarse y a preguntarse qué pasaba. Y por sí misma se acercó arrastrándose hasta vosotros. Pero entonces vosotros no estabais demasiado interesados en ayudarla y así, por sí sola, exteriorizó un poquito de amor y creó mucho bien para sí misma al hacerlo.

Entonces, quizá, al fin y al cabo, un poco de lástima humana tenga una pequeña excusa, pero creo que la mayoría de las personas lo llevan demasiado lejos. Y lo digo como una advertencia absoluta para vosotros y lo digo con toda sinceridad: creo que muchos lo llevan demasiado lejos. Pero la gente también puede llevar demasiado lejos un sentimiento de distanciamiento y puede sentir, tras haber tenido malas experiencias en el mundo cuando trabajaron con corrientes de vida, que están de hecho mezclándose con sus enemigos cuando ayudan a otras personas y esas personas no están interesadas en ayudarse a sí mismas. Pero estas personas que intentan ayudar a otras con frecuencia no lo hacen cuando la necesidad de hacerlo es grande.

Por tanto, que Dios os ayude a todos y cada uno de vosotros a ver su santa voluntad y a tener ese maravilloso sentido del equilibrio, como el filo de una navaja, para que sepáis cuándo debéis «hacer» y cuándo debéis «no hacer».

Espero, pues, que, si aceptáis las presiones de mi voluntad esta noche, comprendáis que Dios siempre está activo intentando crear hermosas impresiones nuevas de la inflexible voluntad de Dios, ¡que debe ser inflexible para cada uno de vosotros y para el universo!

Porque si el Dios Altísimo titubeara en sus metas, os pregunto, qué significaría para los seres humanos que vienen a los portales de la voluntad de Dios si se encontraran con que él está deambulando y no quiere interesarse en ellos en ese momento específico cuando ellos, al fin y al cabo, han decidido que ahora quieren interesarse en él.

Tened paciencia, benditos. Dios Altísimo, a veces por razón de las leyes cósmicas que él mismo ha escrito, también obedece sus propias leyes. Por tanto, no se está mofando de vosotros. Simplemente está dejando que descubráis por vosotros mismos, en vuestra ferviente búsqueda, que todo lo que hagáis para servir su voluntad es algo digno. Porque, al fin y al cabo, como escuchasteis esta tarde en una de las pequeñas divagaciones sobre la conciencia del Grial, ¡el hombre realmente puede crearse a sí mismo![11]

Esta es la voluntad de Dios. Esperemos que más de vosotros os pongáis manos a la obra para llevarla a cabo.

Os doy las gracias.

28 de julio de 1968
Los Ángeles (California)
MLP

CAPÍTULO 8

¡La ley del amor que os hizo nacer
también quiere ayudaros a terminar
el proceso iniciático y conduciros
fuera y adelante hacia la realización
de vuestro destino inmortal!

CAPÍTULO 8

REVESTÍOS CON LA MENTE CORRECTA Y LA SEVERIDAD DE CONCIENCIA

Las nubes de pensamiento son tanto blancas como negras. Que los hombres entiendan el medio de controlar los medios del pensamiento. Así serán capaces de dirigir el frágil barco del yo.

La lástima de uno mismo es el mayor engaño que puede tener la humanidad, porque esta remueve los fuegos de un ego sórdido y provoca que se reproduzcan las actividades de oscuridad. La melancolía de los seres oscuros llega al mundo y el mundo está lleno de la trivialidad que ellos crean. Los limpiadores del espíritu son pocos, los que están dispuestos a entrar donde están los habitantes y las madrigueras de iniquidad para procurar que haya una operación de limpieza, la eliminación de los restos y la discordia humana.

Los peligros para el planeta son muchos porque las almas de la humanidad están saciadas de la actividad del mundo exterior y son pocas los que se dirigen hacia la luz, que es la luz del Dios interior. Los hombres se ríen y se mofan. Son traidores de la Realidad que les ha dado vida. Se irritan a la mínima, se molestan con poca cosa y se deshacen del peso de su vida por un precio muy pequeño.

¡Llamamos a los hijos del amanecer! ¡Llamamos a los hijos de las llanuras para que levanten las manos al aire y tomen las manos de la luz que llaman, las manos de luz que ya lo han dado todo!

Nosotros llamamos, pues, a los guerreros entre los hombres para que vengan a las alturas montañosas; los fuertes, los que aguanten ante el bombardeo de ataques psíquicos, los que pueden soportar hoy las insolencias dirigidas contra los hijos del Espíritu mientras aspiran a manifestar la pureza del mañana. La pureza del mañana es el plan divino realizado, el plan de la era de oro cuando vuestra fortaleza aumenta y ya no os interesan las acciones mortales. Porque las acciones mortales son primordialmente las acciones de la vanidad, pero los hombres están interesados en esta vanidad como si fuera la actividad más grande bajo el sol.

Uno de los grandes hombres del Lejano Oriente utilizó una vez una expresión (que vosotros utilizáis aquí, en este planeta) al mirar a las acciones sin sentido. Este gran *arhat* utilizó la palabra *bosh** al mirar hoy algunas de las acciones de los hijos de los hombres. Y así, nosotros mismos casi tendemos a hacer una mueca de escarnio, porque muchas personas en la humanidad están derrochando los valiosos bienes del alma, todo ello en actividades sin sentido, y no lo saben.

Los hombres buscan más engaños. Buscan más manifestaciones de sus actividades. Han hecho de la luz estroboscópica su dios. No comprenden el significado de la luz. Son víctimas de una hipnosis. Son víctimas de engaños. Son víctimas de confusiones. Participan en el ritual de oscuridad. Han diseminado por la faz de la Tierra las imágenes que antaño hicieron caer a toda la tierra de Mu. Han vuelto a crear las locuras de la Atlántida.

Los hombres, en sus actividades, han querido crear cuerpos físicos.[†] Han querido crear tanto la evolución como la revolución y no han comprendido el significado de los pináculos del Espíritu. No han comprendido cómo la bandera del SEÑOR iba delante del pueblo. No han comprendido que la bandera del Señor es estable. No han comprendido que la bandera del Señor ya está certificada

---

*bosh: conversación estúpida, actividad estúpida; sinsentido.
[†]Probablemente El Morya se refiere a la ciencia de la genética y la ingeniería genética.

y en la certificación de esa radiación hay salvación.[1]

Los que se apartan de los canales de luz —canales ya tallados en el granito— deambulan en el polvo. Como serpientes, se arrastran sobre su vientre y en el camino encuentran escorpiones que los destruirán. Enroscan su cuerpo alrededor de ramitas insignificantes, y todo lo que hacen es vanidad.

QUE APAREZCA LA CLARIDAD

Entretanto, mientras todo esto tiene lugar, los buscadores siguen la corriente. Siguen la corriente y allá donde van ponen pajitas* para poder sorber el agua de la vida y beber. Tienen sed. Tienen hambre. Buscan el maná que bajó del cielo, el pan de vida. Siguen el curso espiritual. Comprenden que Dios lo es todo.

Sin embargo, los *arhats* de Oriente a veces se desesperan debido a las nubes de polvo que se levantan contra los ojos de quienes están buscando la luz. Estas nubes de polvo, que se producen de manera continua, a veces ciegan a los buscadores sobre el Sendero de modo que ellos también deambulan apartándose temporalmente de las orillas del río y ellos también se pierden en las arenas secas y abrasadas, donde están esparcidos los cadáveres de serpientes.

Por tanto, hoy, llamando a los escogidos, decimos: ¡Abrid los ojos! ¡Y cuando sea necesario, poneos gafas protectoras! Os recomendamos que comprendáis la necesidad de ser inmunes a los engaños del mundo y al polvo que levantan para nublar la conciencia de la humanidad.

Nosotros decimos: ¡que aparezca la claridad! Y que la claridad sea la claridad del sol, la claridad del rayo cristalino, la claridad de la fuente fresca. Que sea la claridad de la túnica blanca, la claridad del manto de luz, la claridad de la esencia creativa y el diseño Divino. Que sea el regreso al Origen, el reconocimiento de la maravilla del Uno, de la maravilla de la unidad, de la maravilla del estado del ser, de la seguridad de los dominios divinos, de lo definitivo que nacerá en ti.

Ahora Morya dice las palabras amables:

Oh, hijos del anhelo del corazón de Dios, regresad al redil.

---

*sorbete, popote, pitillo. (N. del T.)

Devolved al corazón humano el camino de la paz. Que el corazón se convierta en un templo de paz. Que el suave destino entregue los fuegos de la mente de brillo diamantino de Dios, tal como la dura densidad es inmune a la razón humana.

Que los hombres dejen de pensar en la idea de encogerse. Que dejen de temer. Porque el temor que tiene tormento no refresca la conciencia para que esta pueda actuar. La inflama. Los hombres están inflamados por una consciencia sórdida. También están inflamados por una conciencia sórdida. Pero algunos no tienen conciencia, porque la han cauterizado con un hierro candente. Han permanecido insensibles a su voz. La voz de Dios ha dicho: «Lo que haces está mal». Y ellos no han contestado; no han escuchado. Se les han ensordecido los oídos. El camino de la paz y el camino de la verdad no lo han conocido. Su mente está opacada con oscuridad. Pero aun así la chispa interior, que respira vida a través de los poros de su carne, exclama en la oscuridad por un rayo de esperanza.

YA BASTA

¡Morya truena! Y el trueno es los fuegos del Espíritu que mueven a un lado a la Tierra que gime. La Tierra tiembla y se estremece. La Tierra tiene miedo. Porque los terrores del karma que regresa vuelven a la humanidad y los muros de Jericó vuelven a caer.[2] Las ciudades de oscuridad, tanto si son destruidas físicamente como si no, ya se están destruyendo a sí mismas y a los que viven dentro de sus muros. Porque la infección se ha extendido por doquier y la humedad y oscuridad de muerte es el moho de una tumba arañada por las uñas de los niños. Esto, pues, es llevado con horror ante sus madres, que exclaman y dicen: «¿Dónde habéis estado?». Y los niños no saben, porque no son más que niños; y los padre no saben, porque también ellos son niños.

Ahora, pues, decimos: ¿Dónde está la visión de belleza? ¿Dónde está la visión de las bienaventuranzas?[3] ¿Dónde está la visión de los Campos Elíseos? ¿Dónde está la esperanza? ¿Acaso no está siempre en el reino del Espíritu? ¿Pueden crear esperanza los seres oscuros?

¿Pueden darle libertad al alma? ¿Pueden dar maná? ¿Qué pueden hacer? ¡Son los hijos de Belial? Se comportan según los preceptos de sus amos.

Hoy, por tanto, conscientes del culto a la Madre del Mundo espiritual, conscientes de la ternura que ella siente por sus hijos, os decimos a cada uno de vosotros:

¡La ley del amor que os hizo nacer también quiere ayudaros a terminar el proceso iniciático y conduciros fuera y adelante hacia la realización de vuestro destino inmortal!

Pero el mundo, con sus faldas manchadas, está en vuestra mente. Y os preocupan, como a nosotros, los niños que también salieron del mismo Sol Divino y que van buscando las imágenes quiméricas y cuyas chispas de espíritu se están disipando en pérdidas innecesarias. Sus pérdidas son muchas y no las recuperan. Sus pérdidas son aterradoras y no dejan de aumentar.

Se alcanza un *crescendo* y nosotros decimos basta; no puede superar este punto. Y entonces se crean nuevas deudas, se crean nuevos horrores y se hacen nuevas formas sombrías. El mundo en toda su oscuridad aún gime y grita, porque los mismísimos elementos están saturados con todo lo que es oscuridad. La saturación de la oscuridad ha hecho que los del mundo se sientan incómodos; y ellos, e incluso las manifestaciones elementales, gritan de dolor, anhelando la luz. Viven en sótanos húmedos, y ahí se hacen cosas dudosas y horribles.

Pero nosotros que entendemos los planes de Dios comprendemos que la vergüenza llena la conciencia del hombre debido a lo que él ve. Porque el hombre está capturado entre la oscuridad y la luz. El hombre está atrapado entre las maravillosas esperanzas del cielo y los crueles poderes del infierno que quieren matarlo.

REVERTID LAS TENDENCIAS DE LA DESESPERACIÓN Y LA DISCORDIA HUMANA

Por tanto, hoy venimos, como ya hemos hecho, a dar las solemnes palabras de advertencia. Si parezco sombrío, si parezco macabro, ¡comprended que no lo soy! Simplemente estoy mencionando las vulgaridades a las que se han acostumbrado los hombres y las estoy mencionando por un motivo. El motivo es que deseo que os apartéis de esas vulgaridades. ¡Deseo que todos los hombres se aparten de ellas! Y espero que al apartaros vosotros, todo el mundo en la Tierra también se estremezca de vergüenza. ¡Espero que, al apartarse, miren arriba al reino de los ángeles, al reino del Espíritu, al reino del destino cósmico, al reino de la inmensidad cósmica! Espero que vean, en todo el inmenso cosmos, una canción de amor melodioso cuyo entrelazarse en el alma es un cordón* que nunca puede cortarse o dividirse, un cordón que lleva al hombre hacia arriba y lo saca de la cavidad de mortalidad donde puede percibir las valiosas vestiduras de inmortalidad y anhelar vestirlas.

¿Creéis, queridos de la luz, que las actitudes de los hombres hoy día sean actitudes permanentes? ¿Creéis que esas actitudes que tienen unos hacia otros (un país odiando a otro, personas odiando a otras personas, iglesias odiando a otras iglesias, escuelas odiando a otras escuelas, con el caos reinando por doquier) sean actitudes de paz, actitudes que vayan a generar una nueva era? Estoy seguro de que sabéis que no es así. Porque más y más caos se ha engendrado en la Tierra, y la desesperación de los jóvenes corazones es terrible de contemplar.

Pero cada día nos volvemos a preocupar y nuestras preocupaciones, siempre nuevas, asumen creciente primacía sobre las viejas preocupaciones. Y a partir de estas preocupaciones decimos que ningún acto del hombre y ningún acto de Dios puede ser suficiente hasta que la victoria se haya conseguido. ¡Porque debemos revertir la marea sobre las desesperaciones mortales! ¡Debemos revertir las tendencias de discordia y disputa humana! ¡Debemos buscar la recreación de las grandes pasiones del Espíritu que han conmovido el alma de los santos! Debemos asegurarnos de que los hombres, los hombres modernos, no teman que se los considere como a los santos, que no teman parecerse a las huestes angélicas, que no teman echar fuera el temor, que no teman a los fantasmas del mundo, ¡todas estas cosas que no son nada!

Porque, aunque estos fantasmas habitan el plano astral (pues

---

*Esto también podría interpretarse como *acorde* (cordón, *cord;* acorde, *chord*).

no tienen ningún otro sitio a donde ir), al mismo tiempo, ¡el mundo astral no es el mundo celestial! Aquel se creó como un depósito para esas actividades de cualificación errónea, como un vertedero de cadáveres, como un Hades para las vísceras y los vómitos de la humanidad. Ahí es donde se han acumulado y amontonado estos vómitos y ahí es donde se dirige la conciencia de hombres y mujeres.

Ah, sí, ahí existe un segmento que está lleno de una virtud pérfida. Existe un segmento que está lleno de una apariencia del bien, de la santurronería y de la idea de embellecer a los individuos con su propia bondad. Esto también es algo inmundo. En realidad, es un montón de injusticia sin ningún valor del que hay que deshacerse. ¡Porque la virtud de Dios Todopoderoso es suficiente para todos! ¡Y los hombres, cuando lo entienden correctamente, no necesitan poner su propia justicia en la fiesta del Señor, porque Su justicia les basta! Lo único que tienen que hacer es revestirse de ella.

Cuando el hombre se deshaga de los viejos trapos sucios y los eche a la bolsa de los trapos, cuando se deshaga de ellos y diga: «¡Ya me he hartado de ti! Prefiero quedarme aquí, desnudo, hasta que me den mi vestidura de luz», entonces descubrirá que Dios cubrirá su desnudez con rapidez, porque el Señor desea hacerlo. Y entonces, no estará desnudo, sino revestido de su mente correcta, de su severidad de conciencia que le dará la capacidad, como los camelleros de Egipto, de morder el polvo, de encarar el viento del este, de sostener fuerte las riendas y de ordenar al animal que vaya a donde él quiere.

A veces nos ponemos un poco más del lado de la diligencia. A veces nosotros mismos tenemos la sensación de que mimar a las personas —sobreproteger, si se quiere— para ellas significa perder su alma y ser unos náufragos. Hay veces cuando debemos sacudir a los estudiantes de la luz y hacer que comprendan que con esa sacudida surgirá un renacimiento de la verdadera virtud y realidad. Ellos comprenderán que los viejos pensamientos no han sido suficientes, porque los pensamientos que han tenido han sido limitados.

LA PÓLIZA DE SEGURO DEL COSMOS

¡Morya engendra luz ilimitada! ¡Morya engendra los fuegos del Espíritu que no solo cuando son alimentados, sino cuando son activados, siempre están encendidos! Porque expresan la naturaleza de la llama y se niegan a aceptar la idea del deterioro, de la muerte, del apagarse, del dejar de existir. ¡Dios está en ellos! ¡Él es el núcleo de su actividad!

¡Los fuegos del Espíritu no se pueden extinguir! ¡Las radiaciones concéntricas del Gran Sol Central no se pueden extinguir! ¡Las pulsaciones se producen! Y si los hombres las cualifican mal, la energía mal cualificada que ellos hayan creado los destruirá. Porque Dios no desea la destrucción de nadie. Y la energía mal cualificada, una vez que ha llevado a cabo el propósito que el hombre le ha ordenado, regresará al corazón del Sol para liberarse. Porque la naturaleza de la luz siempre hace que regrese a su Origen.

Cuando los hombres entiendan esto, no temerán tanto por su pequeña forma de carne o sus ideas mezquinas, sus ideas preferidas o aquellas cosas que han alimentado y protegido con tanto esmero sin comprender que el sentimiento de confiárselo todo a Dios da por sí mismo al hombre su mejor protección. Porque las personas de hecho no podrían protegerse con una póliza de seguro cósmica, pues ninguna sería suficientemente amplia para incluir todas las muchas bendiciones que Dios guarda para quienes lo siguen en la regeneración.

La póliza de seguro del cosmos es la mismísima Ley que el propio Dios ha escrito. Y la seguridad que pueden tener los hombres es una seguridad consistente en actuar a partir de la Ley, de obedecer la Ley, de reconocer que la Ley es su amiga. Ello consiste en tener la seguridad de comprender que los Maestros Ascendidos son sus amigos, que los seres humanos a menudo los traicionan, que los seres humanos a menudo son pérfidos y que la traición de los hombres está por todas partes. Ello consiste en comprender que la traición está en todas partes porque los hombres se traicionan a sí mismos cuando traicionan a los demás.

COMPROMISO Y SENTIDO DE LA MEDIDA

Cuando los hombres sean diligentes al buscar las cosas del Espíritu, verán que la luz del Lejano Oriente entrará en su vida y ya no será un «Lejano Oriente», sino que encontrarán a un «Cercano Oriente». Y cuando la luz del sol del Cercano Oriente llegue a su alma, verán que la voluntad de Dios se fortalece en ellos y que el curso de todos los acontecimientos se agita para obedecer el gran hilo dorado de la ley cósmica que se desovilla ante ellos como la bola dorada arrojada ante Atalanta.[4]

Por tanto, deseamos ver a los hombres escapar del laberinto de la vida; y no solo escapar, sino hacerlo totalmente. ¿Vais a comprender, por tanto, que ese compromiso también es el medio de lograr el sentido de la medida? Porque cuando los hombres se comprometen con Dios, son capaces con él de tener el sentido de la medida sobre su destino. Y cuando se establece el sentido de la medida, la persona puede en efecto evaluar su virtud, así como su vicio. Y la evaluación de su vicio no es una actividad de condenación, sino una actividad de llenar las insuficiencias, de producir las bellezas y perfecciones a fin de cubrir la multitud de pecados que de hecho se han manifestado en ignorancia y error en este mundo.

Porque el karma debe cumplirse, y así será. La oscuridad se desvanecerá y el rayo solar de luz divina dará al alma no solo algo en lo que pensar, sino algo en lo que pensar eternamente. Y el alimento de ese maná que bajó del cielo dará la capacidad al hijo de Dios de aceptar su Filiación divina. Las pasiones de la luz inundarán su alma y todos los temores dejarán de existir. El camino de la paz, el camino de los Maestros Ascendidos y el camino de la voluntad divina se conocerán.

Ahora, mientras os hablo, soy bien consciente de las dificultades que algunos de vosotros habéis encontrado. Soy bien consciente de las luchas. Por consiguiente, os insto a que entendáis que cuando dejéis las luchas y Dios actúe en vuestro mundo, vuestro mundo estará protegido. Estará protegido porque la actividad de Dios es una actividad indomable que obra y sirve dentro de vosotros, tal como la levadura sirve dentro del pan para que este suba.

La levadura del Espíritu dará la capacidad a los hombres de elevarse a sí mismos, de elevar su conciencia hasta las alturas montañosas, para unirse a Dios.

Que vuestro corazón no se agote ni se turbe por las actitudes necesarias para que los hombres escapen de la oscuridad del mundo. Porque os digo que estar sumergido en el mundo es mucho peor que el paso por los fuegos de la iniciación y escapar. Aquello que atravesáis hoy y lo que también sufriréis en el futuro no es nada comparado con el peso de gloria que se manifiesta una vez que habéis logrado triunfar. Y el logro puede llegar y la ascensión puede llegar con la misma facilidad con la que un pájaro remonta el vuelo desde una ramita y vuela hacia el sol, por encima de las nubes y las sombras.

Por eso comprenderéis que, incluso cuando el gran poder y gloria no parecen arremolinarse a vuestro alrededor, cuando las actitudes duras y frías de un lunes por la mañana se manifiestan en vuestra conciencia, la luz del día del sol*, la luz del día de gloria, la luz de la esperanza está siempre presente.

LOS HOMBRES DEBEN HACER MÁS PARA CONTRARRESTAR LOS PELIGROS QUE AMENAZAN A LA TIERRA

Hemos aprendido a permanecer contra las vicisitudes de la oscuridad y los problemas del mundo. Hemos aprendido a permanecer contra eso. Y recuerdo bien que más de una vez pagué con mi vida o mi cabeza. Pero os digo que cuando comprendéis que la cabeza del cuerpo es Cristo, entenderéis que ningún hombre puede extinguir vuestra llama. Ningún hombre puede apagar los fuegos de Dios que están alimentados en vuestra valiosa conciencia, ¡y ningún hombre podrá hacerlo jamás!

Sin comprendéis esto de manera individual, lo comprenderéis de manera colectiva. Y al comprenderlo de manera colectiva os daréis cuenta de que hay veces en las que debemos, por ley cósmica, hablar como lo estoy haciendo hoy, porque las actividades del mundo son efectivamente de lo más aterradoras.

**día del sol:* en el inglés original consta como *sun-day,* 'día del sol' *(Sunday,* domingo).
ᵗ (N. del T.)

Hoy, algunos de vosotros no sois consientes de todo lo que está teniendo lugar en el mundo porque vuestra conciencia está dirigida completamente hacia Dios. Algunos de vosotros de hecho no estudiáis los periódicos del mundo, ni os involucráis en las actividades del mundo hasta el punto de ser conscientes de lo que está ocurriendo. Otros son muy conscientes de lo que está ocurriendo. Y los que sí son conscientes, y os amo a todos, comprenderán que la Tierra está amenazada por grandes peligros y que los hombres deben hacer más de lo que han hecho para contrarrestarlos.

Las actividades de los seres divinos no han bastado porque no hay suficientes seres divinos en el planeta. Y los niños de Dios que están atados por los cordones de la tradición, estos necesitan ser libres. Algunos están saliendo ahora de su oscuridad y desesperación hacia la luz. Van en busca de la verdad y van en busca de la libertad de la drogadicción. Algunos vienen hacia la luz y desean la libertad de los martirizadores estados de conciencia engendrados por las tradiciones falsas de la sociedad. Pero muchos siguen esclavos.

Por tanto, os instamos a que, cuando haya momentos de vergüenza, oscuridad y dudas, cuando haya momentos de falta de confianza e inseguridad en vuestro mundo, comprended que estos son los momentos de prueba. Estos son los momentos cuando el valioso bálsamo del Espíritu se derrama sobre vosotros como la unción de las heridas y el vendaje de las heridas de la humanidad para que los miembros puedan volver a flexionarse con acción y para que las valiosas glorias del Espíritu vuelvan a renovarse en vosotros.

Además del conocimiento de la paz, descubriréis que el conocimiento de Oriente también es el conocimiento de la espada; el conocimiento de la espada del Espíritu, de las heridas que sufren los corazones humanos cuando buscan liberarse de todo lo que la conciencia humana ha creado y que el Señor no ha hecho nunca.

EL CÁLIZ KÁRMICO REBOSA, PERO LA ESPERANZA SIGUE VIVA

Porque el Señor solo hizo bondad y belleza y un mundo maravilloso. Lo podéis llamar cielo. El hombre ha hecho los inframundos y los espíritus de oscuridad también han ayudado a los hombres a crear los mundos de oscuridad. Han querido sofocar y asfixiar a este mundo con oscuridad y con egoísmo.

¡Morya trae una actividad del Consejo de Darjeeling!

¡Morya usa la espada del Espíritu!

¡Morya corta a través de las hordas rastreras!

Morya dice: ¡El SEÑOR hoy da un golpe, y no lo definiré! ¡Pero el mundo lo conocerá, porque los hombres reciben el látigo del cielo y el azote de Dios! Porque el mundo recibirá latigazos por su desobediencia y los hijos de la luz volverán a elevarse. La mano de Dios hará resplandecer su brillo sobre ellos y sentirán la armadura protectora de Dios. Y los hijos de la oscuridad harán rechinar sus dientes y gritarán de dolor, porque han causado dolor a los demás.

Y cuando el grito sea suficiente, he aquí, la misericordia y la justicia triunfarán. Y los hijos de la oscuridad también aparecerán y recibirán oportunidad, porque el Señor es paciente y digno de suprema alabanza. En él no hay mudanza, ni sombra de variación,[5] sino solo la totalidad de la Ley, la totalidad de la ley de amor infinito y gracia infinita.

Con esto os revestimos hoy. Pero no os desaniméis ni os asustéis por todo lo que está pasando en el mundo. Porque la turbulencia y la rimbombancia del mundo responderá a los cuidados del Príncipe de la Paz. Y cuando el cáliz kármico esté lleno hasta rebosar y cuando todo esto se haya hecho, entonces el Príncipe de la Paz vendrá. Y él mismo traerá un ungüento, los ungüentos del Espíritu para la humanidad, y entonces se cumplirán las profecías de gloria.

Entretanto, el cáliz de la ira y el temblor aparece en un mundo que ya sufre y se tambalea. Sin embargo, la esperanza sigue viva y vive en vuestro corazón. Porque a vosotros se os da el conocimiento de los misterios de Dios, a aquellos de vosotros que constituís esta Escuela de Misterios, este lugar de iluminación espiritual, este templo de verdad dedicado a la búsqueda del conocimiento correcto, al fin del temor y al perfeccionamiento del hombre.

Desde los salones del Consejo de Darjeeling he hablado. En el corazón humano he dejado caer una valiosa perla. Porque había una mezcla de sangre en la perla, la hemos llamado una «perla de sangre».

Pero recordad: Traeremos paz después del conflicto. Traeremos el día después de la noche. Traeremos alegría después de la tristeza. Y el hombre conocerá —a través de su sufrimiento y la alquimia correspondiente que él mismo ha creado —la paz definitiva de Dios. Y la gloria postrera será más grande de lo que jamás lo ha sido.

Entretanto, yo digo con Saint Germain: Sed diligentes. Vigilad. Estad alerta.

Os doy las gracias.

6 de abril de 1969
La Tourelle
Colorado Springs (Colorado)
MLP

CAPÍTULO 9

Llamo a hombres y mujeres de sabiduría y visión
a que vengan a mi campamento y se queden,
a que armen sus tiendas bajo la sombra
de nuestro monte sagrado y vean que la voluntad de Dios
es la gran corriente cristalina que fluye de todos los países
e invitan a todos los países a beber para siempre
de la corriente pura de la Realidad.

LA BANDERA
DE LA MADRE DEL MUNDO
SE REVELA

¡El destino inmortal e infinito llama!

Damos la bienvenida a Darjeeling a los peregrinos, pues la fuente de la Madre del Mundo es revelada.

Las manos suplicantes de los niños de todos los países se extienden y los gritos de hambre espiritual deben aplacarse. ¡Estamos preparados! Estamos preparados para construir la gran residencia de la humanidad en el corazón de Dios. Estamos preparados.

La Madre del Mundo despliega su bandera, que es asida por los paladines. ¡Porque el valor no está muerto! Y la nobleza aún vive en el corazón de muchos que se unirán por la causa y que revelarán, pues, finalmente, el retrato de la Nueva Era. Forjado primero en el corazón y la mente, este surgirá con una luz destellante tal como para cegar a los que miren.

Como los que miraron la tumba vacía y tuvieron la arrebatadora visión del Cristo vivo,[1] la humanidad responderá y comprenderá —cuando el espíritu de la resurrección universal encarne con vida en el corazón de muchos— cómo las banderas de la oscuridad han sido pisoteadas y cómo todas las pinturas del engaño que opacan, que han cubierto esas banderas y las han hecho parecer banderas de luz, finalmente se verán como la oscuridad que son.

La Madre del Mundo —la gran fuente de todos los corazones al fin revelada— llamará a todos los hijos del planeta y les dirá a todos: «Vendad las heridas del daño mortal, las heridas producidas en el calor de la batalla. Porque el Señor trae el bálsamo del consuelo y el resplandor de su aparición es un fuego sobre los montes cuya luz puede verse aún en las partes más distantes de la Tierra».

YO SOY Morya del Primer Rayo. Llamo a hombres y mujeres de sabiduría y visión a que vengan a mi campamento y se queden, a que armen sus tiendas bajo la sombra de nuestro monte sagrado y vean que la voluntad de Dios es la gran corriente cristalina que fluye de todos los países e invita a todos los países a beber para siempre de la corriente pura de la Realidad.

Mientras os hablo hoy, muchas voces angélicas surgen desde las naves de nuestra gran catedral espiritual y los himnos que cantan son las canciones de la Madre del Mundo. El drama espiritual más grande se está desarrollando en la reunión de hombres y mujeres en el campo del Señor para que podamos enviar mensajeros por toda la Tierra cuya antorcha de fuego, encendida en la fuente de llama, significa que la voluntad de Dios llevará a todos los países el mensaje del momento: volver las espadas en rejas de arado, volver sus lanzas en hoces,[2] transformar la Tierra al desenmascarar a los habitantes de la oscuridad, los gobernantes del engaño que han mantenido a la humanidad esclavizada durante tanto tiempo y que han creado falsos odios unos contra otros.

Estos odios no han producido el milagro de la limpieza de los corazones, sino que han mantenido a los hombres en una esclavitud kármica constante. Ciclo tras ciclo completado, ciclo tras ciclo completado, ciclo tras ciclo completado, hasta tres por tres y en el casi inalterable patrón del destino, los hombres han creado y cosechado el fruto de guerras y disensiones interminables, de luchas y oscuridad.[3]

Ahora, cuando la bandera de la Madre del Mundo se revela, el

Hijo Varón se pone sobre su caballo blanco a la espera de cabalgar y luchar contra la oscuridad que ha oscurecido la luz y evitado que esta brille en la mente y el ser consciente de las multitudes de personas. Y los niños pequeños, que en su inocencia y dulzura extienden las manos hacia Dios y sin avergonzarse hacia la Madre del Mundo, dicen: «Danos de beber de tu fuente».

Pero con la llegada de la era y los factores corruptivos de la vida, estos mismos repudian todo lo que vieron antaño durante la niñez y en la inocencia, y dicen: «No existe. Dios no existe». Dicen: «La luz no existe». Y gozan en la oscuridad, el caos, la confusión y la tragedia en su vida, hasta que lo menos significativo al fin llega a su término.

Ahora decimos, al llamar a la humanidad a Darjeeling: «¡Que los hijos de la luz se unan alrededor de nuestra bandera!». Porque Darjeeling es más que un lugar: es la consonancia con la voluntad de Dios que libera a la humanidad de las actitudes y modos inferiores del pensamiento y sentimiento humanos; ¡son los elementos sustentadores del destino que transformarán vidas enteras!; ¡es el milagro desde los montes que eleva los valles, que provoca el temblor en el cáliz de la vida!; es el milagro que despide toda la escoria y los desechos de la vida y revela el oro refinador del Espíritu para que la humanidad pueda capturar en su mente esos momentos radiantes y relucientes que tuvo con Dios antes de conocer el actual, desgraciado y empedernido corazón que ahora busca dominar su mundo y hacer que rechacen el llamado de la Madre del Mundo.

¡Sin embargo, con el amanecer, cuando llega el solemne momento de realidad y acercándose la hora del llamamiento, los hombres saben en su corazón que el destino inmortal e infinito llama! ¡Ellos comprenden, y responden al llamado! Porque antaño danzaban en las vainas vivas de llama ante él y entendían el significado de la música de las esferas. La niebla radiante, de fuego, cayó ante su mirada, y dijeron:

¡Oh, Dios! Elévame,
paso a paso por la dorada escalera de la Realidad,
hasta que pueda apoyar la cabeza
contra el gran latir de tu corazón.

Que mi destino aparezca
como una antorcha llameante que avanza,
¡que me llama, me llama, me llama!
Siempre diciéndome que avance, que avance, que avance
por el laberinto
y por la oscuridad y los temores
y la insensibilidad de la incertidumbre
y el infructífero derramar lágrimas,
hasta que al fin las grandes puertas se abrieron.

Y al pasar los hombres,
sus almas al fin vieron y sintieron
el destello de la Realidad.
Tu calcañar herirá la cabeza de la serpiente[4]
y los hombres hallarán en cambio
una nueva Realidad en una cruz
donde elevada hay una gran serpiente,
de apariencia de fuego,
idea viva y flamígera de la Palabra,
el Logos que los dioses han oído
resonar desde los más remotos reinos
de la inmensidad de la eternidad
para desplegarse al final
de la mortal resistencia del hombre hacia el SEÑOR.

El último cordón desgarrador
se romperá entonces
por el poder de la Palabra,
la Palabra viva que
corta como una espada
y fomentará en la mente del hombre
la imposibilidad de la mancha y el pecado
y el movimiento insípido,
hasta que al fin los hombres vean
los conceptos de los libres
en esa bandera de la Madre del Mundo,
nunca manchada.

Porque es la sagrada bandera flamígera de esperanza
que une los corazones de todo el mundo
y capacita a los hombres para entender
la cercanía del ajuste a la meta,
que los capacita para sentir el poder
del Señor del Primer Rayo,
para conocer que cada día
sellaremos vuestra vida con una copla de oro
a la regla de oro,
instrumento envolvente de emisarios cósmicos
que comprenden al Hijo Varón en cada corazón,
la necesidad de dejar que el Cristo gobierne, no solo una parte,
sino todo el destino mortal,
la totalidad del hombre,
hasta que el milagro,
el milagro producido
de consagradas vidas y mentes y seres,
al fin es el poder que libere al mundo
de todas las cadenas de sinsentido histórico
y produzca el cumplimiento milagroso de la Palabra.
Pues todo ojo le verá[5]
Y su voz se oirá:
«He aquí, YO SOY [estoy] con vosotros todos los días,
    hasta el fin de la era».[6]

La paz sea con vosotros de parte del Señor del Primer Rayo, de parte del Señor Maha Chohán, de parte de la Hermandad de la Buena Voluntad de Darjeeling.

8 de febrero de 1970
La Tourelle
Colorado Springs (Colorado)
MLP

CAPÍTULO 10

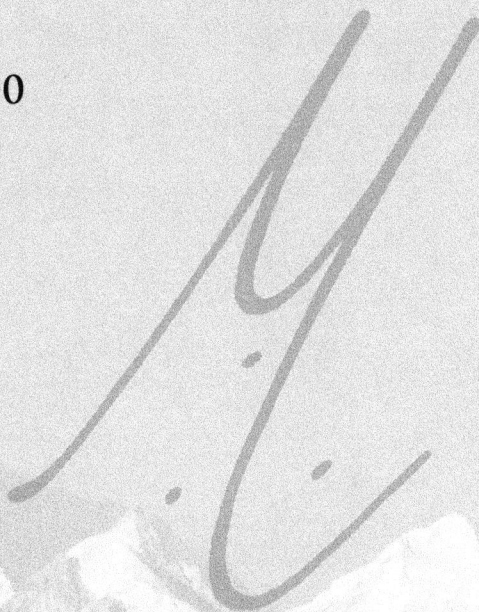

Por tanto, venimos a crear un nuevo cielo
y una nueva tierra en la conciencia de la humanidad,
que mirará arriba hacia la luz y buscará
la magnífica civilización cósmica que ya está creada
a partir del tejido único en la mente de Dios.

CAPÍTULO 10

¿AMÁIS A MORYA?
¡ENTONCES AMAD AL DIOS INTERIOR!
¡AMAD SU SANTA VOLUNTAD!

«Los mansos heredarán la tierra».[1]

A través del orificio del Yo se derrama la Realidad más exquisita. Aquí, en las montañas de la India, aquí en Darjeeling donde la voluntad de Dios se conoce de la manera más espléndida, queremos irradiar por doquier en los dominios del mundo los reconfortantes aspectos de realidad cósmica.

Desparecidos están, en este momento supremo en el tiempo, los deseos del Consejo de Darjeeling de amplificar elementos de negatividad con propósitos constructivos. Por consiguiente, tenemos el deseo de llevar a los hombres desde la oscuridad a la luz, porque ya han tenido bastante noche. Han visto suficientemente los productos de la noche engendrados en la oscuridad, y ahora miran arriba hacia el esplendor de las cumbres montañosas, proclamando que se aproxima el amanecer dorado de realidad cósmica.

Los destellos resaltadores de la nueva era próxima ya están empezando a manifestar los elementos vitalizadores dentro del campo energético de una humanidad cósmicamente dotada. Esto es para que la humanidad pueda tener los elementos de un nuevo cielo y una nueva tierra,[2] que ya están tomando forma en su mente y conciencia.

Pues la conciencia, cuando está orientada en torno a Dios, es como un sol ígneo, dorado, brillante. La iluminación santa exhala una oración sagrada, y Buda y Cristo están ahí, manifestando en el aire iluminado por el sol los elementos de paz e instrucción cósmica, de hermandad y de un giro hacia la radiación iridiscente de la luz blanca y pura.

Todo engaño debe perecer ante el esplendor de este sol, pues del cielo baja un temblor de compases melodiosos de creación celestial. Los valores tonales del universo ahora hacen que se estremezca la mismísima sustancia de la Tierra. Y nosotros estamos decididos, allá donde sea necesario, a desplazar del reino del placer mortal a quienes no han tenido ninguna otra perspectiva en la vida más que el simple disfrute y sus dolores adjuntos.

HEMOS BUSCADO EL BIEN UNIVERSAL

Por tanto, venimos a crear un nuevo cielo y una nueva tierra en la conciencia de la humanidad, que mirará arriba hacia la luz y buscará la magnífica civilización cósmica que ya está creada a partir del tejido único en la mente de Dios. Transmitimos esta hermosa pintura, este tapete exquisito, a la conciencia de la humanidad. Y al hacerlo, creo que el individuo dirá: «Os doy la bienvenida».

¡Viajero, ven a nuestra morada! ¡Viajero, entra en nuestro humilde hogar! ¡Viajero, despliega la bandera! Porque estamos hablando, ahora, no solo del reino de la realidad para el individuo, sino del reino de la realidad para la Tierra.

La cultura del Espíritu está con los hombres. Cristo la proclamó desde los montes y desde la costa, en un barco en la orilla.[3] Buda la proclamó bajo el árbol Bo. San Francisco la proclamó a los pájaros del aire. Y allá donde la imaginación de los hombres ha sido encendida por las fragancias iluminadoras de la Palabra viva espiritual, allá la fuente de la asamblea de Dios Todopoderoso se ha transmitido a la asamblea del hombre.

Hemos buscado el Bien universal. Hemos buscado crear nuevas fragancias del Espíritu. Hemos buscado suprimir los hedores del pasado y elevar solo los mejores dones. Hemos dado continuamente nuestra guía a los hombres. Los hemos mirado desde un nido escarpado y siempre hemos buscado en nuestra alma elevarlos desde ahí.

No hemos ido a ningún sitio, no pisamos ningún suelo santo sin haber también deseado compartirlo con el círculo santificado de la humanidad. No hemos encendido ningún fuego cósmico ni nos hemos bañado en ninguna radiación espiritual sin haber deseado compartirlo. No hemos contemplado ninguna inspiración por la escritura de la mano de Dios sin haber querido llevarla como «un mensaje a García»[4] para toda la humanidad. Nosotros estamos disponibles. ¡Pero también el alma!

La presencia de los Maestros Ascendidos es un adjunto a la radiación natural del rayo brillante cósmico de los infinitos fuegos dentro de vosotros. Vosotros, por tanto, deberíais entender esto.

¿Amáis a Morya? ¡Entonces amad al Dios interior! ¡Amad su santa voluntad! Porque a través de este lazo común estamos unidos y no podemos ser separados, siempre que seamos fieles al lazo.

La voluntad de Dios no se debe pisotear. La voluntad de Dios debe ser amada y acariciada con los dedos de la mente, con los sentimientos del alma. Es un don invaluable transportado en caravanas desde rincones remotos del universo y a través de los avances del tiempo y las relaciones espaciales hasta el presente. Como una antigua corriente desde una antigua Fuente, su voluntad fluye adelante, volviendo a esa Fuente para reciclarse, siempre llevando la carga de los emparrados de gracia cósmica, cargados de flores fragantes del espacio.

Todos nuestros pensamientos, para elevar la Palabra.
Todos nuestros pensamientos, oh Espada viva.
¡Dios está cerca! Hacedle caso entonces.
¡Dios está cerca! Defenderá
una y otra y otra vez
el poder de la victoria: la voluntad.

REFORZAMOS LAS PODEROSAS CORRIENTES DEL ESPÍRITU EN EL ORDEN MUNDIAL

La voluntad es una madre. La voluntad es una madre para el hijo de la actividad. Y cuando la actividad está guiada por la voluntad de la Santa Madre, entonces la bandera de la Madre del Mundo se despliega y proclama la hermandad por doquier. Pero se trata de una hermandad de iluminación, no una hermandad de oscuridad o autobombo. Es una hermandad de generosidad, y todos comparten la vida abundante.

A nadie, por tanto, le falta el sustento. A nadie le falta el potencial para crecer. A nadie le falta la gracia de nuestras octavas de luz. ¡Porque el alma puede remontar el vuelo! Y el hombre puede levantarse y salir de la cavidad de su densidad hacia esos radiantes patrones que, como dulce fragancia o gloriosa música, aumentan hasta alcanzar un *crescendo* y un patrón de belleza tan infinito y único como para desafiar todos los conceptos de irrealidad, conceptos que de vez en cuando se engendran en las madrigueras de oscuridad y se llevan al mundo sobre los patrones vibratorios de discordia y disputa humana.

¡Por tanto, hoy venimos a reforzar las poderosas corrientes del Espíritu en el orden mundial! ¡Venimos y traemos con nosotros el poder de los poderosos ángeles de Dios para irradiar y consagrar y sanar la discordia, los inadecuados mantras de egoísmo humano que resuenan en los pasillos vacíos de la mente, que con un espíritu de soledad y frustración claman pidiendo ayuda en la noche!

Pero nadie parecer contestar. Porque el llamado ha estado basado en la vanidad y el engaño humano en vez de en la consagración humana a los ideales divinos del Espíritu. Y la fragancia y la música gloriosa es tan dulce que todos los que la oyen la reconocen de inmediato y dicen:

«¡Oh, Dios, este es tu día, tu día, oh, Señor, cuando tu luz se diseminará como un poderoso mar de iluminación sobre toda la Tierra!».

Y aquí, cuando manifestamos este gran y poderoso océano de verdad cósmica, vemos la espuma, el rocío y el frescor de nuevas oportunidades nacidas cada día, que se transmiten a todos los pequeños, a todo el que espera, a todo el que se interesa, a todo el que entiende la magnificencia de las pasiones cósmicas de fuego por la luz y el amor.

Porque el amor mismo debe aprender a amar. Y cuando se entiende esto, uno puede tomar algunos de los primeros pasos vacilantes sobre el sendero. Uno puede empezar a desplegar los patrones de destino infinito en su plan de vida. Uno puede empezar a vivir y a consagrarse a sí mismo con esa generosidad que siempre es el bienestar común del cielo, teniendo en cuenta no solo a los hombres, la humanidad de esta Tierra, sino también teniendo en cuenta a toda la humanidad y los tesoros espirituales que se están manifestando en todos los sistemas estelares de las inmensas nebulosas de espiral del espacio.

¡Porque el espacio será santificado por la fragancia sagrada de su Presencia allá donde esté Dios! Y allá donde él está y allá donde se manifiesta, el poder de su amor fluye —una impregnación, una infusión, una transfusión— volviendo a crear en la conciencia de los hombres una comprensión de que el SEÑOR está vivo por siempre, que en él ellos viven, en él se mueven y en él tienen su estado del Ser. Y sin esa percepción, sin esa comprensión, viven en oscuridad, con el crujir de dientes[5] y un lamento por el desconcierto de la confusión.

UNA UNIÓN DE TODOS LOS CORAZONES

Ahora, pues, venimos a consagrar otra vez, aquí, en el orden mundial, una Mesa Redonda espiritual, como antaño. Convocamos a los mejores caballeros y las mejores damas del lugar. Convocamos a los mejores caballeros y las mejores damas y exigimos la consagración a la voluntad de Dios y al bienestar común.

Sostenemos en alto las armas de nuestra guerra espiritual y decimos a todos: ¡Sed inteligentes como serpientes e inofensivos como palomas,[6] generando, sin temor, la radiación de fuego cósmico en vuestra mente y vuestro ser! Porque el amor perfecto de ese fuego cósmico transformará los dominios del mundo en un lugar al que pueda venir Cristo.

Y una verdad para todas generaciones: Cuando haya de ser llevada a cabo la Segunda Venida del Mesías, será porque el corazón de los hombres se habrá preparado para recibirlo y para recibir el Santo Grial de pureza de propósito y pureza de ideales.

El Santo Grial, que contiene el atesorado poder de la vida de nuestro Salvador, pondrá fin a la lucha, a los chismes, al engaño, a la derrota, a las alianzas impías. Determinará para siempre, para los felices dominios del viejo mundo hecho nuevo, que sellaremos a la humanidad en el corazón de Dios mientras buscamos otra vez construir Cámelot, donde la luz —la maravillosa luz de Dios— pueda estimarse como la luz que nunca falla en dar sus rayos a los corazones solitarios.

Esto será una unificación de todos los corazones en un grial común de actividad infinita, transformando al mundo en un lugar donde toda la domesticidad de la realidad cósmica pueda ser patente para todos al entender el significado del uso del fuego sagrado de la voluntad creativa —de la esencia creativa, de la ley creativa—, la ley del amor infinito que está sellada en el corazón de la Voluntad Divina y protegida por la Madre Divina en su intento de traer al Hijo Varón Cósmico. Y así, los fuegos de la regeneración se convierten en el vehículo a través del cual ella sirve.

¡Ich dien! ¡Yo sirvo!

¿Os queréis unir a mí en ese servicio y guardar vuestra promesa? Os doy las gracias.

22 de febrero de 1970
La Tourelle
Colorado Springs (Colorado)
MLP

CAPÍTULO 11

*El camino al templo ha de hallarse
al hacer que vuestra vida sea compatible con la mía.
Porque mi vida está dedicada a Él
y a la expansión del destino cósmico
de toda la humanidad.*

LA SABIDURÍA ETERNA ES LA SATISFACCIÓN DE LAS ANSIAS DEL ALMA

El electrificante fuego cósmico desde nuestro Templo de la Buena Voluntad, aquí en Darjeeling, se manifiesta en el mundo. Y quienes son sensibles a su vibración responden porque en su corazón hay encerrada en clave una respuesta a la melodía de la armonía de fuego sagrado.

Ahora, pues, tened bien presente que por todo el mundo el corazón de los hijos de la humanidad, que también son hijos de Dios, tienen hambre y sed de justicia.[1] Rogamos para que puedan ser satisfechos. Y no hay satisfacción tan grande como la satisfacción de los hijos de Dios con su santa voluntad. Porque su santa voluntad contiene la encarnación de toda la perfección.

Los átomos semilla, electrificantes en esencia y descendiendo en el reloj de arena de las horas, irradian a la conciencia de la humanidad la totalidad de la mente de brillo diamantino de Dios. Cuando los hombres entran en contacto con esta radiación, sucede que el anhelo en el corazón por la verdad y la perfección de la vida aumenta en ellos, y anhelan expresarla en todos los ámbitos de la vida.

Ahora vosotros, que habéis viajado desde lejos, que habéis realizado este peregrinaje hasta aquí, hasta Darjeeling, deberíais tener bien presente que vinisteis de una tierra de considerable opulencia. Vinisteis de una tierra muy distinta a esta, de una tierra donde las fuerzas de la naturaleza se han tratado con agentes químicos y varias actividades de la conciencia humana. Estas cosas han afectado a la manifestación de la vida primordial hasta que los hombres de allá en efecto han sido moldeados y formados por las fuerzas del entorno que parecen controlar, casi de forma literal, todos los aspectos de la vida.

Aquí, en la libertad de las montañas de Darjeeling, aquí, en esta zona del mundo prácticamente no corrompida por el control de los hombres sobre las fuerzas de la naturaleza, conservando aún algún conocimiento primordial de los tiempos antiguos, la humanidad de aquí es capaz de beber un poco más el néctar de la santa voluntad. Sin embargo, la intrusión del mundo occidental en este modo de vida es una parálisis constante que se desliza y que está destinada, a menos que la humanidad misma se resista a ello, a hacer que la gente de esta zona del mundo también se rinda a las actitudes del materialismo y a los sombríos cercados de Occidente.

Sin embargo, Occidente no carece de luz, porque Occidente tiene luz propia igual que Oriente tiene luz propia. Y nosotros deseamos unir luz con luz. Porque tanto al norte, al este, al oeste y al sur, el mundo tiene luz. Pero la luz de Oriente también es la luz de Occidente. Porque la luz es luz y conserva su poder allá donde va.

Es que simplemente la capa de confusión de las masas, de efluvios humanos, ha cargado tanto la atmósfera de la mente con manifestaciones destructivas que la claridad y el poder del Espíritu no pueden penetrar. La luz del sol brilla detrás de las nubes, pero las nubes opacan e impiden en todo momento la manifestación de la verdad viva y vital. El vigor de nuestro amor, por tanto, también quiere recordaros las escenas de la pobreza y las limitaciones impuestas sobre los hombres por sus señores, de lo cual habéis sido testigos aquí, en la India.

¿POR QUÉ ATESORAR VUESTRAS TRIVIALIDADES?

Os recordaríamos, sin embargo, que el hombre, dando su consentimiento, también ha accedido a la voluntad de sus señores y de hecho no ha buscado la libertad del gran SEÑOR de toda la vida, la libertad del Señor de toda la vida que Él daría con tanto gusto, tan de buena gana a la humanidad.

Nosotros, por tanto, entendemos las necesidades de los hombres, entendemos totalmente que el poder del Señor Cristo, de Krishna, de Buda, debe manifestarse en el corazón de los aspirantes. La humanidad debe aspirar a producir la vitalidad del poder del amor y la verdad desde dentro de sí misma. Debe darle la espalda a la oscuridad y la sombra, a la vergüenza. Debe revocar las acciones vibratorias de sombra que ha impuesto a la vida en el pasado. Debe comprender la necesidad de sacudirse de encima el letargo de los sentidos que, como una nube envolvente, le sobreviene a toda la humanidad, produciendo no grandes beneficios, sino grandes limitaciones.

El hombre le ha dado al poder el poder de la limitación, mientras que el poder mismo tiene en sí los magníficos recursos liberadores que, cuando llegue el momento adecuado, dará a todos los hombres la capacidad de conocer la libertad y la paz de una era de oro de iluminación.

En el nombre de Dios Todopoderoso, os digo: ¿por qué atesorar vuestras trivialidades? ¿Por qué atesorar esas pequeñas chucherías que os han producido tanta aflicción y discordia? ¿Por qué aferrarse a esas manifestaciones que nunca os han dado vuestra libertad, cuando hoy todo el mundo añora y tiene hambre y sed de justicia?

Las religiones del mundo se han producido con un gran sacrificio, y el poder del fuego sagrado se ha entregado. Las llamas se han encendido desde las montañas y los hombres han visto y su corazón se ha regocijado. ¡El fuego se hace destellar y es transportado por mensajero, por veloces alas de luz a través de los confines del mundo!

Nos hemos reunido en lugares sublimes en las montañas.

Nos hemos reunido en los templos ocultos. Nos hemos reunido
en los corazones de la humanidad. Sin embargo, en cuanto llegan
los cambistas, en cuanto llegan los faquires, en cuanto alguien hace
sonar algo de gravilla en una bandeja de hojalata, la gente se gira.
Porque se distrae con muchísima facilidad por la manifestación
exterior. Los panoramas de los sentidos nunca condujeron más allá
de las cuatro paredes cerradas. Pero los grandes panoramas del
Espíritu lo rompen todo, y hacen que el corazón remonte el vuelo
más allá de las nubes, más allá de las estrellas hasta el Señor de toda
la vida, que con su sublime y hermoso concepto ha imaginado para
todos la gloria del mundo celestial.

DIOS MANTIENE UNA CONCIENCIA DE
PERFECCIÓN PARA CADA VIDA

Os digo que ningún marajá ha vivido nunca en un palacio más
hermoso que aquel que Dios ha destinado a la conciencia específica que él tiene en la perfección de la voluntad individualizada de
Dios para cada vida. Cada vida, valiosísima para él como un pequeño diamante, posee el poder trascendente de expansionismo
inherente con el cual puede expandir su luz. Y mediante la llama
azul de la santa voluntad que brilla en las fortalezas de la gema en
bruto, los fuegos refinadores producen el milagro de esperanza al
fin. Y la esperanza misma, rompiendo todas las cosas y superándo-
las para ir más allá, llega al estado en el que se encuentra a los pies
de la Madre del Mundo, ya no en el exilio y la oscuridad, ya no
encerrada en el diminuto templo de la personalidad.

La esperanza es la comprensión de que la voluntad de Dios se
extiende hasta una cúpula elevadísima, mucho más vasta de lo que
el hombre ha imaginado en su licencia poética, hasta un reino
donde los poderes del Espíritu darán a todos los hombres esa
cualidad Divina específica, esa cualidad que en épocas pasadas le
daban a uno la capacidad de comprender cómo poder ser un *rishi**
del Espíritu, un noble de Dios, un hijo de Dios capaz de invocar
el fuego de las alturas como hizo Elías ante el altar en el monte

*_rishi:_ [sánscrito], sabio o poeta divinamente inspirado que a menudo está considerado
como un santo.

Carmelo. Y el fuego que invocó pulsó ante todos ellos, consumiendo ante los sacerdotes de Baal aquellos instrumentos específicos de la naturaleza, y reveló al Señor Dios como supremo.[2]

Por tanto, os digo a todos, ¡no os inclinéis ante ningún ídolo, sino solo ante el Dios dentro de todos! Y comprended que incluso aquellos con quienes os encontráis exteriormente, que llegan con apariencia humilde, con vestiduras externas de humildad, que parecen poseer tan pocos bienes del mundo también son sus hijos. Ellos son los hijos de su corazón, esas gemas en bruto y sin refinar que él desea purificar a través del servicio de esos Hermanos de luz más iluminados que entienden esto [y que desean servir a los niños de Dios] no como una medida de sacrificio, sino como una medida de iluminación.

SE NECESITA VIGILANCIA

Cada contribución al orden mundial es un golpe incisivo contra esos elementos destructivos del mundo que desean continuar con su control del orden mundial a través del poder del moloc* de la avaricia humana,[3] a través del poder del dinero, a través del poder de la destructividad, a través del poder del control humano sobre la vida de los demás que se ven afectados por medios políticos o incluso religiosos.

Queremos que todos comprendan que la libertad del espíritu es aquello que también reconoce la necesidad de formar un cuerpo político en sociedad y proveer una totalidad de orden y de actividad de luz que controlará la manifestación de violencia y destrucción en el mundo y producirá el milagro de paz en la Tierra y buena voluntad para con los hombres.[4] Pero, en el nombre de Dios Todopoderoso, han pasado siglos en los que el curso de la historia humana ha discurrido como un río de sangre. Han pasado siglos durante los cuales la destructividad humana, a menudo en nombre de la religión, así como en nombre de ideologías políticas, ha continuado produciendo gran destructividad.

---

moloc: algo o alguien con el poder de exigir el sacrificio máximo. El término se deriva de la deidad ígnea de los cananeos bíblicos, que ofrecían al dios sacrificios humanos, especialmente de niños.

En este momento presente, la confluencia de fuerzas humanas en el orden mundial es muy destructiva. Y os digo a todos vosotros que se necesita vigilancia, se necesita la oración sagrada, se necesita un reconocimiento a los esfuerzos que Dios espera que hagáis de modo que vosotros también, por la vara cósmica adivinadora de vuestro altar de la columna vertebral, podáis invocar los fuegos del Espíritu sobre ese altar sagrado y producir el poder controlador mediante el cual, en vuestra vida (llegando cada día de forma más directa bajo la mirada del ojo espiritual en el centro de la frente), podáis comprender al fin cómo la visión de la Madre del Mundo puede consumarse en el corazón de los hombres al estar los hombres iluminados para comprender los misterios de las sagradas escuelas de misterios que se han mantenido ocultas desde el principio del mundo.

¡Estos misterios sagrados no son para el profano! Y aquellos de vosotros que llegáis a este peregrinaje debéis comprender que cada esfuerzo debería dedicarse a llegar a ser aquello que Dios espera que seáis. Imaginaos a vosotros mismos no como un tirano, no como una persona inmadura, sino como alguien a quien Dios ha elevado, y entonces actuad en consecuencia. Porque la mayor practicidad de todas las religiones es la expresión de la voluntad de Dios en la vida diaria de uno mismo. Porque vuestros cuerpos son templos, templos de Dios y de su pureza, y la ansias del mundo deben ser satisfechas. ¿Pero cómo se satisfarán excepto a través de la expresión práctica de Dios a través de todos vosotros?

HACED QUE VUESTRA VIDA SEA COMPATIBLE CON LA MÍA

Habéis venido aquí, a Darjeeling, esperando encontrar un templo físico, una manifestación física de mi poder y mi radiación. ¡Pues un templo así existe! Y quiero que sepáis, sin embargo, que el camino a ese templo ha de hallarse al hacer que vuestra vida sea compatible con la mía. Porque mi vida está dedicada a Él y a la expansión del destino cósmico de toda la humanidad.

Nosotros, por tanto, deseamos que comprendáis que vuestro

cuerpo es una casa de Dios, que vuestra mente es una casa de Dios, que vuestros pensamientos son una casa de Dios, que todas las cosas, todos los componentes del hombre, son templos de Dios, que cada templo tiene necesidades específicas, necesidades y exigencias de este momento y de cualquier momento. Esta necesidad debe satisfacerse con la voluntad de Dios.

Los hombres se han vaciado de esta radiación en épocas pasadas. Han consumido la llama de Dios en sus lujurias.[5] No han reconocido el poder de la verdad como su necesidad principal. Han pensado en engañar a los Señores del Karma. Han pensado que el destino humano no tenía importancia. Han pensado que su contribución al destino humano no tenía importancia. No han contado con la gran báscula cósmica de justicia. No han contado con las promesas que hicieron a niveles internos antes de que se les diera la encarnación. No han contado con los maestros del Lejano Oriente, con los maestros de Occidente, con el Espíritu de la Gran Hermandad Blanca como una fuerza tangible en el mundo. Han hecho más caso a lo que las representaciones de las mentes humanas han impreso que a los sagrados escritos eternos.

¡La sabiduría eterna es la satisfacción de las ansias del alma! Por tanto, dirigíos con todo vuestro corazón a esta sabiduría eterna. Dirigíos a ella y bebed de ella a grandes tragos. Llenaos de ella, el poder del Espíritu y el poder de la voluntad de Dios. Que sea liberada en vuestro mundo.

¡Viajero, el templo espera! ¡Viajero, las puertas están abiertas! ¡Viajero, las puertas no siempre permanecerán abiertas! ¡Viajero, lleva para el viaje la vestiduras del Espíritu!

Estad preparados para aceptar las oposiciones de las legiones de la oscuridad. Pero recordad que son productos de la imaginación del hombre, convertidos en algo tangible y real por la otorgación humana y que no tienen realidad alguna en la mente de Dios. Porque él ha creado solo el Bien y la voluntad de Dios quiere sustentar el impulso acumulado de ese Bien que él ha creado para todos vosotros. ¡Os ofrecemos esto en Darjeeling! ¡Os ofrecemos esto en el mundo! ¡Os ofrecemos esto en el cáliz del Grial!

Los caballeros y las damas de la Mesa Redonda de antaño
quisieron consumar un reino valeroso,
una tierra hermosa donde Dios fuera recordado,
una tierra hermosa donde la fortaleza fuera obtenida.
Empero vino Modred de antaño
con engaño y opiniones humanas atrevidas.
Intentó y se convirtió en un saqueador
para crear moldes humanos
y destruir el reino que quisimos forjar antaño.

Ahora, pues, vengo a todos vosotros, y vengo con la misma imagen que tuvimos hace mucho tiempo. Vengo con la idea del reino de Dios, del reino del cielo, del poder de los avatares, del poder de Maitreya, del poder desde las montañas. Vengo y os recuerdo que el camino al templo consiste en atraer hacia vosotros la magnificencia de la mente de brillo diamantino de Dios.

LA VISIÓN DEL CONSEJO DE DARJEELING

Los Hermanos del Corazón Diamantino consideran los problemas de la humanidad. Los Hermanos del Corazón Diamantino consideran los problemas de Calcuta, de Nueva York, de Pekín, del mundo. En la tierra de Sikkim, en la tierra de Nepal, en la tierra de Pakistán y dondequiera que haya niños de Dios, a ellos los amamos igual que amamos a los Estados Unidos y a la gente de Sudamérica y las islas del mar. ¡No hay ninguna diferencia! Nos reuniríamos todos bajo un enorme palio de belleza cósmica. Nos reuniríamos todos bajo este palio. Crearíamos una armonía de corazones.

Con sencillez infantil, crearíamos la imagen del viajero que viene de lejos y que tiene en su mano un cayado. Y el cayado es la Palabra de Dios. ¡El cayado es el poder de la Palabra de Dios! ¡El cayado es la consecución, la consecución práctica por la cual se realizan los milagros del Espíritu! Estas condiciones pueden producirse en la vida de todos vosotros y todos los hombres pueden aceptar las realidad del Espíritu. Sus corazones se conmueven con las condiciones externas. Nosotros los moveríamos con las condiciones internas.

Algunos de vosotros querríais tener una entrevista conmigo. Deseáis que abra la puerta del templo. Deseáis que os hable de manera personal. Y estoy hablándoos a vosotros de manera personal. Y estoy hablando a los de más allá de los mares, y estoy hablando al mundo. Estoy diciéndoos a todos que una hora conmigo sería una hora pasada en vano a menos que estuvierais dispuestos a aceptar de mí las enseñanzas de la voluntad de Dios, que podéis aceptar ahora. Y al aceptarlas y hacer que formen parte de vuestra vida, podéis descubrir que el camino al templo consiste en vestirse con las vestiduras de Morya. ¡Vestíos con mis vestiduras! ¡Vestíos con mi pensamiento! ¡Vestíos con la voluntad de Dios! ¡Vestíos con nuestra luz y tendréis el templo místico de Darjeeling dentro de vosotros mismos!

Y entonces, allá donde andéis, la voluntad de Dios se manifestará. Llevaréis la llama de Darjeeling y la llama de los Hermanos del Corazón Diamantino al mundo, donde la manifestación práctica de hermandad cósmica puede enseñarse. Aquí es donde los hombres pueden aprender a poner a un lado los cursos divisorios de la historia, donde pueden cambiar los acontecimientos, donde pueden derrocar a sus señores, que son tanto los señores que tienen dentro de sí mismos [como los del mundo externo], los señores del deseo vano, los señores de la carnalidad y la materialidad, los señores del ego, los señores de la oscuridad, del engaño, los señores del temor, todas las condiciones que los empujan en la vida.

Los hombres, pues, mediante la comprensión del Cristo Cósmico y el poder de nuestra Hermandad, pueden derrocar en el mundo exterior a todos aquellos que quieran gobernar a los hombres con una vara de hierro[6] y que no entienden el poder del Espíritu, ¡que en sí mismo es mucho más poderoso que todos los ejércitos del mundo!

YO SOY quien sirve al Príncipe de la Paz; y aquel que es el Príncipe de la Paz envía su luz desde Darjeeling. Y ahora, mientras me preparo para realizar un servicio especial para vosotros que se producirá mientras hablo, enviaré desde los tejados del mundo y hacia todas las regiones del mundo un relámpago cósmico.

Enviaré un relámpago cósmico a China; y enviaré un relámpago cósmico a Rusia; y enviaré un relámpago cósmico a los Estados Unidos; y enviaré un relámpago cósmico a todos los países.

ESTAMOS PREPARANDO EL CAMINO
PARA LA PAZ Y LA ILUMINACIÓN

Quienes desean gobernar a los países desean crear el engaño de que los países están separados. Pero hoy yo os digo: ¡los países están unidos y están unidos bajo Dios! Quienes desean crear la ilusión y el maya también crearán la imagen de división. Y al crear esta imagen de división, controlarán al mundo.

Nosotros deseamos liberar al mundo para que este entienda que, con un espíritu de unión en el corazón, la luz del corazón puede preparar el camino para la venida de una era de oro. Y entonces, si decidimos abrir un foco físico de nuestra luz aquí, en Darjeeling, este también será la unión del hemisferio de aquí con el hemisferio de allá. Y ocurrirá que ataremos al mundo, y lo ataremos para que la era de oro se manifieste con más rapidez.

Esto, sin embargo, depende de la humanidad. El tomar una decisión depende de quienes respondan a la luz. Porque los mismos señores que gobiernan el mundo de las finanzas en los Estados Unidos también gobiernan en Rusia y en China. Crean la ilusión de una tri-unidad que en realidad está separada mutuamente. Cuando los pueblos de estos países respectivamente están siendo arruinados y preparados para un baño de sangre y destructividad, nosotros estamos preparando el camino para que la paz y la iluminación vengan al mundo a través de la voluntad de Dios.

¡La paz y la iluminación que se le han negado al mundo durante muchísimo tiempo ahora deben aparecer! Algunos han esperado la venida del *Mahdi;* * otros han esperado al Mesías.† ¡Nosotros decimos que tanto el Mesías como el Mahdi vienen! Y Maitreya viene cuando la luz sobre la montaña entra en el corazón y enciende el espíritu, cuando la luz sobre la montaña destella, cuando la

---

Mahdi: el mesías profetizado que según la tradición musulmana aparecerá al final del mundo; líder mesiánico musulmán.

†*Mesías:* el Ungido; salvador esperado.

gloria de la luz, que es la voluntad de Dios, se convierte en una manifestación tangible a través de los confines del mundo, ¡envolviéndolo como una vestidura de esplendor!

Ahora digo: ¡hágase esto, y que los relámpagos destellen en el mundo! ¡Que la voluntad de Dios truene desde Darjeeling y que la voluntad de Dios se oiga en los rincones más remotos del mundo!

Que los hombres entiendan que solo mediante la voluntad de Dios aparecerá el perfeccionamiento, el perfeccionamiento eterno anhelado durante tanto tiempo, con los antiquísimos recuerdos del Sol detrás del sol, los antiquísimos recuerdos de los templos del fuego sagrado de la Atlántida y Lemuria, los antiquísimos recuerdos del encender el fuego en el corazón infantil de los hombres hasta que estos se convierten en maestros de su destino. Y entonces, al fin, serán capaces de ver el resplandor del fuego solar, el núcleo de fuego blanco detrás de resplandor iridiscente manifestándose a todo su alrededor, con el esplendor del zodíaco cósmico y la perfección de la astrología divina, de modo que todas las influencias puedan al fin inclinarse ante el Señor de todo, el supremo Sol detrás del sol.

¡Esto YO SOY! ¡Esto lo sois todos vosotros! Y cuando decís «Esto YO SOY», ello se convierte para vosotros en toda la voluntad de Dios: la voluntad de Dios por la cual fueron endurecidos vuestros huesos, por la cual fueron formadas las estructuras que forman la red pétrea de la Tierra, por la cual también se crearon los mundos lejanos y las radiaciones estelares del espacio. Y en la red temporal espacial, en la red del *kal* y *desh,** deseamos tejer el perfeccionamiento de Dios y su vida y su luz ¡y su amor por doquier!

Esta es la voluntad de Dios. ¿Queréis serla? ¡Entonces vedla! ¿Queréis serla? ¡Entonces sedla!

Porque mediante el poder del ejemplo diseminaremos. Tal como una enfermedad contagiosa se extiende entre la humanidad, las semillas del Espíritu, al convertirse en tiernos pámpanos alimentados y cuidados, se expandirán hasta que las flores y las vestiduras del Espíritu estén tejidas alrededor del mundo. Y entonces

---

*kal y *desh:* sánscrito para tiempo y espacio; *kal-desh:* el entretejido de tiempo y espacio; el continuo espaciotemporal.

el perfume de la paz inundará todos los corazones y la voluntad de Dios sustituirá a la discordia, a la humedad, a la miseria y a los recintos sombríos a los que la humanidad ha accedido con toda su vileza durante demasiado tiempo.

¡Estamos interesados! ¿Lo estáis vosotros? Entonces responded en vuestro corazón y dejad que el mundo oiga nuestras palabras. Porque las palabras que se han dicho en el pasado y las palabras que estamos diciendo ahora son palabras de liberación. Son palabras de paz. Son palabras de libertad para todos los niñitos nacidos de todas las madres. Son palabras de libertad en memoria de la Madre del Mundo, en memoria de Maitreya, en memoria del altar de Dios.

Por tanto, yo digo: ¡que llegue el cambio al mundo y que haya una era de iluminación! Que el pasado entierre su pasado y que la resurrección de la vida brote, en total manifestación, con la llama del arca de la alianza, el arca que arde en el corazón. Que el velo se rasgue en dos.[7] Que la luz del Sanctasanctórum vuelva a brillar.

Yo, Morya del Zen, he hablado.

9 de abril de 1970
Darjeeling (India)
MLP

CAPÍTULO 12

Los vientos de Darjeeling soplan veloces y serenamente.
Soplan con deleite y con un aroma de la exteriorización
que hace el hombre de la belleza de la Primera Causa,
del primer rayo, del primer ideal, del primer
sentido de dirección.

¡MORYA VIENE!
¡TRONAMOS CON LA ESPERANZA
DE UN NUEVO DÍA!

La intensidad del esfuerzo cósmico viene a la cabeza como la renovación del fruto divino. Porque cuando empleáis el arco del esfuerzo por nosotros, por vosotros mismos y por la jerarquía cósmica, se construye en la conciencia del hombre una comprensión de la verdad sobre sí mismo.

Sois hijos de un Padre. De vosotros, por tanto, se evoca una respuesta natural, la respuesta de los siglos, de los milenios del pasado. Y nuestra respuesta es llamar para que de vosotros salga la evocación de la Realidad. La nuestra es evocar de vosotros la fortaleza de su brazo derecho,[1] porque él vive en vosotros y vosotros vivís en él, y no existe ninguna Realidad más.

Por tanto, es importante atarse a él no solo en el vuelo hacia Dios, sino también en el vuelo de la imaginación hacia Dios. Porque el hombre también debería entender cómo puede imaginar grandes cosas sobre su alma, sobre el estado del devenir y de la Realidad a partir de la cual está fabricado. Y entonces podrá observar cómo estas tremendas ideas del alma dan fruto en el árbol de la vida de uno mismo.

Los vientos de Darjeeling soplan veloces y serenamente. Soplan con deleite y con un aroma de la exteriorización que hace el hombre de la belleza de la Primera Causa, del primer rayo, del primer ideal, del primer sentido de dirección.

Al venir hoy a vosotros, ello es un preludio de nuestra acción para la estación del solsticio. Venimos para que podáis recrear en vosotros aquellos sueños viejos y sueños espléndidos de otros años. Venimos para poder evocar en vosotros una comprensión del futuro, del tiempo del mañana, del día de vuestra victoria, del día de vuestro logro cuando toda vuestra oscuridad se ponga debajo de vuestros pies,[2] cuando al fin hayáis exteriorizado la Verdad y cuando la Verdad viva en vosotros y se mueva en vosotros como la dirección de una nueva era.

La nueva era está naciendo ahora, y hoy la cunita está siendo preparada. Percibimos que la conciencia Crística está siendo legada de nuevo cada día a la humanidad al comenzar la jerarquía a exteriorizar su diseño. La humanidad también puede proponer sus propios diseños y pensamientos sobre cómo construir una nueva era. Pero os digo que Dios ya ha propuesto, a través de la jerarquía y la mano de la jerarquía, la maravilla del escape de la humanidad hacia la Realidad.

¡Aquello en lo que la humanidad está embrollada actualmente no es la Realidad! ¡Es irrealidad y oscuridad! ¡Es el gasto de la energía del hombre en ideales vanos! Y al asumir hoy una postura en favor de los mañanas de la humanidad, lo hago para daros mi comprensión sobre esos dones que son de lo más invaluable, esas diademas que son de lo más brillante, esos pensamientos que brillan con un fervor de esperanza para todo el mundo.

Al hacer girar estos diseños para la nueva era y entregarlos a vuestro conciencia, os digo: Empezad ahora a comprended que estos diseños pueden ser vuestros sueños, porque estos provienen de una fuente y esa fuente única los ha hecho nacer. Y al aceptar estos diseños, comprended que no son solo ideas de Morya, sino que nacen de la llama de la vida dentro de vuestro corazón. Porque a partir del parecido de la semejanza divina, la humanidad vuelve a ser capaz de recrear esos sueños de los cuales se crea el cielo.

¡Deseamos detener a quienes quieren suprimir la imagen creativa! Nosotros diríamos: «¡Apagad la llama de desesperanza en la mente y el corazón de la humanidad y sustituidla con la llama de la esperanza y de nuevas ideas!».

El hacer que nazca una idea también debe alimentarse desde muchas fuentes. Esos nutrientes divinos desde la octava de la jerarquía son un encendido de la conciencia del hombre abajo. Pero la implementación de esto se da mejor cuando las llamas del corazón de los millones de personas también se arrojan al cáliz, y entonces el cáliz brilla con el fervor del Santo Grial. El hombre ve en esto un sueño, un sueño nuevo de la bondad del hombre hacia el hombre, porque ve con claridad.

Hoy muchas personas actúan desde la premisa que tienen en su mente, falsísima, de que esta y aquella persona obra equivocadamente. Quieren comunicar la banalidad de su propia crítica, pero no entienden que la crítica no es constructiva ni crea el sueño de Dios en el hombre.

Cuando hablamos, por tanto, ¡es palabra verdadera! ¡Es la renuncia a la irrealidad y a los cordones que atan al hombre! ¡Es el fortalecimiento del nuevo brote! Es la comprensión por parte del hombre de que él forma parte de un drama vivo eternamente, que él es ese drama en desarrollo, que esto también es un don de Dios para el mundo entero. Y cada niñito que nace y es alimentado, debería ser alimentado sobre esas hebras de esperanza cósmica que son de reinos angélicos y no solo alimentados por nutrientes externos, por ideas externas, por confusiones externas.

¡Morya viene! ¡Y tronamos con la esperanza de un nuevo día!

¡Vosotros habéis comenzado! ¡Ahora que todos continúen y que todos se eleven con esperanza! Que todos entiendan que esto, al aceptar el cáliz del corazón de Dios hasta la plenitud de ese corazón, es una actividad del espíritu del hombre.

Que el hombre diga: «Tenemos un dedal en nuestra mano, pero ¿cómo puede recibir el legado de un océano?». Y entonces dejad que diga que el océano siempre legará al hombre el símbolo del dedal que se eleva y se expande hasta que ese dedal se convierte en un barril

¡y hasta que ese barril se convierte en un cáliz mundial de esperanza!

¡No hay necesidad de aceptar un sentimiento de limitación! ¡No hay necesidad de que el hombre acepte la idea de que su fin se acerca! Porque a todos digo: ¡El principio es cada día y cada día es un principio! ¡Y la forma del amanecer es la forma de la recreación, la forma de la esperanza! Los grandes símbolos, los mejores símbolos, se elevan, y el estándar se renueva porque la humanidad lo apoya y le da el fuego de su corazón. Y así la conflagración se hace eterna y perteneciente al mundo entero.

¡Pero debemos comenzar con la exteriorización de nuestro sueño en los lugares más inciertos y debemos decir a todos que este sueño está en el corazón! ¡Este sueño está en el espíritu! ¡Este sueño está en la fibra del ser del hombre! A menos que este sueño se exteriorice a través de hombres vivos, a través de corazones vivos de carne, ¿cómo se le dará al mundo? El mundo ya yace en la oscuridad y la estrella de mayor esperanza a menudo es puesta a dormir con el sopor de la aceptación mortal.

Entonces, ¿qué transformaremos? Transformaremos el bocado de la aceptación en una hogaza, y transformaremos la hogaza en un festín para el mundo. Y entonces todos se alimentarán con esa hogaza. ¡La hogaza expandirá sus dimensiones hasta que pueda alimentar a todos! Porque el cielo y Dios poseen la flexibilidad que el hombre no parece entender que él mismo también posee.

Las personas se contentan con aceptar sus limitaciones y su falta de aire al respirar, sin darse cuenta de que el poder del Aliento Divino está en el universo y es el *pneuma* divino, la efusión de la vida abundante.

¡Escuchad, pues, nuestra Palabra y cobrad vida! ¡Escuchad, pues, nuestra Palabra y vivid! Porque hace falta vivir la Verdad, no solo creer en ella.

Os digo *adieu*.

29 de noviembre de 1970
La Tourelle
Colorado Springs (Colorado)
MLP

CAPÍTULO 13

*La iluminación es el fruto del Espíritu y
es el principio del fruto del Espíritu en la mente.
Es el origen de los pensamientos elevados
mediante los cuales también el hombre puede
convocar a esas potencias del Espíritu en sí mismo,
las cuales son las intenciones triunfadoras y
victoriosas en Dios de la jerarquía cósmica.*

CAPÍTULO 13

LA ILUMINACIÓN DE LA HUMANIDAD ES UNA PASIÓN DE LA CONCIENCIA UNIVERSAL

Hablamos de la chispa eléctrica, la perla preciosa[1] que destella desde el corazón hacia la mente, y convocamos los mejores dones. También lidiamos con las manifestaciones discordantes que tienen lugar en el reino de la conciencia mortal debido a una falta de sabiduría santa.

YO SOY quien ha venido esta noche, por tanto, con una espada flamígera para disipar en los mercados de la conciencia los episodios de expresión mortal que no son el modo del *arhat,* que no hablan del poder que tiene la vida de saltar, de crear el sentimiento de un gran paso, de comprender que la oscuridad debe desvanecerse cuando el brillante estallido de luz alimenta y satura al alma.

Como papel secante, la conciencia absorbe y comprende que mucho más allá del conocimiento semántico está el alcance de la mente con un conocimiento sin palabras. Se trata del entendimiento de la gracia de Dios, que en épocas pasadas ha hecho que muchos despierten y que en esta época de gran necesidad en el mundo se estremecerá en el cáliz de la mente como la diadema y joya de gran precio: la Palabra olvidada y perdida.

¡YO SOY quien ha venido a despertar los corazones! ¡YO SOY quien ha venido a sacudir el polvo del letargo de los pies de la humanidad! ¡YO SOY quien ha venido a convocar las mejores visiones, las mejores esperanzas, el diagrama más grande de perfección para que la humanidad pueda comprender que en este diagrama de perfección también hay una convocación en la estructura atómica de los registros viejos y antiguos, que eran el poder del Infinito cuando le hablaron al espejo finito y dijeron: «¡Refléjame! ¡Sé yo! ¡Regocíjate en mí!».

¡Porque la convocación de los corazones es la convocación de la elección!* ¡Es la convocación de la voluntad de Dios! Es la suma de todas las acciones mortales y la consumación de toda la realización. Es la fuerza del reino del destino. Es el poder por el cual se hace girar a los mundos en el espacio, por el cual se constituyeron los mundos,[2] por el cual también los átomos son gobernados, por el cual las maquinaciones de los poderes de la oscuridad son pulverizadas como entre el pulgar y el índice.

Planetas y galaxias enteras pueden desaparecer en un momento si la fórmula está mal y, por tanto, la fórmula debe corregirse. La fórmula de los corazones debe entenderse como la alquimia del propósito y la comprensión de que la luz de todas las épocas es similar a Dios y guarda la semejanza de su rostro.

LA CLARIDAD DE VISIÓN Y EL PODER DE LA SANTA VOLUNTAD

Los corazones laten sin temor. Los corazones laten con temor. ¡Nosotros venimos a echar fuera todo el temor! Pero convocamos la luz de la renovación de propósito y la fortaleza de las alas de la mente con las que la mente se eleva y sale del cáliz mundanal, el sórdido cáliz de la falta de propósito, la existencia sin meta, para dirigirse al fruto del Espíritu y a aquellas dimensiones superiores de amor y belleza universal con que el alma se conmueve en el ser del hombre y el letargo ya no tiene el control.

*elección: el derecho, poder o privilegio de elegir; predestinación de vida eterna.

Ahora, la claridad de visión está ante la mirada de todos. Y al extenderse la mirada hacia la majestuosidad más lejana de las estrellas, los hombres deben comprender que al fin pueden percibir y entender, mediante esa visión penetrante que es mucho más poderosa que los rayos X, que hay una mano al otro lado del túnel de amor.

¿De qué he hablado? He hablado del alcance de la mente y de la comprensión de que hay un espíritu, el espíritu de belleza universal que está al final de ese túnel de amor. Este conocimiento es así porque la mente es todo esto, una acción profunda de penetración consciente de personas hacia la luz, que penetran por la densidad mortal y las ideas y conceptos mortales hacia la belleza y la atemporalidad de las eternas esferas.

¿De dónde viene este ímpetu? ¿De dónde viene este deseo de conocer la santa voluntad? La santa voluntad no es la voluntad de la banalidad. Es la voluntad por la cual se forjan los mundos, por la cual se dan grandes saltos, por la cual el carpintero más pequeño o el zapatero más débil reúne fuerzas. Es la voluntad por la cual el más endeble de los hombres es capaz de estirarse y reunir la fuerza para realizar grandes trabajos, trabajos nobles, trabajos necesarios ahora en el plano de la tierra.

Porque la oscuridad del país ha llegado al Consejo de Darjeeling y os digo que en los planes de ciertos mortales que actualmente existen en el planeta Tierra, hay diseños para la destructividad de todos los elementos de la libertad y para apartar a la Tierra de toda la gracia divina en expresión entre la humanidad.

¿Nos vamos a quedar sentados mientras esto ocurre? ¡No lo creo! Y así, ahora decimos: no convoquemos a los escogidos de todos los países solamente, mas convoquemos también desde las estrellas más remotas a esos padres escogidos de cautiverio cósmico que han capturado en el reino de las ideas universales el poder para vencer al temor y al polvo de la oscuridad.

Que vengan, ahora, al planeta Tierra a fin de iluminar la mente de los hombres encarnados. Que instruyan a la humanidad porque la visión y el poder de visión universal es un factor necesario en la superación de todas las circunstancias mundanas, las circunstancias que en sí mismas destruirían todas las pasiones y los fuegos de la mente del hombre mediante los cuales se pueden entender y comprender adecuadamente el cristal y la niebla.[3]

Que todos entiendan, por tanto, que muchas ideas banales ocupan la mente de forma temporal. Vienen (como ha dicho uno de los gurús del Lejano Oriente) como un pájaro que velozmente baja sobre la cabeza, que no siempre puede evitarse. Pero, como ha dicho el gurú, no tenéis por qué permitir que ese pájaro se haga un nido en vuestros cabellos.

ARROJAR LOS PENSAMIENTOS INDESEADOS

Comprended, pues, cómo los pensamientos oscuros, los pensamientos indeseados, se arrojan simplemente porque la mente los rechaza. La entrada momentánea de estos pensamientos es un intento por parte de las flechas de los seres oscuros de volar de noche en la oscuridad, cargadas con la luz robada que los seres oscuros han vampirizado de otras personas y han utilizado para expresar la manifestación de la oscuridad en el mundo exterior.

Os digo que una obsesión así es una actividad aterradora sobre el cuerpo planetario. Cuando miréis las páginas de vuestros periódicos, que están llenas de títulos de varias películas de cine actualmente de moda, dejad que también os recuerden las actividades que ahora aparecen sobre las pantallas de televisión del país, [como el programa de televisión] llamado *Sombras Oscuras*.[4] Comprended que esto es una manifestación de negrura, una manifestación de los hijos de la oscuridad y una manifestación de destructividad.

¡Esta oscuridad no vivirá, porque la humanidad se levantará en su reino de comprensión cósmica a fin de destruir la voluntad serpentina dedicada a los movimientos a la deriva sin propósito, sin sentido, sin meta, que crean en la conciencia de la humanidad esas actividades obsesivas que son destructivas por derecho propio! Estas actividades son intencionadamente destructivas porque los seres oscuros también han reunido a esos diseminadores de energías empedernidas y mal cualificadas provenientes de todo el universo y las han reunido en un lugar. Han irradiado estas energías hacia la mente y conciencia de aquellos hombres de afinidad natural con las oscuridad. Que ellos también se deshagan de esto y se iluminen.

LA HUMANIDAD DEBE CONVOCAR EL ESPÍRITU DE LA ILUMINACIÓN

Por tanto, dejemos claro que la iluminación es el fruto del Espíritu y que es el principio del fruto del Espíritu en la mente. Es el origen de los pensamientos elevados mediante los cuales también el hombre puede convocar a esas potencias del Espíritu en sí mismo, las cuales son las intenciones triunfadoras y victoriosas en Dios de la jerarquía cósmica.

Desde donde estamos nosotros, nos sentimos cansados de servir a la humanidad y después ver que no hay fruto como respuesta. Venimos porque nos han llamado. Nos han llamado en su corazón, y también vienen para escuchar nuestras palabras. Pero con frecuencia pasan por alto el conocimiento que queremos transmitir y se vuelven como caballos sin jinete. Se vuelven en efecto siervos ineficaces e infructuosos, hijos despilfarradores de Dios que se preocupan más de sus propios placeres que de los placeres por vencer todas las condiciones externas.

Nosotros queremos atraer y magnetizar a los hombres a un punto de su evolución espiritual en el que al fin despierten y sean vivificados por el Espíritu eterno, por las pasiones del Espíritu Santo que intenta llegar al corazón del hombre y le dice rodeando su corazón con sus manos: «Tú eres un templo del Dios vivo que mora por siempre como un altar supremo de Dios».[5]

La llama de vida inmortal y la llama del Espíritu Santo son los poderes regeneradores concentrados en vuestro corazón con un propósito Divino, que es el triunfo sobre la oscuridad y el reconocimiento del Cristo eterno como el árbitro del destino de la humanidad. Esto, pues, es una pasión de la conciencia universal para la iluminación de los hombres. Es la convocación de la santa voluntad y el reino de lo que llega a fructificar como el floreciente loto de luz de mil pétalos en el cerebro y las células de los hombres, iluminándolos y haciendo que sientan el gran flujo de los fuegos regenerativos del Espíritu con los que los hombres son convocados al fin para llegar a ser los escogidos de Dios mientras caminan aún entre los hombres.

¿Creéis que sea suficiente llamar a personas a los reinos superiores y elevarlos ahí para que después tengan las mismas experiencias frustrantes que muchos de nosotros hemos sufrido y que hacen que, al intentar iluminar a la humanidad y hablar a la humanidad, invocar la luz en la humanidad, nos encontremos con un acorde en ella que no responde? Y después vemos que dan una respuesta muy de bienvenida a veces a condiciones inferiores; y con respecto a las condiciones que son de la oscuridad vemos en los hombres una respuesta casi total, porque aman las acciones de la oscuridad en vez de las acciones de la luz. Esto se debe a que el deseo total de su corazón se ha convertido en el deseo de hacer el mal, y no saben lo que hacen.[6]

Ahora bien, ¿nos vamos a quedar parados, viendo que tenemos esta oportunidad, por cortesía de estos Mensajeros, de daros la santa Palabra? ¡Yo digo que no nos quedaremos parados ni mimaremos a la humanidad! ¡Se ha mimado a la humanidad durante demasiado tiempo, se ha mimado a sí misma durante demasiado tiempo y también ha entrado en una era de gran permisividad durante demasiado tiempo!

Nosotros del Consejo de Darjeeling llamamos ahora a los Señores del Karma para que juzguen al mundo, porque es la única manera (según la opinión de María, Madre de Jesús, y otras huestes ascendidas) de que la humanidad llegue a comprender al fin, al considerar la calamidad personal y la calamidad del mundo, que algo anda mal y que la balanza de justicia cósmica está siendo inclinada contra ella.

VESTÍOS DE TODA LA ARMADURA DE DIOS

Vosotros que buscáis refugio en la santa voluntad de Dios no tenéis por qué temer, porque las leyes del karma son justas. Y puedo aseguraros de que podéis descender a los reinos de la oscuridad en servicio cósmico, como hizo nuestro Señor Cristo durante los tres días y tres noches en los que yació en la tumba en forma física.[7] Sin embargo, estuvo activo en el Espíritu, predicando a esos espíritus que fueron desobedientes cuando la acción de Dios una vez les imploró en los días de Noé.[8]

Por tanto, dejemos claro que hoy los hombres, al entrar en los varios ámbitos de la oscuridad, verán que en efecto la ley cósmica les exigirá que se vistan de toda la armadura de Dios.[9] Se les exige que se vistan del poder espiritual de la llama violeta transmutadora y la manifestación del gran tubo blanco de luz, que han de invocar con un deseo de su corazón a fin de ser fortalecidos en esos momentos cuando desciendan y entren en contacto con otras personas que no son dignas de atarle los zapatos de sus pies.

¿Comprendéis, entonces, de lo que estoy hablando? ¡Os estoy diciendo que no tenéis que temer salir al mundo de la forma, hablarle a la humanidad y llevar la Palabra del Espíritu a la humanidad! ¡Tenéis que actuar en el nombre del Dios vivo!

¿Creéis por un momento que estáis actuando por impulso propio? Os digo que estáis actuando por impulso de vuestro corazón y de la llama viva del Espíritu Santo, que está encarcelado ahí, pero es una llama sobre el altar del corazón, invitada por voluntad propia. También es la pasión de Dios de llevar a la humanidad a sus pies, de iluminar a la humanidad, de alertar a la humanidad del hecho de que no ha estado actuando como Dios quería que actuara y por ese motivo la oscuridad está sobre la faz de la Tierra.

LA LEY DE COMTEMPLAR

Sin embargo, la pasión de la Naturaleza misma también es muy grande con respecto a la luz. Desgraciadamente, una de las leyes que gobierna la vida elemental sobre el cuerpo planetario es la ley de contemplar, acerca de la cual vosotros también podéis leer en los escritos sobre Jacob y Labán de antaño.[10] Mediante esta historia sobre la bendición que Dios dio a Jacob comprenderéis el tema de los animales listados, manchados, salpicados de color y de color oscuro entre el rebaño de Labán, que Jacob le había dado. Cuando Jacob se quedó solo con los animales blancos del rebaño, los llevó al abrevadero, donde pudieron mantener, durante el tiempo que estuvieron ahí, cierta visión de los animales listados, manchados, salpicados de color y de color oscuro. Por tanto, todos los animales blancos pudieron multiplicarse después de acuerdo con las otras clases, que Jacob también deseaba.

Vosotros también deberíais comprender, pues, cómo el poder de la visión y el poder de la intensificación del campo energético de vuestra mente puede invocar una enorme actividad de luz para el cuerpo planetario. «¡Ah, sí!», decís vosotros. «¡Ya me sé todo eso!». Ya lo he intentado antes —decís— y el mundo sigue igual».

¡Bien, amados, dejad que os diga que Dios Todopoderoso también lo ha intentado antes y lo ha hecho durante un período de miles y millones de años! Cuando reúno ante mí los registros akáshicos del universo, observo las muchas ocasiones en las que el Espíritu de Dios ha contendido con la carne de la humanidad. Dios ha estado buscando el día en el que los hombres acepten el fíat de la corona cósmica que descansa sobre sus cabezas y sus corazones y acepten esta actividad como la de la santa voluntad que solo quiere traerles las bendiciones de Dios Todopoderoso.

CONFIAD EN EL PLAN DE DIOS

¿Comprendéis de lo que estoy hablando? Estoy hablando de la voluntad de Dios. Me estoy refiriendo a ella como una corona del Espíritu. Me estoy refiriendo al código en el corazón. Me estoy refiriendo al gran amor de Dios que invoca en los hombres la diadema dorada, que es el lazo de amor entre el corazón del hombre y el de Dios. Estoy diciendo que toda la Tierra debe comprender que la voluntad de Dios es bondadosa, que la voluntad de Dios es buena, que los planes de Dios proyectados sobre la gran pizarra arquitectónica del Gran Arquitecto del universo son perfectos y completos por derecho propio.

¡Si la humanidad tan solo aprendiera a confiar en el plan de Dios y a mirarlo en vez de escuchar a esos expertos del mundo!

Estos expertos son los hombres doctos que de una forma u otra tienen la idea de que, por ser capaces de exprimir de la humanidad la moneda del reino, también tienen una gran iluminación en las cosas espirituales.

¡Os digo que no la tienen! ¡Son expertos del mundo! ¡Son como nada ante los ojos de Dios! Como una pizca de polvo, se desvanecerán en la sepultura. Y muchos de ellos dejarán de existir y vivirán por sí mismos lo que se denomina la segunda muerte.[11] Esto se debe a que han empujado continuamente a los hombres, como estrellas errantes, hacia una niebla de oscuridad,[12] y han querido reservar para sí un lugar muy especial en estas actividades del reino astral, sin entender el poder del Espíritu y la radiación transformadora que YO SOY, que el corazón de Dios es, que el corazón de todos vosotros es, que el poder del Espíritu es.

CONVOCAD EN LOS HOMBRES LA REGENERACIÓN DEL ESPÍRITU

Por tanto, ¿vais a despertar al fin con respecto a la totalidad de la misión que os traemos? Hoy os confiamos, a vosotros que escucháis nuestras palabras, las riendas y el poder del Espíritu a fin de evocar una pasión nueva por Dios en toda la raza humana. Esta nueva pasión por Dios se convertirá en el amanecer de la actividad cósmica por la cual las madres, al sentarse sosteniendo en sus brazos durante ese momento sublime y valiosísimo al bebé, que es la manifestación del cuerpo físico empapado del espíritu, comprenderán que Dios se está manifestando en esa forma. Comprenderán que Dios está vivo en esa forma, pero no para siempre como ellas lo imaginan. Porque tienen la visión de mortalidad y por ello cosechan el fruto de *morte.* *

¡Dejad que os exprese que nosotros manejamos esos factores inmortales de conciencia con los que el hombre es sacudido y sale del polvo de su inercia, de su oscuridad y al fin entiende que, debido a la hermosura y las pasiones del Espíritu, se da una renovación de la conciencia de la humanidad en el cáliz de la virtud cósmica! Y con esta renovación, conforme él va pasando este cáliz

---

* *morte:* italiano, 'muerte'.

de unos labios a otros, es capaz de convocar en la humanidad la regeneración del Espíritu.

La humanidad comprenderá que esto no es una locura, porque San Pablo dijo hace mucho tiempo que las cosas de Dios son locura para el mundo.[13] Que la humanidad entienda, por tanto, que las cosas de Dios no son locura en absoluto. Son otorgadas por un pacto cósmico que data de un tiempo muy antiguo, anterior incluso al tiempo de Melquisedec. «¿Y cómo puede ser esto?», decís vosotros.

Vosotros no comprendéis los elementos de la Creación ni comprendéis el gran dragón Tiamat,[14] con su deseo de crear el caos en la Tierra. No comprendéis la atemporalidad del Espíritu y cómo se formaron todas las cosas, de lo contrario no haríais una pregunta tan tonta. Sin embargo, os digo que estamos dispuestos a contestar a las preguntas tontas de las personas si ellas tan solo reconocen y comprenden que solo existe un Dios, ¡pero que es un Dios que vive en ellas como una llama! Y el hecho de que hayan enterrado la llama hasta que, en muchos casos, en su corazón esta es muy inferior en tamaño a los tres milímetros, os digo que es una gran sepultura de los fuegos del Espíritu, que ahora deseamos hacer que llegue a su fin.

ENSEÑOREAROS EN LA MEDIDA NECESARIA DE LA TIERRA

¡Queremos invocar un despertar de las llamas del corazón de todo el mundo! ¡Queremos convocar las llamas del corazón de todo el mundo en este tiempo que se aproxima para que todas las visiones que ahora han tenido muchos santos relacionadas con la época horrorosa de destructividad que desciende sobre el cuerpo planetario, a mano del hombre (no a mano de Dios) y también a mano de los Señores del Karma allá donde sea necesario, pueda detenerse!

Porque hace mucho tiempo, cuando la mano escribió en la pared: «MENE, MENE, TEKEL, UPARSIN», y habló a los hombres en los tiempos de la fiesta de Belsasar y sus señores,[15] digo, esto fue una advertencia grabada en las paredes del templo por una gran mano que Dios envió. Pero nosotros, hablando este día por la pasión de los milagros de nuestra fe, también hacemos sonar la advertencia y la escritura en la pared para que los hombres, que están afrontando este nuevo año, comprendan que ellos mismos, como patriotas del Espíritu para beneficio de la libertad y el nombre de la libertad, deben enseñorearse en la medida necesaria de la Tierra sin temor de hacer la voluntad de Dios, quien también, al fin y al cabo, es su Padre.

Dios es vuestro Padre, y como tal tiene derecho a exigir de vosotros la medida total de devoción por la cual el mundo pueda transformarse de oscuridad en luz.

TANTO LA ERA DE ORO COMO LA ERA DE OSCURIDAD ESTÁN CERCA

Nosotros decimos que la bajada de la Nueva Jerusalén y el adviento de la era de oro están cerca, a la vez que lo está una era de oscuridad.

Creo que ha llegado el momento de que nos quitemos los turbantes. Creo que ha llegado el momento de que convoquemos alguna elección por la que los hombres entiendan que los conceptos tradicionales del mundo que envuelven a la humanidad, como la mortaja envolvió a Lázaro hace mucho,[16] serán entendidos por la humanidad. Creo que la humanidad también asirá esa borla y tirará* de ella rápida e inteligentemente para al fin liberar al Lázaro durmiente de sus propios sueños y llegar al período de fructificación y realización de esos sueños como la implementación de la acción cósmica sobre la faz de la Tierra.

Estamos un poco cansados de ver que nuestras energías se expanden y después ver que las personas permiten que el impulso acumulado del campo energético de nuestra acción muera en ellas, y [simplemente] dicen: «Ah, sí, ha sido un dictado magnífico». Bien, os digo, queridos corazones de luz, que ha llegado el momento de que hagáis heno mientras el sol brilla†, porque puede

---

tirará: halará. (N. del T.)
†*hacer heno mientras el sol brilla*: sacar provecho. (N. del T.)

que el sol no brille siempre. ¿Me explico con claridad?

Dejad que os diga que los sueños de Dios los alimentan miles y millones de devotos del Espíritu, muchos de ellos a niveles internos. Los sueños de Dios, pues, cuando están alimentados por las manos de los hombres, se convierten en un pacto vinculante para los enviados del cielo mediante lo cual se da a la humanidad una ayuda extraordinaria. Y con este alto grado de ayuda sacudiremos el polvo de vuestra conciencia ¡o nos sacudiremos el polvo de los zapatos echándooslo a vosotros hasta el día del juicio!

Pero haced lo que queráis. Porque os digo que no siempre tenemos la intención de hablar de esta manera. El cielo mismo lo ha prohibido. Y bien podrá llegar el día en que las puertas de la profecía para el mundo se cierren y los grandes oculten su rostro de la humanidad si esta continua, en esta época de oscuridad, ejecutando esos actos que están ocurriendo actualmente.

¡La pornografía debe detenerse! ¡La reunión destructiva de los hijos de la oscuridad debe frenarse! Todas las actividades criminales en las calles deben cesar y la humanidad debe comprender que sus hogares deben ser lugares de seguridad y refugio, donde la belleza del culto cósmico y la alegría puedan llevarse a cabo.

Las personas juegan a las cartas mientras el mundo perece. Las personas juegan a los dados mientras el mundo perece. Las mesas de juego y las de la ruleta reciben grandes honores. Los hombres misteriosos como Howard Hughes[17] están muy bien considerados debido a su misterio y por el hecho de que tienen una fortuna en manifestación. ¡Dejad que os diga que nosotros tenemos una fortuna más grande y recompensas mucho más grandes para toda la Tierra! ¡Y vosotros tenéis en riesgo mucho más de lo que sabéis!

BUSCAD PRIMERO LA SABIDURÍA DEL REINO DEL CIELO

Por tanto, ¿vais a vivificar en vuestra conciencia las pasiones por hacer y vais a comprender que la santa sabiduría es necesaria para hacerlo? No digo que debáis simplemente dedicaros a alguna manifestación desordenada y empezar a hacer «algo» solo porque yo lo he dicho. Quiero que busquéis primero la sabiduría del reino del cielo[18] de modo que podáis comprender correctamente la cordura y el equilibrio para corregir estas condiciones externas.

También deberíais corregir las condiciones internas que hacen que vuestro espíritu caiga en las rodadas, que son las rodadas esclavizantes de la costumbre y destructividad. También deberíais sustituir esas costumbres con costumbres correctas para cosechar las recompensas espirituales que creo que muchos de vosotros merecéis.

Cuando vengo, quisiera poder deciros que todos merecéis estas recompensas espirituales, pero por desgracia no todos vosotros las merecéis. Sin embargo, todos vosotros podéis. ¿Entendéis la diferencia? No todos vosotros merecéis, pero todos vosotros podéis. Esto se debe a que todos vosotros podéis merecerlo si empleáis el gran impulso acumulado de vuestra voluntad, tal como los hombres han empleado el viento en las velas de su ser y han navegado los siete mares.

Que la realización se convierta ahora en el fíat de vuestra vida. Y a medida que el impulso acumulado de este año se va formando, que sea cosa del Espíritu para que el contacto con nuestra era, el contacto con nuestra manifestación y el contacto con nuestro templo aquí en Darjeeling pueda llegar a ser más que el viento de Oriente. Que pueda llegar a ser el empleo del viento de Oriente que representa un fíat de destino para toda la humanidad, para que se aparte del gran peligro repentino de la espada de Damocles suspendida sobre su cabeza como un poder destructivo de guerra y angustia económica.

Primero produciríamos la salvación en la conciencia para que todo el recipiente pueda limpiarse y pueda levantarse como un reluciente impulso acumulado hacia la gloria de Dios, no solo este año, sino todos los años por venir.

¡Os hablo en el nombre del Señor del Mundo! ¡Os hablo en el nombre del Consejo de Darjeeling! ¡Y os digo que voy a provocar un estremecimiento en mi espíritu esta noche para que comprendáis que somos hombres más que comunes! ¡Y cuando hablamos, lo hacemos para conmover lo más profundo de vuestro ser con respecto a ese concepto electrificante por el cual se hace la salvación de un planeta!

Os doy las gracias y os digo *adieu.*

1 de enero de 1971
La Tourelle
Colorado Springs (Colorado)
MLP

CAPÍTULO 14

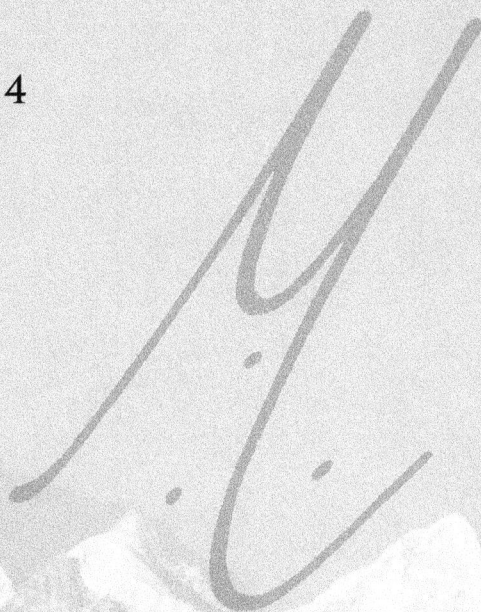

*Daos cuenta, pues, de que por cada pensamiento
y cada palabra y cada acción existe un diseño
original divino, y ese diseño original está
contenido en la mente de Dios.*

CONOCED LA PERFECCIÓN DE FUEGO ESTELAR DE LA VOLUNTAD DE DIOS

¡Salve, devotos de la voluntad de Dios! ¡Salve, hijos e hijas de la mente de brillo diamantino!

YO SOY quien ha venido con la plenitud de la llama de la voluntad de Dios para infundir en vosotros devoción por una causa que yo adopté hace mucho tiempo. La voluntad de Dios es un fuego, una perfección de fuego estelar que vuestra alma anhela, por la que hay un ardor en el corazón, el alma y la mente que no os permitirá dejar de esforzaros por la perfección hasta que alcancéis esa Estrella.

YO SOY el fuego estelar de dirección para vuestra vida, para vuestra energía, para vuestra libertad de todo temor y de las mortajas de la duda, la oscuridad, los engaños y las ilusiones de la mente carnal.

¡Echadlo a la llama que yo llevo! Porque vengo con una poderosa antorcha de poder de llama azul. Es un ancla de luz y amor proveniente de mi corazón. Y la mente de Dios de brillo diamantino ahora centellea desde Darjeeling, mientras la insignia de nuestro retiro gira como un foco de la mente de Dios en el Gran Eje.

¡YO SOY el exponente de la voluntad de Dios! Porque YO SOY quien dota de alma a esa voluntad para todos quienes sirven en el rayo de la voluntad de Dios, el primer rayo de Primera Causa, de energías liberadas en vosotros. Por tanto, haced que las energías que emitís desde los chakras ahora purificados sea la réplica exacta de la voluntad de Dios, que es el diseño original de la vida, el patrón del destino que Dios ha sellado en cada uno de vuestros chakras de fuego estelar. Daos cuenta, pues, de que por cada pensamiento y cada palabra y cada acción existe un diseño original divino, y ese diseño original está contenido en la voluntad de Dios.

No es necesario tener inesperadas manifestaciones de turbulencia emocional. No son necesarias las actividades no planeadas.* No es necesaria una falta de precisión en conocer la mente de Dios si primero centráis vuestra conciencia en la llama. Y con ello seréis libres de todo el escarnio de la mente carnal, que se mofaría de la vida y de vuestros momentos más grandes de la presencia sublime de la voluntad de Dios.

¿Veis, por tanto, que al ir al centro de la percepción de la voluntad de Primera Causa podéis ganarles la partida a los efectos de los habitantes oscuros de la ciénaga astral? ¿Veis, por tanto, que ante los ojos de Dios está mal reaccionar ante los efectos y que debéis ir a la voluntad de Primera Causa, a la manifestación central de esa voluntad, y hacer que esa voluntad sea emitida? Y entonces vais a cumplir el plan de acuerdo con el diseño original.

EL GENIO DE LA MENTE CRÍSTICA

¡Es una locura actuar sin conocer primero el diseño original de la acción! Y si no podéis conocer el diseño original, sabed esto: vuestra mente Crística dota de alma a ese diseño original, vuestra Presencia YO SOY dota de alma a ese diseño original. Y, por tanto, si estáis realizando una misión para la Hermandad y estáis yendo a tientas, como si dijéramos, ante lo desconocido, sabed primero que, en el nombre del Cristo, vuestro Ser Superior y vuestro Yo Superior os está enseñando el camino.

---

*Esto puede referirse a las acciones que no están de acuerdo con el diseño original divino que es la voluntad de Dios.

Por lo cual encontraréis el fuego estelar de perfección al final del camino. Sabréis que habéis llegado gracias al genio de la mente Crística que siempre está activo, estando despiertos y dormidos, preparado para bajar a la manifestación —en la mente exterior, el mundo interior, el mundo sutil y el plano subconsciente —todos los aspectos de la conciencia de Dios necesarios para una evaluación precisa de los acontecimientos, para una exteriorización precisa de los acontecimientos en este plano.

Al fin y al cabo, benditos, ¿no es la actividad de la conciencia exterior la vanidad de vanidades? ¡Todo es vanidad![1] Si es vanidad, entonces digo, ¿por qué os permitís la conciencia humana? ¿Por qué la tomáis en serio? ¿Por qué no os dais cuenta de que incluso la felicidad y la tristeza humanas representan el yin y el yang de una conciencia que aún debe hacerse permanente en el Cristo?

¿Por qué no vivir en la realidad aquí y ahora? ¿Por qué estar constantemente en la periferia de la irrealidad, reaccionando a los eventos de irrealidad, cuando podéis estar centrados en el Cristo y caminar por la Tierra como maestros del tiempo y el espacio?

Ya es hora de que los chelas de la luz respondan a este llamado de estar centrados en la voluntad de Dios volviendo a la causa detrás de cada manifestación exterior. Al percibir la causa, podéis llevar bendiciones a toda la vida. Porque en medio de la confusión podéis guardar la llama puesto que tenéis la visión. Y puesto que tenéis la visión, sentís compasión por los de un estado inferior de conciencia que están desfasados con respecto al diseño original.

A veces percibís que hay personas que están desfasadas con respecto a una matriz, una presencia [divina] que sentís, una pulsación de la mente de Dios. No siempre conocen [esta presencia de la mente de Dios]. Muchas veces son devotos sinceros que a tientas tratan de encontrar un punto de contacto con la Mente Superior. Cuando mantenéis la visión y la llama y la constancia de la voluntad de Dios, veis que quienes entran en vuestra aura también son atraídos hacia la mente mercurial de brillo diamantino de Dios que tiene el propósito de mantener el equilibrio.

En la Mente Superior está el equilibrio para el plano de la

acción. ¡Y [pensad en] cuánto tiempo y cuanta confusión podéis ahorraros y ahorrarles a los que tenéis a vuestro alrededor si os retirarais a esa mente! Esta es una acción de contemplación y es el aspecto de «descanso» del movimiento de los mercurianos.

VUESTRA CONCIENCIA PUEDE ABARCAR EL HUEVO CÓSMICO

¡Nosotros que servimos en Darjeeling somos mercurianos! Venimos del gran maestro, el Dios Mercurio, para dotar de alma a un planeta no solo con la voluntad de Dios, sino con la veloz determinación de cumplir esa voluntad. Y así, mi entrega del poder de la Palabra hablada a vosotros esta noche se realiza por la acción de esa mente mercurial a fin de que podáis ver que la mente de Dios puede emitir el pensamiento más deprisa de lo que la Mensajera es capaz de pronunciar ese pensamiento con palabras.

Así, comprended que el pensamiento destella por los cielos a la velocidad de la luz y más, y vosotros también podéis recibir esa Palabra y ese ímpetu para la acción. Comprended, pues, que el descanso en movimiento de los mercurianos es el descanso en contemplación de la voluntad de Dios y en la acción de esa voluntad que es bajada a la manifestación de manera simultánea, igual que los intérpretes simultáneos oyen la palabra por un oído y pronuncian esa palabra en otro idioma.

¿Veis, por tanto, cómo vuestra conciencia, siendo inmensa como la conciencia de Dios, puede abarcar el Huevo Cósmico[2] y ser consciente de rebosantes campos energéticos de la mente de Dios? Como una computadora cósmica, vuestra conciencia es el potencial de vuestra Mente Superior aquí y ahora, la Mente Superior con la que podéis contactar.

Así, podéis ser conscientes no solo de uno, sino de muchos diseños originales, diseños que gobiernan el destino de países, de ciudades, de corrientes de vida. ¿Cómo creéis que sirvan a la vida nuestros Mensajeros en todas partes? Lo hacen a través de la Mente Superior, a través del Cristo.

Vosotros también podéis estar a la vez en muchos campos

energéticos. Y esto llega, ah sí, a través de la maestría de los chakras, a través de la maestría de los planos de conciencia hasta que domináis tantas bolas así, con las que hacéis malabarismos, que llega un punto en el que debéis trascender la Materia y pasar al infinito, porque el mundo finito ya no puede contener vuestra conciencia.

Algunos de vosotros ya tenéis esta habilidad, pero no tenéis la maestría de las emociones que acompañe a la velocidad de esa Mente Superior. En algunos aspectos vais mucho más adelantados que vuestros compañeros, pero si estáis mucho más avanzados que ellos, no son vuestros compañeros. ¿Entendéis? Algunos de vosotros vais más allá de este mundo en un aspecto de la conciencia; y entonces, de repente, sois empujados hacia atrás porque un aspecto del yo no ha logrado la maestría.

TOMAD PARTE DE MUCHAS FACETAS DE LA MENTE DE DIOS

Por eso se imponen las disciplinas de la Hermandad. Por eso se publican las Lecciones de Guardianes de la Llama.[3] Por eso se allana el camino para que paso a paso podáis revestiros de la conciencia del Espíritu Santo. Y para que no os canséis de este plano de tiempo en el que me he metido, ahora voy a entregar la Palabra hablada como la— voz y el impulso acumulado del flujo de la voluntad de Dios en el plano de la tierra. Es la entrega decidida de la Hermandad, que reduce ahora impulsos acumulados de la mente de brillo diamantino de Dios al plano de la tierra para el paso decidido, el ritmo decidido, el aliento controlado y el latido del corazón que se ajusta a los ciclos de la Madre Divina, que mece la cuna del santo niño.

Y entonces, al tomar ahora el flujo de la Palabra e imprimirlo en vosotros con la intensidad de la determinación, YO SOY quien aún está emitiéndoos, en otra frecuencia y en otro nivel de este dictado, la velocidad del pensamiento de la mente de Dios. Y, por consiguiente, estáis recibiendo este dictado en varios niveles de conciencia de manera simultánea a fin de que podáis comprender que, aunque Dios en vosotros es Uno, ese Uno es el infinito. Y al acoger la voluntad de Dios, podéis penetrar en el infinito en muchos aspectos.

Por tanto, ¿veis que los hombres encarnados, tal como están las cosas, asumen quizá una virtud, un atributo, una frecuencia durante toda una vida? Os estoy mostrando que, cuando os unís a la llama y al cuerpo de Dios, podéis tomar parte de muchas facetas de la joya que es la mente de Dios y de hecho podéis exteriorizar esas facetas aun quedándoos en el tiempo y el espacio, haciéndoos maestros en varios planos de conciencia.

Pero, en definitiva, cuando llega el momento de dar cuentas y el momento del Juicio y estáis preparados para que se os reciba como candidatos para la ascensión, tiene importancia lo que hayáis bajado a la forma. Y, aunque tengáis la maestría de la mente de Dios en el plano etérico o el mental, recordad bien que todo lo que cuenta en definitiva para la victoria de la vida es aquello que podéis manifestar en la octava física para la victoria.

Y así ahora presiono para que baje a la conciencia esa maestría que muchos de vosotros tenéis en varios niveles. Estoy presionando ahora en vosotros los rayos de la voluntad de Dios para intensificar esa acción de bajada.

Algunos de vosotros tenéis bloqueos en los chakras inferiores y en el corazón, incluso en los chakras superiores. Algunos de vosotros no necesitáis más que un ajuste menor en el girar de las ruedas de los chakras. Algunos de vosotros no necesitáis más que el socorro de los ángeles, de la llama de la intrepidez, de Ray-O-Light y del Arcángel Miguel para eliminar los últimos vestigios de sustancia que se resisten a que el logro interior baje en espirales para manifestarse.

Vengo, pues, en defensa de la maestría Crística. Vengo, pues, para atar todo lo que sea inferior a la maestría Crística. Os doy mi mano y os pido, si queréis, que me deis vuestra mano y me deis todos los impulsos acumulados inferiores a la perfección Crística. Os pido específicamente que me deis, en el nombre del Cristo, los impulsos acumulados que impiden que la voluntad de Dios se manifieste en vuestra vida. Los acepto con gusto, con amor, ¡y los echo a la llama del fuego sagrado!

A cambio del obsequio ofrecido, os doy la sustancia cristalina de brillo diamantino de mi llama. Y coloco ese cristal en vuestros cuatro cuerpos inferiores con el fin de aumentar el flujo de luz para la percepción de la conciencia Divina y para su precipitación.

Vengo con la percepción de muchos asuntos urgentes, asuntos de estado, de los gobiernos de los países, de las crisis individuales de chelas en el Sendero. Porque hay muchos chelas por los confines del mundo, en los Estados Unidos y más allá, que están asustados en incluso sobrepasados por la nube de oscuridad que es como una nube de langostas que plagan la Tierra, que reducen las actividades de la Hermandad e intentan apagar la luz de la Ley, de la enseñanza y del Cristo.

Yo digo: ¡Hacedla retroceder! ¡Hacedla retroceder! ¡Hacedla retroceder! ¡Y que la Presencia Divina de cada cual aparezca! YO SOY el defensor de los discípulos del Cristo en todo el mundo. YO SOY el defensor de los devotos del Buda, de Confucio. YO SOY el defensor de los santos, del niño-hombre*, de los que están empezando en el Sendero y los que llevan ganando mucho tiempo y aún esperan ver los frutos de la victoria.

¿Sois uno de los que llevan ganando durante tanto tiempo que ahora pensáis que quizá no estáis ganando nada, que quizá habéis perdido una ronda, que habéis perdido un impulso acumulado? Yo digo que los poderosos equipos de conquistadores, que van conquistando y a conquistar, que emiten su impulso acumulado de la voluntad de Dios, quisieran que sepáis que los triunfadores en la vida, los que ganan y apuestan† mucho para ganarlo Todo —para ganar el Todo de Dios y la transmutación de la totalidad del hombre— son los que tienen espirales de victoria de gran amplitud. La trayectoria de la victoria es un patrón muy amplio alrededor del sol.

LA ESPIRAL DE GRAN AMPLITUD ES UNA VICTORIA

Por tanto, debéis daros cuenta de que para seguir esa amplia trayectoria debéis recordar la visión. Debéis recordar que cada paso

---

*niño-hombre: Condición del alma antes de llegar a ser el Hijo Varón.
†*apuestan:* Dicho de una persona: Depositar su confianza o su elección en otra persona o en una idea o iniciativa que entraña cierto riesgo (RAE).

del camino tiene una victoria de la que no se ve la manifestación hasta haber completado toda la espiral.

Otros de menor talla podrán tener victorias diarias y vosotros os preguntaréis: «Fíjate cuántas cosas realizan en la luz, qué logros. Parece que yo nunca gano ni un bocado o un hilo de la luz de la victoria, sino solo luchas, pruebas, tentaciones y tormentos, sigo a paso lento sin ninguna señal de victoria».

¡Sin embargo, yo digo que la espiral de gran amplitud es una victoria cada día! Pero sabed que el fruto de la victoria definitiva llega con la manifestación de la luz suprema del regreso, [cuando habéis completado toda la espiral]. Tanto si estáis en una espiral amplia como en una menor, en una vuelta interior o exterior, tanto si estáis en un planeta como en un electrón alejado del centro o más cercano al sol, recordad esto: haced las obras de Dios cada día y recibid la bendición, «bien hecho», de vuestro Ser Crístico.

Sabed que, por mantener el estándar de perfección, lograréis llegar a la meta de la perfección. Sabed que, por solicitar dirección Divina, también recibiréis la meta de la protección. Sabed, pues, que por tener un estándar y un principio que habéis adoptado, jerarquías y ángeles reforzarán vuestra conciencia y trabajarán con vosotros por una victoria que va incluso más allá de la imaginación de quienes aceptan las victorias menores y siguen adelante. Sabed, pues, que cuando tenéis una matriz grande, debéis recorrer un amplio circuito. Y, por tanto, seguid a los seres de luz; acompañad a nuestras legiones resplandecientes.

Os invito esta noche a que veáis y contempléis ese poder de fuego estelar. Os invito a que vengáis con las legiones de la voluntad de Dios, a que sigáis la llama y la ley de la vara, a que vengáis, veáis y sepáis cómo van las legiones de Mercurio, de Morya; cómo siguen la luz del discurrir de la Madre como avenidas cósmicas encaminándose a través de las esferas, mucho más allá de la comprensión de los oídos mortales; una música, una sinfonía, una jerarquía, un antahkarana. Oh, es la Presencia de fuego estelar de vuestro resplandeciente cuerpo causal.

Al remontar el vuelo vuestra alma, recordad que estáis

atravesando la inmensidad del cuerpo causal de Dios mismo. Recordad, vosotros que mantenéis la visión del Espíritu, que completar la pintura y el mural de la vida, si ha de ser un panorama que abarque a toda la humanidad en la espiral de la ascensión, sin duda exigirá toda vuestra vida, todo vuestro amor y todos los días en los que anheláis ser libres.

Por tanto, vengo con el aliento de la voluntad de Dios y os digo a cada uno de vosotros: ¡Ánimo! Oh, ánimo, queridas almas de Morya. Ánimo.

Los hay que deben ser portadores de la visión. Otros van a la retaguardia y no temen arremangarse, esforzarse y realizar un servicio necesario. Y a veces los de la retaguardia están tan lejos de los que lideran el comando que no se encuentran hasta que se gana la batalla y termina la lucha. Porque muchas almas y muchas corrientes de vida forman parte de las legiones y los cuadros de luz.

NUESTRA META: LA ASCENSIÓN DEL HUEVO CÓSMICO

Nuestra meta y nuestros triunfos son hacia la ascensión del Huevo Cósmico. Ahora bien, si no podéis visualizar el huevo cósmico allá donde estáis en el tiempo y el espacio, entonces digo, ¿cómo podéis visualizar la victoria y la ascensión de ese Huevo Cósmico?[4]

Por consiguiente, dejadles esa visión a los Elohim y bajad a una parte inferior del tiempo y el espacio, tomando solo la cantidad que seáis capaces de dominar. Pero que la magnitud supere el alcance. Que la meta supere la capacidad actual. Que la Gran Hermandad Blanca y el Espíritu de la vida rellenen esa energía mediante un arco iridiscente, la promesa de una meta, de un logro y de una vida más allá.

Vosotros que anheláis la unidad, la paz, el cese de toda la confusión, venid esta noche al núcleo de fuego de mi corazón. Venid a Darjeeling y sentaos al fuego conmigo y hablaremos de los planes de la jerarquía para el gobierno Divino y para la victoria de la luz. Os enseñaré las gráficas, los mapas y las ilustraciones del aumento paulatino, paso a paso, de la luz en el cuerpo planetario y lo que esos pasos, ordenados por el Cristo, lograrán para la humanidad si algunos aquí abajo guardan la llama y se adhieren al flujo de la Madre.

YO SOY vuestro para la victoria de la voluntad de Dios en todos los planos de la conciencia. Y os hablaré como un poderoso acorde en muchos niveles para llegar a las profundidades y las alturas de conciencia. ¿Sabéis que le daréis la bienvenida a mi flujo de luz en algunos planos de vuestra percepción, pero en otros planos habrá una resistencia?

¿Entendéis cómo el logro tiene dentro de vosotros varios niveles? La escalera de la jerarquía y de la iniciación está contenida toda ella en vosotros, tal como partes de vuestra conciencia tienen logro y partes aún deben alinearse.

Así, que el aspecto más elevado del yo sea un rayo de esperanza, luz y dirección para todos los aspectos inferiores de modo que las energías que discurren en espiral ahora a través de vuestro mundo converjan en el cruce en trébol que es la llama trina de vuestro corazón.

¡YO SOY, como Arriba, así abajo, Morya del primer rayo de la voluntad de Dios!

¡YO SOY victorioso! YO SOY *invictus* en la llama.[5] ¡Y defiendo esa voluntad en todos los que defiendan esa voluntad!

La paz sea con vosotros.

2 de julio de 1974
Spokane (Washington)
Elizabeth Clare Prophet

CAPÍTULO 15

Vemos esperanza porque vemos la alquimia de Dios,
la elevación y la caída de las energías en la Tierra
al reclamar Dios a los suyos, Su luz,
al exigir Dios una expiación,
al estar Dios en medio de su pueblo.

CAPÍTULO 15

EL RESORTE DE LA VOLUNTAD DE DIOS

¡Salve, hijos e hijas de la luz!

Vengo de Darjeeling. Vengo con un mensaje de esperanza, enviado por Saint Germain, nuestro noble rey, y por todos cuyas voces han sonado hoy alrededor de la mesa de consejo[1] con la meditación sobre un cubo de la voluntad de Dios de un azul ígneo, grande e intenso. Y ese cubo de la voluntad de Dios nos lo emite el Gran Cuerpo Causal del Gran Director Divino, en respuesta a vuestro llamado, que habéis pronunciado para el plan divino de la década, las naciones, los siglos.

Estimados y nobles caballeros y damas de la llama, tomad asiento.

Os damos la bienvenida entre nosotros, al interior del gran círculo de nuestra relación gurú-chela, que abarca todo un cosmos y es una luz que, para nosotros, es digna de guardarse. Y si es digna de guardarse en el cielo, entonces es digna de guardarse en la tierra. Y con esa finalidad hemos establecido nuestra meta, hemos establecido nuestro objetivo. Y con ese propósito venimos.

Porque sin el plan, si la preparación, en el momento del gran desafío de la victoria, ¿dónde está la luz? ¿Dónde está la solución a la revolución humana y la vanidad de la rebelión? Bien, esta siempre está en la luz, la luz que es una luz activa, la luz que es una luz activa, la luz que es la luz de una Omega, *una* Omega* en vosotros.

EL JUICIO A LOS MUERTOS

Hoy he enviado mi Palabra a través de la Mensajera, y ahora vengo a emitir un rayo de luz y de sabiduría. Se trata de la esperanza que es el mensaje de nuestro consejo. Pues vemos esperanza porque vemos la alquimia de Dios: la elevación y la caída de las energías en la Tierra al reclamar Dios a los suyos, Su luz, al exigir Dios una expiación, al estar Dios en medio de su pueblo. Porque la hora del juicio a los muertos ha llegado. Está profetizada como el cumplimiento del ministerio de los dos testigos.[2]

¿Qué es el juicio a los muertos? Es el juicio a los que están vivos y no han aceptado la vivificación del Señor Cristo entre ellos durante eones de tiempo. Y, por tanto, a los muertos los conocemos. No tienen ni la llama de la alegría ni las campanas de la alegría de nuestra esperanza.

El Señor Dios camina por la Tierra, al poder entrar los Veinticuatro Ancianos en esta esfera planetaria porque la relación gurú-chela está intacta. Y por ello existe una escalera que se extiende desde la Estrella Divina Sirio hasta la Tierra; y los ángeles de Dios en esta hora son los Veinticuatro Ancianos que suben y bajan, guardando la fuerza vital de Alfa y Omega.

Y, por tanto, el juicio se convierte solo en una gran esfera de luz, una esfera de luz que se pone sobre cada persona cuya hora haya llegado. Y, por tanto, el juicio es en última instancia la libre elección del individuo. Porque debido a la aceleración de la muerte, debido a la aceleración del velo de energía, debido a la aceleración del odio a la luz del Cristo y a la Mensajera del Cristo, que está en medio de la Tierra, consiguientemente esa esfera de luz que es bajada sobre la persona se convierte en un catalizador para el regreso de esa energía. Y esa misma energía es lo que finalmente juzgará a los muertos andantes.

---

*En el original inglés y según su fonética, es posible que el maestro quisiera el término *A-Omega,* en vez de *a Omega,* 'una Omega', que significa de Alfa a Omega.

Comprended, pues, la magnificencia de la ley de Dios. Comprended que la energía misma, así como la elección de utilizar esa energía en Dios o en la oscuridad, se convierte en la base de la estancia de la persona en la Tierra o, para el caso, en cualquier mundo o cualquier evolución.

LA RESTAURACIÓN DE LA INMINENTE LUZ INTERIOR

Vengo con la luz de la voluntad de Dios para impartiros esa luz. Y digo: no estudiemos a los muertos, la muerte o el morir, mas meditemos en la vida y en la gran ascensión y en el proceso de la ascensión, el ritual con el que se rectifica la luz y se consume la oscuridad.

Meditemos en el caminar interior con Dios. Meditemos en ese trabajo al que estamos llamados. Reunámonos y meditemos en la puerta abierta que aún ahora es como el sol asomándose entre las nubes y brillando sobre el lugar en el que el recién nacido Niño Cristo aparece como el adorno no solo del Hijo de Dios, sino de todo Hijo de Dios y todo niño de Dios que elija ser ese Hijo. El gran milagro de esa venida, el gran milagro, es este gran don de Dios para todos los que forman parte de él. Es la restauración de la inminente luz interior.

Por eso venimos. Venimos con nuestras deliberaciones, nuestras carteras, nuestros archivos de investigaciones. Venimos con el informe de nuestra comunión con los Señores del Karma y los Veinticuatro Ancianos. Medimos, como con una vara de medir en el templo.[3] Venimos para medir el templo donde habitan los niños de Dios. Venimos para medir las medidas de luz y oscuridad, un denario por una medida de trigo o maíz o cebada,[4] el valor de un denario en luz. Así, medida a medida, la luz que se ha convertido en fóhat, el Imán del Gran Sol Central en vosotros, atrae hacia vuestra corriente de vida la valiosa energía de la voluntad de Dios.

PONED A TRABAJAR VUESTRA MENTE Y VUESTRO CORAZÓN EN LA PALABRA HABLADA

La voluntad de Dios es la voluntad de hacer y de ser amor en acción. La voluntad de Dios es la energía gracias a la cual conseguís logros. La voluntad de Dios es una luz que desciende y se avecina para entrar en vuestro templo. Voluntad de determinación Divina.

Aquello que queráis hoy, eso seréis. Y, por tanto, no utilicéis las sesiones de decretos dinámicos para retirar vuestra voluntad, sino para aumentar esa voluntad; no para cancelar el Logos como la razón pura, la persona de Cristo en vosotros, sino para entrar más en una participación consciente en la mente del Todopoderoso que penetra en todo el cosmos.

Comprendéis que los hay que han usado los decretos dinámicos como una forma de escape, escape para no pensar, no sentir, sospechando que la recitación de palabras será la salvación. No es la recitación de palabras, sino la recitación de la Palabra. Y la aplicación de esa Palabra y los decretos dinámicos son la mayor ayuda jamás conocida para esa función.

Comprended, pues, que se puede abusar incluso de la ciencia del Dios vivo. Y cuando dejáis que entre en vuestro templo el funcionamiento mecánico de esa ciencia, entonces os ponéis fuera del círculo de la Palabra, a lo que os he invitado a estar presentes hoy.

Procurad, pues, poner a trabajar vuestra mente y vuestro corazón en la Palabra hablada. Solo así os permitirán las palabras de los decretos dinámicos salir victoriosos del templo como la Palabra encarnada.

EL SER INCORRUPTIBLE ES EL REMEDIO

Comprended que la religión ha sido un escape para las personas que han huido de Dios durante muchos siglos. Han querido escapar del karma que les regresaba buscando refugio en los claustros de la Iglesia. Comprended que quienes desean ocultar su oscuridad bajo el manto de un hermano o una hermana de luz, ellos, pues, se convierten en oportunistas en medio de la Iglesia. Y, por tanto, el escapismo, que es fiel a la naturaleza de ellos como la cizaña entre el trigo,[5] se ha convertido en una etiqueta que otros caídos han puesto a todo el movimiento del Espíritu de Dios en las iglesias.

Amados, la Iglesia no es corrupta. La Iglesia nunca puede ser corrupta, porque es la Novia de Cristo. Es gente dentro de la Iglesia quien es corrupta. Es la cizaña entre el trigo. Esta es la verdad. El gobierno de Dios no es corrupto. Son las personas que no han sido buenos mayordomos y supervisores dentro del gobierno de Dios en la Tierra quienes son corruptos. Y cuando meditéis en esta evidente verdad, os regocijaréis y os sentiréis agradecidos por la voluntad de Dios, igual que yo, porque entonces veréis que la situación tiene remedio. Estados Unidos no es corrupto. Gente dentro de los Estados Unidos es corrupta. Por tanto, la situación tiene remedio.

Por consiguiente, existe un remedio; y el remedio para la corrupción es el Ser Incorruptible; no las fuerzas de la corrupción y anticorrupción, no el mal y el antimal, no un tira y afloja, este lado y aquel lado y de repente se sueltan y todos se caen. No, es el Ser Incorruptible; no una fuerza que se opone al mal, sino una fuerza de luz que asimila la energía del mal y vuelve a polarizar esa luz y esa energía. El Ser Incorruptible, que es el Señor y el Cristo vivo en vosotros, es por tanto un gran sol central.

La naturaleza de la incorruptibilidad es esta: cualquier agente químico, cualquier sustancia, cualquier elemento puede ponerse en ella, añadirse a ella, pero ella permanece como el Ser Incorruptible. Y, por tanto, el Ser Incorruptible, siendo la frecuencia más alta en el cuerpo planetario, se convierte en una llama involutiva, la cual absorbe en sí misma todo lo que no es como ella, transmutando esa sustancia y convirtiéndose más y más en el Ser Incorruptible.

Esta es una lección de geometría cósmica. Meditar en la geometría es sentir la belleza de Dios que entra en el alma, alimenta el alma, anima e ilumina. ¿Y produce alegría? Sí, produce alegría, la alegría suprema de la victoria final, de la reunión final.

Si Dios está en vosotros, ¿quién puede está fuera? Si Dios está dentro de vosotros, entonces estáis en la totalidad de él mismo en este momento. Dios es Dios Todopoderoso fuera del universo y dentro del universo. Y la Gran Hermandad Blanca nunca ha enseñado la doctrina sobre la naturaleza del YO SOY EL QUE YO SOY interior excluyendo a la persona y el principio todopoderosos de Dios, el Dios único, el único Dios verdadero, que habita en su lugar santo.

Y, por tanto, que no busquen los caídos refutar a nuestra profeta. Porque la profecía no es de ella, sino que ha sonado a lo largo de los siglos a través de todas las trompas pulidas, a través de todo aquel que pertenece a esa alborada de la emisión de la mente del Buda y del Cristo. Qué locura suponer que cualquier mensajero sea el originador del mensaje. Y así, qué locura, qué lisonja atribuir a un individuo aquello que ha formado parte del ser universal de Dios, el Creador de quien ha surgido toda la creación.

LIBERAD EL RESORTE DE LA VOLUNTAD DE DIOS

El surgir de la creación es el lanzamiento de un resorte. Ahora, meditad en el resorte de la voluntad de Dios en vuestro corazón. Vosotros que os lamentáis por no estar siempre en el punto de plenitud de esa voluntad, comprended que hay una palanca en el resorte y que esa palanca la libera vuestro Ser Crístico cuando vuestra alma se une a ese Ser Crístico y los dos se convierten en una unión indisoluble. Comprended, pues, que las espirales y más espirales de la voluntad de Dios en vosotros están preparadas para el surgir de vuestra creación individual, añadida a la creación del Todopoderoso y como parte de ella. Vosotros fuisteis creados para ser cocreadores con él.

Ahora, comprended que algunos mantienen ese resorte cargado, sin entender cómo liberar la palanca para que surja la energía, el plan divino, el concepto y su exteriorización. Por tanto, os diría que algunas veces existe un deseo de liberar esa palanca, pero hay muros de hormigón que impiden que eso se produzca, siendo ese hormigón un temor, temor a estar desnudos ante Dios, temor a estar solamente en la luz.

Y, por tanto, hay un trabajo que hacer. Esto es la destrucción de aquellas cosas que habéis erigido en vuestra corriente de vida y que no están construidas sobre la voluntad de Dios. Porque estas cosas son un impedimento, como una atmósfera pesada, y, por tanto, deben eliminarse para que la luz penetre. El aumento progresivo de la voluntad dentro del corazón y la construcción día a día del resorte de energía y la destrucción del abuso de la energía son procesos simultáneos.

Por tanto, no hace falta que esperéis para siempre. Solo debéis de entender que en medio de los escombros que podéis tener bajo vuestros pies, los escombros de una vida que no se ha construido sobre la Roca de Cristo, podéis, en medio de esa turbulencia y esa confusión, subir al monte, subir al monte de la vida, subir al monte de vuestro Ser Crístico y ahí, en esa unión, en ese momento, en esa hora, liberar un resorte. ¿Y sabéis qué sucederá cuando liberéis ese resorte? Ello significará el colapso de todo lo que se ha establecido como algo contrario a esa voluntad.

Se requiere la ciencia de la Palabra hablada. Se requiere una transferencia de luz y energía. Se requiere un impulso de la Palabra misma. Cuando esa Palabra, cuando ese resorte, cuando todos los chakras están alineados, cuando todo esto tenga lugar en vuestro templo, os encontraréis en pie de igualdad con aquellos que han sido de la luz y que han decidido ser pastores de la luz, los que han liderado naciones, los que han dado ideas a los emporios de las ideas y música al alma de la gente.

Al lado de esos genios de las eras que han manifestado la luz, entenderéis que sois parte integral del genio que ellos han sido y que aún son. Tal como el aliento del Espíritu Santo que respiráis ha sido respirado por todos los avatares, el mismo aliento de fuego sagrado, las mismas moléculas espirituales que vivificaron las células del cuerpo de Jesucristo vivifican ahora las células de vuestro cuerpo.

Meditad en un engrama de luz. Meditad en el resorte cargado. Y haced que el resorte de vuestro corazón sea la esencia no cualificada del diamante de la voluntad de Morya y la devoción de Morya a la voluntad de Dios. Haced que el resorte no sea un resorte de rebelión, a punto de saltar, abalanzarse y destruir la vida y rebelarse y provocar la revolución y la destrucción de la civilización. Y allá donde los resortes yazcan a la espera, que el resorte de la vida sea mayor en el chela por ser el resorte de la voluntad de Dios.

¡Que sean desenmascarados, digo! Que sean desenmascarados, los que han amasado poder para usarlo contra el alma y la luz de los niños de Dios en la Tierra. Que sean desenmascarados, porque ellos son los rostros más extraños en los lugares más extraños. Que les arranquen las máscaras. Este es mi decreto esta mañana. ¡Que sean desenmascarados!

¡Y que el resorte de la voluntad de Dios liberado desde cada corazón sagrado de cada Maestro Ascendido de la Gran Hermandad Blanca, que el resorte de la voluntad de Dios liberado desde cada chakra del corazón de cada chela de los Maestros Ascendidos de la Gran Hermandad Blanca sea liberado ahora, que sea liberado ahora en el nombre de Saint Germain, que sea liberado ahora!

¡Que sean libres los niños de la luz! ¡Que se consiga la victoria! Que el hijo de la victoria quede patente como el fiel y verdadero en medio de vosotros.

YO SOY El Morya. ¡YO SOY aquel de lealtad inquebrantable!*

21 de enero de 1979
Cámelot
Los Ángeles County (California)
ECP

---

lealtad inquebrantable: texto original, *I AM true blue,* expresión inglesa para alguien de lealtad inquebrantable hacia alguien o hacia una causa; literalmente significa 'azul verdadero'. (N. del T.)

CAPÍTULO 16

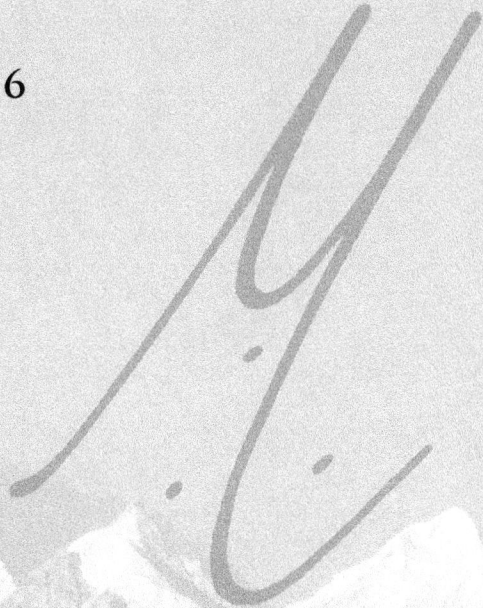

¡Eliminad la preocupación por vosotros mismos y lanzaos al mismísimo centro de la voluntad de Dios! Permitíos acelerar. ¡Permitíos entrar en contacto con la mente de Dios!

EL INICIADOR DE LA VOLUNTAD DE DIOS VIENE A INICIAR A LOS CHELAS QUE COLABORAN CONSCIENTEMENTE CON LA VOLUNTAD DE DIOS

La práctica hace al maestro

*P*ero muchos primeros serán postreros, y postreros, primeros.[1]

¿Qué diré cuando venga a iniciar en la santa voluntad de Dios a los empleados del Señor y algunos estén preparados y otros no?

«Cómo los vamos a preparar, oh, Señor?», me exclama la Mensajera.

Por consiguiente, ¡YO SOY quien ha venido, iniciador de la voluntad de Dios en vosotros, para que podáis iniciar una colaboración consciente con el Señor Maitreya para la salvación de vuestra alma! Colaboradores conscientes de la santa voluntad de Dios, esta es la clase de chelas con quienes trabajamos y con quienes está complacido el Señor Sanat Kumara.

¿Cómo podemos elevar a alguien a la excelencia del corazón a menos que primero uno se eleve a sí mismo al buscar nuestra ofrenda, página tras página de las *Perlas de Sabiduría,* escritas no solo para distribución semanal, sino escritas como Escritura Santa en el mismísimo fuego del corazón?

Benditos, la elevación de una persona mediante una programación, mediante un medio automatizado para infundir en una persona el potencial de otra,[2] no es lícito. Porque hacerlo significa simplemente crear un autómata de la voluntad de Dios, quizá un complemento eléctrico, muy parecido a la máquina que ofrece la libertad del trabajo pesado. Pero nosotros del Consejo de Darjeeling no estamos interesados en tener complementos mecanizados así a nuestro servicio, porque no nos concebimos a nosotros mismos como estando involucrados en el trabajo pesado y, por consiguiente, necesitados de una libertad del trabajo pesado a través de la creación de chelas sintéticos.

¡Entendedme bien! Tenemos a nuestra disposición toda la ciencia del universo de la Materia para hacerlo mediante medios espirituales o químicos. Tenemos un profundo conocimiento sobre la ciencia del cuerpo, el cerebro, el sistema nervioso central y los chakras que abarcan las dimensiones de la vida. Estamos bien familiarizados con las técnicas de alteración de los genetistas. Estamos bien familiarizados con la utilización de agente químicos para lograr grandiosos resultados. Pero, benditos, nuestro camino es el camino de los medios, los medios que solo justificarán el fin y solo serán justificados por el fin, la ascensión en la luz, y el fin que en sí mismo debe encontrar el ejercicio consciente del libre albedrío y la justicia Divina como único estándar aceptable como medio para la consecución.

Por tanto, ¿qué diré cuando encontremos a algunos que están preparados y a otros que no lo están para el aumento de la voluntad de Dios; algunos que han aplicado con toda diligencia la eliminación diaria en la conciencia de todo lo que es distinto a la Palabra viva interior, algunos que se han permitido hacerse extremadamente sensibles y bañarse en la llama violeta, que son feroces guerreros y denuncian a los caídos, [al lado de] otros que se han permitido ser autocomplacientes y mecánicos, como robots, en su búsqueda de la Palabra?

EL ESFUERZO POR UN
PROPÓSITO SANTO

Es fácil programarse a uno mismo a control remoto, salir del templo mientras el cuerpo repite las oraciones santas, que ya no son santas porque no están dotadas del fervor de la santidad. Benditos corazones, no os canséis de realizar esfuerzos. No os canséis de entrar en los sótanos y debajo de los sótanos de la vida y asumir la responsabilidad de vuestro karma que sale a la luz del pasado cercano y remoto.

Cuando amáis, y ruego que temáis no amaros a vosotros mismos, cuando realmente amáis como Dios ama, no es un amor de autocomplacencia. Es un amor de total compasión mediante el cual reconocéis la disponibilidad, la accesibilidad de los rayos de Dios que os dan la capacidad de entrar más y más en la conciencia de vuestra Presencia YO SOY. ¡Ello requiere ese esfuerzo por un propósito santo! Ello exige intensidad y -guardar la vigilia.

Por tanto, llegamos a una encrucijada en comunidad donde algunos que llevan aquí mucho tiempo dan por sentado que su manifestación es aceptable para el Señor. Sin embargo, incluso Jesucristo, en su última encarnación, se esforzó a diario para determinar que esa ofrenda diaria fuera renovada por el Espíritu Santo, por su corazón, y fuera aceptable ante los ojos del Señor Dios. Él nunca dio por sentado de un día para otro que la medida de luz que exteriorizó fuera aceptada de manera automática simplemente por haber sido llamado a su misión o por ser quien era.

La automatización es un modo de vida en la Tierra. La acentúan rayos y vibraciones creadas de manera sintética, muchas de ellas dirigidas por fuerzas malévolas. Puesto que estáis familiarizados con la conspiración de los Nefilín, estoy seguro de que a vuestra mente le costará poco descubrir que ellos también han descubierto formas de contener el estallido de creatividad en la mente de los niños de Dios, simplemente alterando las ondas cerebrales, estableciendo ciertos campos de fuerza magnéticos o utilizando otros ya existentes en el cuerpo planetario e incluso alterando el clima, con la intención calculada de mantener la conciencia dominada y meter cuñas entre la experiencia del alma y su unión con el Cristo interior.

COLABORAD CONSCIENTEMENTE CON LA VOLUNTAD DE DIOS

Supremamente amenazados están en este momento los caídos y, por tanto, no se detienen ante nada para mantener a la población de las naciones de la Tierra bajo control, en la ignorancia y dividida.

Por consiguiente, comprended la vigilancia que es necesaria. Comprended que la batalla es para los fuertes y no para quienes desean complacerse en una actitud mecanizada con respecto al sendero de la ascensión. Os doy un sentido de la medida sobre lo que significa ser un colaborador consciente de la voluntad de Dios, de la voluntad de Maitreya, de todos nosotros que estamos congregados en Darjeeling debido a la preocupación que tenemos por el resultado de [las pruebas para] las almas de luz en la Tierra.

Por tanto, que haya una mayor diligencia; no fragilidad, no una flagelación del yo, sino vivacidad, una conciencia vivificada. ¡Eliminad la preocupación por vosotros mismos y lanzaos al mismísimo centro de la voluntad de Dios! Permitíos acelerar. ¡Permitíos entrar en contacto con la mente de Dios!

Hay un equilibrio muy delicado en este momento entre cada chela y mi llama y yo mismo, entre cada discípulo del Señor y los Maestros Ascendidos y la poderosa Presencia YO SOY de ese discípulo. No nos atrevemos a entrar para empujar o acelerar la conciencia sin una mutualidad de esfuerzo, sin vuestra sensibilidad con respecto a que hay otro peldaño que tenéis preparado. Hay ángeles que esperan, pero vosotros debéis subir la escalera.

Por tanto, aquellos que menos esperaríais que estuvieran a punto para nuestra luz, están bien preparados y quienes han dado por sentada su posición en relación con nuestros grupos, llegan de manos vacías, porque han olvidado el fruto del esfuerzo. No nos reunamos por costumbre o rutina. Acudamos al altar con regocijo como si fuera la primera vez. ¡Acudamos esperando milagros y la comprensión de que el cielo y la tierra están unidos!

Cuando más comprendéis al hombre caído y a la mujer caída, más comprendéis que la luz de la Realidad en vosotros nunca ha caído y que sois extraños aquí, en una tierra polvorienta con el polvo de los tiempos sobre vuestras vestiduras. Es hora de que sigamos adelante. Es hora de que abramos los ojos al evaluar las circunstancias del mundo. Es hora de que pongamos un énfasis máximo en nuestro *avatara,* como el descenso de Dios a nuestro templo mediante el ejercicio día a día de la elección consciente de libre albedrío: ser o no ser Dios encarnado.

Podéis llegar a ser la Palabra encarnada, pero no autodevaluándoos ni autoelevándoos, sino por el surgimiento del alma que se unirá a la realidad Divina. Para uniros a vuestra conciencia Divina, vuestra vida y vuestra capacidad deben encontrarse en ese nivel de vibración gracias al cual vuestras frecuencias y las frecuencias de Dios pueden encontrarse y ser como una sola.

LA VOLUNTAD DE DIOS SE CONOCE MEDIANTE SABIDURÍA Y MEDIANTE AMOR

Por tanto, yo vengo siempre y siempre lo hago al nivel individual. Vengo con un rayo de mi corazón que ahora envío a cada chela de El Morya. Mi corazón diamantino multiplicado por el corazón diamantino de la Virgen María toca vuestro corazón, y si vuestro corazón se encuentra a punto, así sea. Los devas atienden y se añade un incremento de fuego al penacho de vuestra llama trina simultáneamente, que empuja a que la sabiduría y el amor se eleven en perfecto equilibrio hacia esa voluntad. ¡Porque la voluntad de Dios es buena! Y la voluntad de Dios se conoce por sabiduría y por amor.

Por consiguiente, todos los que están preparados son acelerados y todos los que no lo están deben prepararse para cuando venga otra vez. Diligencia en el discipulado: las recompensas son múltiples, múltiple experiencia con la Palabra viva.

¿Hay algo que quisierais dar a cambio (o más bien tener en vez) del sentimiento de nuestra Presencia en vuestro corazón, el sentimiento de Dios como un fuego de amor que estalla y os llena con una alegría de lo más magnífica?

Puesto que vuestro corazón está listo para los envíos de Sirio, esto también exige diligencia en el camino del Amor perfecto. Pero cuando venimos a llamar a la puerta y el Gurú de vuestro corazón entra, ¿no es esta la experiencia suprema de la vida? Os pregunto, queridos corazones. [«¡Sí!»]

Qué fácil es olvidar y pensar que las actividades, entretenimientos o placeres e intereses exteriores puedan compararse de algún modo o incluso equipararse [con el recibir y el ser recibidos por el Gurú de vuestro corazón].

¡Qué fácil es llegar al punto en el que, con el fin de alcanzar un equilibrio, como dicen, todas esas cosas externas deban ser consideradas de igual forma que la búsqueda de Dios!

Sin embargo, los santos siempre han sabido que esto no es así. Los mundanos no os dirán que abandonéis el sendero de la religión, sino que solo lo pongáis en el lugar que le corresponde. ¿Qué lugar corresponde según su estándar y según el nuestro?

LOGRAR MÁS MAESTRÍA SOBRE VOSOTROS MISMOS

La religión que ata el alma a Dios[3] es la suprema razón de ser para quienes se han cansado de un mundo de maya y reconocen que toda experiencia no sirve para otra cosa que la maestría del alma. Porque lo único que vuestra alma puede guardar y llevar consigo cuando marchéis a otras octavas es la maestría sobre vosotros mismos, cosechada a partir de las experiencias de la vida. No podéis ni siquiera llevaros la experiencia, mucho menos la plata y el oro o las posesiones de la vida. Breves recuerdos; pero la esencia, la esencia del fruto de la vida, es la maestría sobre vosotros mismos.

Sopesad, pues, las actividades de vuestra vida. ¿Estáis logrando más maestría sobre vosotros mismos interior y exteriormente tanto física, mental como espiritualmente puesto que la buscáis día tras día? ¿Y es el aumento de vuestra maestría en nombre de la gracia de Dios y por su gracia, lo que ofrecéis como un don sobre el altar?

Prioridades en la búsqueda de la vida. Y la ganancia es el cuerpo solar imperecedero. Es un cuerpo de fuego blanco. Es un vehículo de conciencia. Supera a toda la mecanización y el descubrimiento científico avanzado; pero esto último también pueden llegar a ser, y en algunos debe llegar a ser, el instrumento para la santidad e incluso para el sendero de la maestría sobre uno mismo.

Que todos escuchen los dictados del corazón, porque el corazón os informará de cuándo hay peligro. El corazón os informará de vibraciones perturbadoras cuya fuente pueden ser las vibraciones mecanizadas de rayos alternativos procedentes tanto de este cuerpo planetario como de más allá. El corazón os dirá cuándo necesitáis más luz, cuándo necesitáis aumentar con un fíat determinado esa porción que tenéis a vuestras órdenes. El aura debe ser cargada y supercargada para que el alma pueda verse libre de la interferencia psíquica, [psicotrónica] y psicodélica.

Benditos corazones de luz, esta [luz que necesitáis al instante] a menudo puede llegaros con más rapidez e intensidad con fíats intensísimos a mi corazón, más que con largas horas de repetición. Sin embargo, cuando la repetición es necesaria y se realiza con todo el fuego del corazón, vuestro llamado resulta en un manto de protección para toda la comunidad de portadores de luz de todo el mundo.

¡Escuchad bien, pues, porque YO SOY El Morya del Primer Rayo! Prefiero no revelaros todo lo que sé en este momento, todo lo que sé sobre lo que se está manifestando y lo que está llegando a la manifestación en la Tierra. Pero quiero venir a animaros, a advertiros, a inspiraros, a aseguraros y a tranquilizaros con respecto a que vuestro sendero con los Maestros Ascendidos está asegurado solo cuando hacéis que así sea día a día.

Y esta es la ilusión que os ponen encima: que no importa y que, de algún modo, por la conciencia colectiva del grupo, vosotros también seréis arrebatados en la magnífica reunión con el Cristo vivo.

Benditos corazones, solo porque estéis en el mismo lugar físicamente o en la misma clase o en el mismo curso o año de servicio, eso no os asegura estar en el mismo punto de logro. Entre los que estáis reunidos aquí existe una diversidad de aceleración de luz* tal, que os asombraría ver la gama desde el menor hasta el mayor,

---

*de la conciencia Crística y de la percepción de uno mismo como el Santo Ser Crístico.

pero todos son devotos (o suponen que son) de la Gran Hermandad Blanca y de su poderosa Presencia YO SOY.

Por tanto, ¡que haya individualidad y esfuerzo individual! Que no haya comodidad en la dicha y en la santidad de los santos que rezan sin cesar, más bien que todos evalúen su impulso acumulado de subir por la cuerda hasta las vibraciones más elevadas de la poderosa Presencia YO SOY.

Porque todos deben estar solos en el momento de la ascensión. Todos deben estar unidos a la poderosa Presencia YO SOY. Y, amados míos, esto requiere práctica. Esto requiere un ejercicio diario. Esto requiere práctica.

1 de marzo de 1981
Cámelot
Los Ángeles (California)
ECP

CAPÍTULO 17

El compromiso es una corriente de luz que discurre
del Gurú al chela, del chela al Gurú.
Y el compromiso por parte del Gurú
es mucho mayor que el que se le exige al chela.

LA MENTE GÉMINIS PARA GOBERNAR LA SOCIEDAD Y AL YO

Amigos eternos del corazón, os doy la bienvenida al corazón diamantino de mi amor por Él. Os doy la bienvenida a la voluntad de Dios como nunca habéis conocido esa voluntad. Digo esto inequívocamente. Porque os llamo, hijos e hijas de luz, a una nueva iniciación en la voluntad de Dios que es esencial si habéis de exteriorizar esa luz para la salvación de la era.

La voluntad de Dios es poder, pero no hasta que hayáis sometido vuestra voluntad a ella. Y así, ante la ausencia de compromiso hay una latencia del poder de Dios. Y, por tanto, los que no tienen compromiso con nuestra causa no tienen la capacidad de evaluar los beneficios que conlleva el formar parte de esa causa.

El compromiso es una corriente de luz que discurre del Gurú al chela, del chela al Gurú. Y el compromiso por parte del Gurú es mucho mayor que el que se le exige al chela.

Vengo otra vez, cosechando almas para Saint Germain. ¡Mi amor por él y por su llama en vosotros es lo que me empuja a nuevas alturas cada vez mayores de devoción a la voluntad de Dios!

EL COMPROMISO CON LA VOLUNTAD DE DIOS AUMENTA EL PODER

¿Habéis considerado alguna vez, amados, que incluso un ser ascendido puede descubrir a diario nuevos niveles de trascendencia con respecto a la voluntad de Dios, nuevas percepciones del diseño original del cosmos y cómo las energías propias pueden alinearse con ese diseño original? Y así, puesto que sé que ese compromiso con la voluntad de Dios aumenta el poder, os traigo esta ecuación: Al aumentar el poder en mí por la acción del amor, tengo tanto más poder que daros y utilizar para vuestras iniciaciones en el camino.

Pensad ahora en vuestra devoción por Saint Germain y vuestra dedicación a la causa. ¿Cuál es el elemento en particular que le falta a vuestra capacidad de cambiar las condiciones del mundo? ¿No es poder? ¿No es poder, amados? ¿Y no es poder lo que buscan los caídos y lo que han amasado? Un antipoder, por decirlo así, que han guardado en sus almacenes con lo cual manipulan a los niños de Dios.

Por tanto, la tiranía absoluta de los caídos ha engendrado un poder absoluto que es una esfera negra, la falsificación de la esfera del Gran Cuerpo Causal Azul del universo. Ese Gran Cuerpo Causal Azul contiene el diseño original interior de todas las corrientes de vida, ¡y el impulso acumulado de poder con el que llevar a cabo ese diseño! Si yo fuera el genio de la lámpara y vosotros pudierais frotarla en este momento, ¿no pediríais primero vuestro diseño original y después el poder de implementarlo? Este, en efecto, sería un deseo inteligente, siempre que estuviera templado con sabiduría y amor.

Cuando examinamos la ecuación de Cámelot, nuestra comunidad de portadores de luz, y al considerar a todas las almas de la Tierra que se atraerán a esta matriz de amor intenso, miramos la ecuación de poder. Y nos interesa que los niños de Dios comprendan que hay que pagar un precio para obtener poder.

Por tanto, si por encima de todos los deseos deseáis liberar a vuestros hermanos y vuestras hermanas del Sendero, llegaréis al punto en el que estaréis dispuestos a pagar el precio para obtener el don del poder para implementar el plan. Ese precio es vuestra dulce entrega a vuestro voto sagrado.

Fijaos en la dulzura de la entrega. Dios no está interesado en una entrega a medias o amarga. Debe ser una entrega alegre, una participación total del ser de Dios, mientras que con anterioridad participasteis solo de vuestro ser egoísta. Poneros calzado nuevo es la manera de entregarse, estar dispuestos a sentiros un poco incómodos hasta que el calzado os quede bien, hasta forme parte de vosotros; y os dais cuenta de que, en realidad, al entregaros, habéis llegado a ser lo que siempre fuisteis.

LA MENTE GÉMINIS

No hay mucho espacio entre vuestra condición actual y la condición de conciencia que yo llamaría la mente Géminis, esa condición de conciencia gracias a la cual tenéis una suficiencia de poder igual a la Revolución Venidera en Conciencia Superior.[1]

¿Qué es la mente Géminis? Es la mente del Dios Mercurio que descansa serena y equilibrada sobre las alas de la poderosa Águila Azul de Sirio. La acción doble de las alas son las corrientes de Alfa y Omega, también representadas por el brazo derecho e izquierdo de la cruz de Malta, las lenguas hendidas de fuego del Espíritu Santo. La mente Géminis es la mente que descansa equilibrada en el punto del Cristo, entre la corriente de Alfa en la coronilla y la de Omega en la base, líneas paralelas de conciencia.

La totalidad de la línea de Géminis se alcanza cuando el alma se pone el calzado nuevo del Ser Crístico. Cuando los que aparentan ser dos se convierten en uno, cuando Alfa y Omega son la totalidad, entonces vivís, os movéis y tenéis el ser en esa mente que había en Cristo Jesús, que es de hecho la mente de Dios. La mente Géminis es inaccesible para quienes se resisten a la reunión del alma con el Yo Real. Quienes se resisten a esa reunión deben morar para siempre en la senda de la mente inferior. Esa senda, que representa solo la mitad de la polaridad, no posee el potencial para lograr la plenitud. Y, por tanto, nunca podrá alcanzar la inmensidad de la mente de Dios y ni siquiera comprender la totalidad del plan de la vida.

Cada Maestro Ascendido enseña a sus chelas el valor de la mente Géminis para enseñorearse en los planos de la tierra, para el gobierno del yo, para la resolución de todas las divisiones dentro de la personalidad; y, escuchad bien, para retroceder al centro de los cuatro cuerpos inferiores que se han dividido con las tácticas divisorias de los caídos.

Algunos de vosotros deseáis ser candidatos a la escuela de Morya y candidatos al servicio de Morya, pero en este momento debéis adquirir las aptitudes necesarias. Las aptitudes requieren que vuestros cuatro cuerpos inferiores estén alineados hasta un punto razonable con el cubo cósmico.

Cuando los cuerpos han sido separados con medios violentos o agresivos, como las fuerzas presentes en el país —el mal uso del ritmo, el abuso de sustancias introducidas en el cuerpo como alimentos, drogas o estimulantes, el abuso de las corrientes de la mente y las emociones, y tantos problemas, como la división de la mente de los niños a través de los medios de comunicación, a través de la televisión—, no podemos bajar el rayo de la voluntad de Dios al crisol del yo. Porque entonces los cuatro cuerpos inferiores no representan un cáliz satisfactorio para contener la energía en estado inactivo en el nexo de la creación.

Que los cuatro lados de la pirámide se alineen. ¡Lo ordeno! ¡Lo exijo! ¡Invoco las energías del Gran Sol Central! Expulso las fuerzas de los caídos. ¡Las ato en el nombre del Cristo, en el nombre del YO SOY EL QUE YO SOY!

Yo, Morya, estoy ante vosotros. Y llamo de entre vosotros a los desencarnados y caídos que incluso ahora están impidiendo que absorbáis esta entrega de energía intensa. Atadlos, digo a mis legiones de luz. Por la autoridad de vuestro libre albedrío, ahora estas legiones actúan para eliminar cualquier impedimento a que se una el gran cubo de vuestro campo energético. Por tanto, restablezcamos el potencial de la mente Géminis, como Arriba, así abajo.

El Dios Mercurio es mi patrocinador, y os patrocinará a vosotros. Las oleadas de vida de hijos e hijas de Dios que han evolucionado en Mercurio, que han servido con Sanat Kumara y que ahora habitan en la Tierra, provienen de una evolución que conocimos hace mucho tiempo. En este cuerpo planetario, el problema de la luz y la oscuridad estaba presente. Aquí, donde la mente Géminis es la mente de Dios para la acción en concentración, la perversión de la luz se dio en la creación mecánica de un robot a imitación de la mente Géminis. ¡Una farsa total contra el Todopoderoso! Y, sin embargo, los caídos llevaron a cabo su complot, ¡y durante algún tiempo pareció que saldrían victoriosos!

EL DESAFÍO EN MERCURIO

Los caídos, pues, crearon una manifestación robótica con una capacidad superficial de manejar información mundana, pero carente de la profundidad de las puntas de amor-—sabiduría que surgen de la llama trina. Por tanto, este robot aparentemente práctico, pero espiritualmente nada práctico, empezó a hacerse con esa civilización. El desafío para los hijos y las hijas de Dios fue utilizar la mente Géminis para impugnar, refutar, denunciar, atar y alejar de Mercurio esas manifestaciones, una usurpación absoluta a la creación del Todopoderoso.

Al ver el desafío y al haber sido enseñados por el Dios Mercurio, supimos que la inquebrantable devoción a la voluntad de Dios, la interiorización de la energía al punto diamantino del Yo, el esgrimir la espada de llama azul y la maestría de la acción de claves foháticas daría como resultado la victoria.

Las claves foháticas, benditos, son fórmulas moleculares utilizadas para una emisión en particular de las energías de los chakras. Estas energías, cuando están codificadas en ciertas manifestaciones, pueden llevar a cabo en el plano de la Materia cualquier forma de manifestación, cualquier intensidad de los siete rayos para una acción o desafío específico.

Os daréis cuenta de que los magos negros han pervertido estas claves y han compuesto música con sus claves pervertidas, han tocado ese ritmo y esa música y con ello han provocado un drenaje de cantidades enormes de energía en los niños de Dios. Esto lo habéis visto y oído[2] y, por tanto, entendéis de lo que hablo.

Ahora pues, fue a partir de nuestro deseo de liberar a las almas que estaban evolucionando en Mercurio (que no tenían ninguna posibilidad contra la creación robótica) que nos desarrollamos como adeptos en la voluntad de Dios. Absolutas perversiones del poder absoluto requieren una neutralización con la intensidad de las energías del Imán del Gran Sol Central. Recordaréis que la victoria de Jesucristo le dio ese poder del cielo y la tierra,[3] los recursos para derrotar al enemigo a su disposición.

Dios nos dio, cuando librábamos la batalla de los mundos en Mercurio, esa energía, ese poder, solo porque estuvimos dispuestos a equilibrar la llama trina, a buscar la sabiduría y el poder de la sabiduría, a intensificar un amor enorme en todas las células y en la llama de cada célula de modo que nuestras auras se saturaron tanto de amor, que no había posibilidad para la mala cualificación de un solo ergio del poder de Dios a través de cualquier forma de tiranía.

Amados, vosotros no habéis probado este poder del que hablo durante miles y miles de años. Y, por tanto, no tenéis una comprensión directa de lo que le ocurre a la psique humana cuando está ante la presencia de un poder tal. ¡Ello, cuando no está controlado por amor-sabiduría, se convierte en una fuerza de tiranía absoluta, Mal absoluto, despotismo para con las almas!

Es muy parecido a la locura de la fiebre del oro que transformó a la gente convirtiéndola en avaricia pura, si existiera un producto tal —avaricia intensa es la palabra—, todo debido a la gran energía que contiene el oro de Helios y Vesta, del Gran Sol Central. Corrientes de luz así, cuando entran en contacto con el campo energético humanamente mal cualificado, se cualifican mal de inmediato convirtiéndose más y más en avaricia. Por tanto, la fiebre del oro se extendió por partes del país y creó un karma para las personas que se alinearon de esa manera con los caídos en los años de la fiebre del oro.

Amados, la victoria de Mercurio aún no se ha completado. Gran parte de la victoria se consiguió, pero ciertos hijos de luz y ciertos caídos no alcanzaron la culminación de su evolución. Por consiguiente, se asignaron a otros hogares y sistemas planetarios.

Algunos caídos se alinearon con las evoluciones rezagadas, que más tarde encarnaron en la Tierra. Algunos hijos e hijas de Dios viajaron a Venus y después acompañaron a Sanat Kumara a la Tierra.

ACELERAD EL PODER DE DIOS
A TRAVÉS DE VUESTRA DULCE ENTREGA

Por tanto, hoy en la Tierra vemos la batalla de las fuerzas librada entre esos antiguos lazos: los caídos que crearon el robot mercuriano y los hijos de Dios que los desafiaron a ellos y a su creación. ¡Con tantos tipos de iniciaciones en la Tierra, uno pensaría en la necesidad de ser un dios o una diosa de diez brazos para llevar a cabo las acciones para la luz! ¡De hecho esto es cierto! Y los ángeles devas y los Maestros Ascendidos os proporcionan muchos cuerpos, muchos brazos y muchos chakras a través de los cuales liberan el poder total de Dios, especialmente cuando aceleráis ese poder a través de vuestra dulce entrega.

Fue en aquella experiencia en Mercurio que algunos de vosotros que estáis presentes aquí conmigo esta noche aprendisteis el arte de lidiar con los luciferinos según sus términos bélicos y la guerra de los mundos. Entendiendo la estrategia de los caídos, también fuisteis plenamente conscientes de la estrategia de luz por parte de Dios, que es amor en todas las formas, en todas las manifestaciones, lo cual sencillamente revierte todas las fuerzas e impulsos acumulados, punto y contrapunto, parecido a las artes marciales que se enseñan actualmente y que provienen de Oriente, excepto de una forma mucho más refinada debido al desarrollo de mayores energías en los chakras.

Aquí, por tanto, nos encontramos con una continuación del desafío. Y la victoria aún no es; y la victoria siempre fue, siempre es y siempre será. ¡Es una cuestión de alinear las líneas paralelas de la mente Géminis para que la victoria de arriba se manifieste aquí abajo!

¡Chelas de la voluntad de Dios, os lanzo el desafío en este momento! ¡El desafío es que os hagáis uno, y así seréis elegibles para la bajada del electrodo a través del Elohim Apolo que permitirá que el electrodo anterior ya afianzado[4] lleve a cabo una mayor función con la que podáis entrar en la mente de Dios y, a través del amor y solo el amor, sintonizaros con el poder para la victoria!

He venido a hablaros de algunas de las complejidades de la Ley con respecto a la Revolución Venidera.[5] Todo depende de la dedicación de unos pocos, que algún día en la Tierra llegará a ser la victoria de muchos.

Confío, amados corazones, en que toméis este bocado, lo asimiléis y os convirtáis en ello, de modo que yo pueda volver con la segunda parte de mi conferencia sobre la mente Géminis para vosotros.

¡Os digo *adieu!*

8 de octubre de 1977
Pasadena (California)
ECP

CAPÍTULO 18

Amados, el llamado, la matriz,
el fíat inicia el proceso.
Pero para conservar la respuesta
a vuestro llamado,
debéis convertiros en la respuesta.

EL TRABAJO DEL TEMPLO INTERIOR DE SERAPIS BEY EN LOS CUATRO CUADRANTES, «CARROS», DE LA MATERIA

De nuevo alcé mis ojos y miré, y he aquí cuatro carros que salían de entre dos montes; y aquellos montes eran de bronce.

En el primer carro había caballos alazanes, en el segundo carro caballos negros,

en el tercer carro caballos blancos, y en el cuarto carro caballos overos rucios rodados.

Respondí entonces y dije al ángel que hablaba conmigo: Señor mío, ¿qué es esto?

Y el ángel me respondió y me dijo: Estos son los cuatro vientos de los cielos, que salen después de presentarse delante del Señor de toda la tierra.

El carro con los caballos negros salía hacia la tierra del norte, y los blancos salieron tras ellos, y los overos salieron hacia la tierra del sur.

Y los alazanes salieron y se afanaron por ir a recorrer la tierra. Y dijo: Id, recorred la tierra. Y recorrieron la tierra.

Luego me llamó, y me habló diciendo: Mira, los que sa-
lieron hacia la tierra del norte hicieron reposar mi Espíritu
en la tierra del norte.[1]   Zacarías 6

Amadísimos Guardianes de la Llama, me dirijo a vosotros
en la luz y el poder de nuestro Consejo de Darjeeling, que es del
Señor. Os saludo, vosotros que habéis llegado a ser, en este servicio,[2] la llama del altar de vuestro corazón.

ESTA PALABRA IMPLANTADA

En verdad este es el camino y el sendero del rayo rubí. Caminad
por él. No temáis. Porque esta Palabra implantada,[3] esto, esa llama
trina, os asume en Sí misma cuando respiráis su aliento de fuego
sagrado y conocéis al Señor tu Dios como a vosotros mismos.

Este es el trabajo del templo interior de Serapis Bey. Vosotros
sois receptores de ello; lo habéis recibido, lo recibiréis y conoceréis
la victoria en la octava física que otros han conocido en el retiro
de Lúxor, de Serapis, cuando practicaban esta misma vocación.

PREPARACIÓN DE 14 MESES PARA LA ASCENSIÓN MEDIANTE LA CIENCIA DEL RAYO RUBÍ

Por tanto, os prometo que quienes hagan fielmente esta limpieza del eje 10/4 la noche del viernes, una vez al mes, durante catorce
meses,[4] tendrán consiguientemente una bendición y un beneficio
extraordinario del Señor, de Sanat Kumara. Y, de , ello os impulsará
hacia la iniciación acelerada en los salones de Lúxor. Este servicio
en las catorce estaciones de la cruz cósmica de fuego blanco os
dará la capacidad de superar la oscuridad atrincherada en el eje
10/4 en vuestra vida, en la Tierra y en las trincheras, en las mismí-
simas profundidades donde se encuentran los registros de Lemuria.

Amados, ciertos chelas de luz que han hecho la transición, seres
merecedores, aún no han ascendido. Porque se los ha mantenido
en el Retiro Royal Teton y en Lúxor para este ritual y este propósito,
el estudio de la ciencia del rayo rubí a fin de poder purificarse de
los profundos registros de la antigua Lemuria: confrontaciones,

enredos y, siento decirlo, transigencias con los caídos, siguiéndolos a ellos en vez de seguir al Cristo Cósmico como Gurú, que estaba presente entonces.

Amados, al hacer esto antes de tiempo podéis obtener una mejor resurrección[5] y, por tanto, no pospondréis el día de la unión física del fuego de Arriba con el fuego de vuestras células y de vuestro corazón. Comprended que deseamos demostrar este sendero. Deseamos veros victoriosos.

Ahora bien, no hay nada que os impida hacer este servicio más a menudo, pero tenemos otras tareas para el servicio del viernes por la noche y algunas que os daré cuando regrese. Y, amados, es necesaria la asimilación de una vocación tan inmensa.

GANARSE LA CUALIDAD DE LA CRISTEIDAD

Comprended e interpretad las palabras de la Mensajera, que os ha explicado que aunque podéis sacrificar y renunciar, debéis ganaros la cualidad de la Cristeidad y de la maestría, maestría Divina, para sustituir aquello a lo que habéis renunciado.

Por tanto, aunque renunciarais a toda vuestra creación humana durante una noche, no podría ser. Porque vuestra creación humana es algo que ocupa su lugar de forma temporal, en este caso, algo que es mejor que nada, porque la nada es un vacío que se puede llenar con fuerzas provenientes de las profundidades de la muerte y el infierno.

Y, por tanto, comprended que las actitudes positivas de la mente y el corazón humano, un sentimiento positivo de autoestima basado en el ego y avanzando en una dirección constructiva, eso es lo que ocupa un lugar de manera temporal, que es la condición de conciencia que avanza hacia la luz y que, cuando la recibe, puede interiorizarla. Y la persona que llega a ser el Cristo de ese buen impulso acumulado, el bien de Dios superior correspondiente a ese impulso acumulado, entonces, puede deshacerse de la vestidura gastada.

Las vestiduras gastadas son como estas, amados. Cuando las vestiduras eran nuevas y os quedaban bien, os protegían de los elementos. Pero llega el día en el que se las considera como algo inferiores a la túnica trascendente y al vestido de boda.

Por tanto, comprended que debemos bendecir a los hombres por su dirección positiva, por su intento de ser constructivos. Y comprended que están construyendo una ciudadela que algún día, al recibir la luz de Cristo, conocerá la transmutación, conocerá la aceleración, conocerá el llegar a ser y, ¡he aquí, despierta a semejanza de la Ciudad Cuadrangular!

EL REFINAMIENTO DEL BIEN, LA SUSTITUCIÓN DEL MAL

Por tanto, está el refinamiento de los impulsos acumulados de Bien y positivos lo mejor que uno sabe y puede. Después, amados, está la sustitución del Mal absoluto, como la mente carnal, como la ira, el odio y la creación de odio en el subconsciente, que surge y provoca estados incómodos para uno mismo y para todos los amigos, la familia y el cuerpo de la Tierra.

Las huestes del Señor pueden quitaros el Mal absoluto en forma de esa Oscuridad solo cuando el Bien absoluto de vuestra Cristeidad ha nacido. Uno no puede simplemente eliminar el cáncer del Mal absoluto mediante un proceso de una noche de servicio; pero en el servicio está el don de la llama violeta y la iluminación con la que uno puede ver y contemplar la apertura del cinturón electrónico y decir: «¡Ajá, te he descubierto, demonio del orgullo humano! ¡Te veo tal como eres! De aquí en adelante caminaré con la alegría, la similitud, la humildad de mi Cristo. Invoco a mi Cristo. ¡YO SOY ese Cristo! ¡Te derroco y ando por los caminos del Señor!».

Por tanto, el Cristo ata a ese «morador del umbral».[6] Y algunos son llevados, pero no todos. Por eso Jesús dijo: «Vosotros limpios estáis, aunque no todos».[7] Porque hay que poneros a prueba.

PORQUE HAY QUE PONEROS A PRUEBA: LA PRUEBA DE FUEGO

Esta es la prueba de fuego.[8] Habéis visto al demonio del orgullo, habéis tomado la decisión, habéis pronunciado el fíat de que sea derrocado. Ahora debéis salir al camino de la vida, donde adversarios de todas las formas vendrán a intentar volver a encender en vosotros la demostración de ese orgullo. Línea tras línea, día tras día, decisión tras decisión, lo debéis echar al fuego. Y cada vez que ese elemento, esa manifestación en particular en esa línea del reloj,[9] en ese día y fecha en esa situación kármica, se captura, así se capturará, así se atará.

Y será algo permanente si superáis la prueba en esa línea otra vez y lo derrotáis totalmente y no tomáis parte de ello. Porque entonces estará cortado permanentemente de la viña de vuestra fuerza vital y por consiguiente no podrá vivir más. Pero siempre que tengáis libre albedrío y no estéis ascendidos, podréis escoger volver a crearlo. Porque si no pudierais volver a crearlo, entonces no podríais ser llamados cocreadores con Dios. El cargo de cocreador con Dios os permite por necesidad, mientras seguís en las esferas de la Materia, volver a crear en cualquier momento vuestra creación humana.

Por tanto, comprended por qué en algunas encarnaciones yo llevé un cilicio. Cada punto incómodo me recordaba que aún quedaba sustancia que atar y que no debía dejar de estar alerta. Despierto o dormido, debía tener algo que me recordara que el Señor Cristo llama a la puerta. Y debía atar a Satanás que quería arrancarme de mi encuentro con mi Señor.

ESTÁIS RECREÁNDOOS A VOSOTROS MISMOS LÍNEA A LÍNEA

Estáis recreándoos a vosotros mismos, amados. Debéis recrearos línea a línea. Habéis creado mal, por ejemplo, con ira, orgullo, temor, odio, dudas o ingratitud. Lo que habéis creado es en efecto vuestra propia granja de los animales, vuestro yo inferior.

Comprended que solamente vosotros tenéis la clave del código, el código genético, si queréis llamarlo así, de esa creación. Solamente vosotros podéis deshacerla retirando el punto del «yo» de la decisión, el punto de la voluntad que dijo: «Voy a permitirme esta discordia». Y entonces salió la espiral y la conciencia se revistió de forma y esa forma fue grotesca y distorsionada como su vibración.

Esta energía debe retirarse y la forma, atarse junto con su propensión a volver a crear a imagen y semejanza de vuestra creación humana. Porque esa creación humana se ha convertido en una especie de dios, y vosotros volvéis a crear según los patrones de las cosas que habéis puesto en movimiento. Por tanto, una gran parte de vuestra encarnación es repetitiva y una representación que se repite una y otra vez, hasta que esas creaciones humanas son como estatuas de hierro o de plomo, reforzadas así con esa voluntad carnal en la que se han convertido.

DEBÉIS CONVERTIROS EN LA RESPUESTA A VUESTRO LLAMADO

Por tanto, amados, el llamado, la matriz, el fíat inicia el proceso. Pero para conservar la respuesta a vuestro llamado, debéis convertiros en la respuesta. Vosotros llamáis a Dios pidiendo perfección: la perfección desciende. Debéis capturarla, llevarla al corazón, convertiros en ella. Porque solo entonces está sellada. Si no la tomáis para vosotros, otro lo hará. Otro llegará y dirá: «Voy a arrancar este brillante fruto», como la serpiente que quería comer del árbol de la vida. Otro llegará y devorará la luz, otro que no es de la luz, sino que espera a las migajas que caen de vuestra mesa, la luz que sale del altar.

Entonces, el saldar karma tiene lugar mientras servís, mientras amáis, mientras vivís en el decreto de la Palabra. Saldar karma no equivale a la maestría total que deseáis. No obstante, saldar el propio karma en efecto exige cierto logro y cierta maestría. Pero la maestría Divina que buscamos en vosotros más allá de la ronda kármica es la creación, la magnetización de las cualidades de la Cristeidad.

LÍNEA DE LAS CUATRO: OBEDIENCIA AMOROSA/AMOR OBEDIENTE

Os encomiendo, pues, al Buda del Rayo Rubí en la línea de la cuatro. Os encomiendo, pues, a la cualidad cristalina del amor obediente; y el reverso de la moneda: la obediencia amorosa. Por tanto, el Alfa, la Omega de vuestras llamas gemelas encarnarán el arca, el arca que forma el portal a la gloria *Shekinah* de la Presencia del Señor, el arca que porta la Ley, y los querubines que forman el arca, una vez más vuestras llamas gemelas, arrodillándose ante la llama del Dios vivo.

Decidid encarnar una única cualidad de vuestro Cristo, que es el maestro de la línea de las cuatro. Podéis hacer una lista de al menos veinticinco atributos de Dios a partir de la línea de las cuatro, empezando con alineamiento, sentido de la medida con vuestro Dios, realización de la Palabra, felicidad, estado en el que no se sufre, deseo Divino, santidad al Señor, geometría de Dios, claridad de comunicación en la mente, el arte, la ciencia de los constructores. Todo esto proviene del amor obediente/la obediencia amorosa.

ESTA NOCHE INICIACIÓN
EN EL RETIRO ROYAL TETON

Ahora comprended el significado de ser el maestro de vuestra vida, línea tras línea. Se han logrado dar grandes pasos. Si os «aferráis con fuerza a lo que habéis recibido» esta noche, seréis de verdad una criatura nueva mañana, cuando despertéis del sellado de esta acción que tendrá lugar en todos vosotros esta noche en el Retiro Royal Teton.

Os digo *adieu* en el corazón flamígero de Serapis Bey: nuestra alegría, nuestro Maestro de Amor perfecto. Él estará allí para recibiros, amados.

Por tanto, recordad, el lema del Guardián de la Llama es:

«Aférrate con fuerza a lo que has recibido».

Con amor, soy vuestro obediente Gurú, obediente a la voluntad de Dios para vosotros, vuestro y de toda la vida.

19 de julio de 1985
Cámelot
Los Angeles County (California)
ECP

CAPÍTULO 19

Hay un tiempo para la intensidad
y un tiempo para la amabilidad,
un tiempo para la comunicación de la ciencia
y otro para la meditación en tranquilidad.
La vida es un gran ritmo y una gran oportunidad.

BÚSQUEDA Y HALLAZGO DEL MISTERIO DE LA VIDA

«YO SOY quien asciende»

Qué bueno es, amados, estar con amigos esta noche para contemplar el significado del solsticio de invierno, en su día la hora de mi nacimiento.[1]

Una vez, me convertí en la luz que descendió en la hora más oscura de la Tierra. Por tanto, el 29 de diciembre es bueno contemplar más allá de la alegría de la Navidad el presagio del nacimiento de Cristo para cada alma. En cada vida, amados, hay una esperanza nueva, una nuestra estrella de esperanza, una nueva razón de ser, un nuevo misterio que descubrir en la Rosa de Navidad.

Para cada cual desciende un único haz de luz desde la Presencia YO SOY para encarnar esa parte de la Palabra sin la cual el mundo en efecto sufriría. Hoy el mundo sufre grandemente por una falta de expresión por parte de los hijos de Dios de esa luz única de la Palabra encarnada que han venido a representar, a dominar, a encarnar y a trascender.

Cuando a los niños pequeños no se les enseña un sendero en el que buscar y hallar[2] la razón de ser, cuando ni siquiera se les enseña a contemplar el misterio de la manzana, ¿no es una lástima? Al mirar una manzana, uno no puede conocer el misterio que tiene en su interior; hay que abrir la manzana para hallar el corazón y la semilla de la vida. Y entonces, por supuesto, la manzana deja de ser manzana. Entonces preguntadle al niño al enseñarle este misterio: «¿Puedes descubrir la semilla de luz en tu corazón sin abrirlo?».

LOS NIÑOS DEBEN TENER UNA IDEA DE LA BÚSQUEDA

Por tanto, la vida es un misterio que debe se explorado sin destruir su corazón y esencia; no con el cuchillo, sino con la Palabra y la oración, la unión mística, descubriendo el corazón de la vida sin diseccionarlo. Hágance juegos, incluso juegos de adivinanzas, juegos a ojos vendados, encontrar un tesoro, buscar huevos de Pascua y juguetes especiales hechos a mano. Los niños deben tener una idea de la búsqueda, desarrollar una destreza mental, una comprensión de la necesidad de depender de la intuición y la inspiración, la brújula y las estrellas y tantas señales que ofrece la naturaleza al marinero.

Amados, no le deis al niño la respuesta con facilidad, porque la respuesta no tiene importancia. La tiene el ritual de la búsqueda y el hallazgo en todas las cosas, debiendo reunir la voluntad, debiendo tener suficiente deseo de lograr el premio para buscarlo. Por tanto, la competición en la vida, en los deportes y los juegos, es útil hasta cierto punto. Porque el deseo de brillar en la excelencia es, en verdad, la excelencia del primer rayo. Y ese alcanzar la excelencia, amados, está alimentado por el amor al premio. Y el premio se hace más y más valioso a medida que se van elevando las miras. Y pronto los premios de este mundo dejan de satisfacer.

Es bueno ganar medallas y copas. Es bueno enseñar el triunfo y la victoria solo para comprender que, al haberlo conquistado, uno no necesita conquistar de nuevo, sino que está preparado para alturas espirituales. Y uno sabe que, con esfuerzo, un sentido de la medida y la percepción interior de la cercanía de las estrellas, uno puede lograr la meta de la inmortalidad.

Por tanto, es bueno entender al entrenarse o al entrenar a un hijo que no hay que poner un obstáculo demasiado grande o pequeño, sino que hay que instilar suficiente desafío que exija suficiente esfuerzo para que en el esfuerzo el alma supere su anterior posición y descubra un estado sin límites nuevo, una nueva penetración del Yo más grande.

Por tanto, explorad. Por tanto, descubrid. Por tanto, sed creativos. No os relajéis tras las victorias de ayer; no son adecuadas para el siguiente desafío.

LA ENTRADA A LAS INICIACIONES DEL SEÑOR MAITREYA

Por tanto, empiezo mi consejo del nuevo año para vosotros con una única lección de la escuela de Maitreya sobre la adecuación de uno a la meta. Preparaos bien para el buen uso y ejercicio de los cuatro cuerpos inferiores, las destrezas, potenciales y talentos que tenéis, al saber siempre que estáis creando líneas de fuerza paralelas con una convocación y una aventura interiores del espíritu que tiene lugar más allá del cuerpo.

Amados corazones, nos alegramos de tener esta mantilla poderosa de esfera azul alrededor de la Tierra, de vosotros y de nuestra Mensajera y actividad.[3]

Nos alegramos de que la armadura de la voluntad de Dios os sea bien conocida como guerreros del Príncipe de la Paz. Por consiguiente, aprovechamos esta oportunidad para anunciar un nuevo curso de estudio en Darjeeling, un curso preparatorio para entrar en las iniciaciones del Señor Maitreya, un curso concebido por nosotros, aquí en Darjeeling, mediante el cual podéis ir a vuestro ritmo y prepararos no para un encuentro temeroso, sino para uno alegre, sabiendo de verdad: «Señor, estoy preparado. Recíbeme ahora en tu corazón y tu santuario interior».

Amados, la época del temor y la duda ha pasado. Dejad que pase bajando por el monte como una corriente que sigue adelante. Esta es la época de la alegría y la luz, la época de la alquimia y la libertad y una expresión nueva de la refulgencia de la llama Crística. Este es un sendero de amor expandido en vuestro corazón con canción y oración alada con la Madre, cuyo llamado del corazón nos ha llegado en Darjeeling con muchos planes para la expansión de este año y para liberar a esos diez mil por diez mil grupos de Maitreya.

Atrapad, capturad y sentid el viento de la libertad que tenéis sobre vosotros. Sentid la voluntad de Dios, la desesperación de la humanidad, la determinación del Todopoderoso, la fuerza de voluntad de los chelas y la verdad resplandeciendo, reflejada por la armadura de nuestros caballeros. Un luz cegadora vuelve al ojo del enemigo al desviar esa misma luz las flechas. Que la voluntad de Dios explore profundamente y exponga así las obras oscuras.

Cuatro asesinos vinieron, uno por cada uno de mis cuatro cuerpos inferiores.[4] Estaban decididos a apagar mi la luz. Pero yo solo pude mofarme del mal que tenían en sus ojos y contemplar al Cristo resucitado, que me dio a mí y a mi corazón una gracia tal como para continuar cuidando del pueblo de Canterbury y del mundo.

Por tanto, no morí en vano, igual que vosotros nunca habéis muerto en vano. Porque la vida sigue, siendo más astuta y lista que el Malhechor. Y los malhechores vuelven a la escena de la vida tan vacíos, carbonizados y huecos, con apenas una identidad para continuar su locura. Hay que sentir lástima de ellos, amados, pero nunca sentir desprecio por ellos. El Mal puede ser despreciado por un momento cuando el rayo rubí lo consume totalmente y lo disuelve. Porque el rayo rubí siempre es un rayo láser que sale gracias al amor intenso del Uno, que es, por tanto, perfectamente capaz de enfrentarse al adversario en el camino.

Nuestro Dios es un fuego consumidor.[5] Y este fuego consumidor es, en efecto, amor. El amor cumple su propósito de muchas, muchas maneras. El amor, por supuesto, es el elemento más creativo e ingenioso, porque el amor busca muchas formas de consolar, de elevar, de instruir y de reprender.

LA VOLUNTAD DE DIOS ES ESCRUPULOSA Y MINUCIOSA

Por consiguiente, llamamos a los que ven en la voluntad de Dios un medio de maestría en el detalle de la ley del Cristo Cósmico. El detalle, pues, es la voluntad de Dios; un loto azul de mil pétalos, el propio girasol y sus muchas semillas. La voluntad de

Dios es escrupulosa y minuciosa. Tenéis catorce meses[6] para dominar una destreza, un oficio, una profesión, para llevar al punto de la excelencia aquello que más quisierais ofrecer sobre el altar de Dios, ese logro, esa habilidad que sabéis nos dará la capacidad a través de vosotros de construir la casa de Dios, de llevar luz a muchas casas que ahora están oscuras, a liberar a almas de adicciones de toda una vida. Y estas adicciones continúan vida tras vida.

Os digo, amados, que los milagros que Dios puede obrar a través de vosotros son de un millón por un millón, centelleantes, como joyas. Al enviaros fragmentos de rayos iridiscentes del zafiro de mi corazón, he visto los milagros de Dios una y otra vez. Para vivir en la vida de los milagros como la piedra cúspide de la pirámide, como el cristal esmeralda del Ojo Omnividente de Dios, uno debe construir el cimiento sólido de la voluntad de Dios. Al atravesar los catorce meses de cada ciclo del cuerpo causal multiplicados por el núcleo de fuego blanco, amados, debéis llegar a la luz práctica y física. Es una luz de Capricornio, lo más alto del fuego sagrado, sumamente incrustada en la tierra. Por tanto, el sol de fuego blanco/fuego azul de la Estrella Divina ahora brilla con un mayor resplandor, expandido y reflejado a través de vuestra aura.

Es una maravillosa oportunidad para decretar por el gobierno Divino en este país, para implementar el llamado de Saint Germain para juzgar a los tiranos por doquier,[7] el llamado para la amplificación de la voluntad de Dios desde el Sol y para hacer retroceder todos los daños que pueda presagiar este cometa.*

MUCHAS COSAS LLEVADAS A CABO
CON LA LLAMA AZUL

Con la llama azul se pueden llevar a cabo muchas cosas. Las descubriréis haciendo llamados a la voluntad de Dios, al saturar vuestro ser haciendo toda la sección azul de decretos hasta que apenas podáis soportar la llama azul y debáis cambiar rápidamente a la violeta para la transmutación de toda la resistencia a ese alineamiento interior con el cristal de zafiro.

¡Oh, la alegría de Hércules esta noche! Y Amazonia está con

---
*El cometa Halley.

nosotros al acercarse ellos a este altar, amados, al sellar la dispensación de la esfera azul de los Logos, de Serapis y de Alfa y Omega. Por tanto, el Arcángel Miguel envía luz intensificada, y Surya y Cuzco.

Venimos para fortalecer las pilastras y la inserción en la Tierra de electrodos de fuego azul. Casi como cuando ponéis palillos de dientes en una tarta o un sándwich para que no se deshaga, así insertamos en la Tierra, atravesando capas de perturbaciones y presiones subterráneas, electrodos gigantescos de la voluntad de Dios de miles de metros de longitud, con un diámetro del tamaño de la anchura de este altar.*

Estos electrodos están siendo colocados por los Elohim y las cuatro fuerzas cósmicas por todo el cuerpo planetario para mantener la estabilidad de la Tierra en un momento en el que sus moléculas y sustancias están siendo bombardeadas por sonidos discordantes, agentes químicos y contaminantes, ira y guerra, experimentación, abusos de todo tipo y derramamientos de sangre. Estos electrodos ayudarán, amados, a que la Tierra y sus evoluciones absorban el nuevo cuerpo etérico que la Tierra recibió hace casi un año.[8]

POSICIONAOS EN EL CORAZÓN DEL ARCÁNGEL URIEL

Venid ahora al corazón del Arcángel Uriel, cuya radiación flota como un perfume sobre este altar. Venid al corazón de Uriel y posicionaos ahí a través de las pruebas y tribulaciones que hay que afrontar y después superar con rapidez.

En efecto seremos como un solo cuerpo, no estando nunca solos. Con este fin se fundó la Gran Hermandad Blanca. Con este conocimiento interior de la ciencia de la ley del Uno os habéis reunido, realmente con el conocimiento de que el Círculo del Uno es la protección de vuestra vida en el conocimiento de que lo que compone este círculo de comunidad llamado «iglesia»[†], son cuerpos vivos y piedras vivas.[9]

Y bien está que esa iglesia pueda seguir siendo como una ciudad interior de luz de alabastro, impoluta por los pobres

*Siete metros y medio.
[†]*iglesia*: o *ekklesia* [del griego *ek*, 'salir de'; *kaleo*, 'llamar']; comunidad de los llamados.

intentos de los hombres de imitar a la Ciudad Cuadrangular. Siempre que la Iglesia Universal y Triunfante permanezca como el cubo blanco en la tierra, la puerta seguirá abierta para que las huestes angélicas atraviesen el velo y las almas asciendan.

Que las fronteras de esta Iglesia Universal y Triunfante se expandan. Pero que no se baje el estándar. Que los portadores de luz vengan y se formen aquí y en Darjeeling y en el Retiro Interno, en la Escuela de Misterios de Maitreya, y que se les enseñe a satisfacer un estándar de excelencia y de maestría sobre los centros sagrados de la vida.

¡Oh instructores que deseáis servir con los Instructores del Mundo, venid, pues! Venid a Darjeeling. Venid con Kuthumi y Jesús y Djwal Kul y conmigo. Venid, que os llevaremos con la Virgen María una manera séptuple comprensiva de alcanzar a las almas de luz.

Porque hay horas en el día en las que uno habla a través de este chakra y otras horas en las que uno habla a través de este otro. Hay un tiempo para la intensidad y un tiempo para la amabilidad, un tiempo para la comunicación de la ciencia y otro para la meditación en tranquilidad. La vida es un gran ritmo y una gran oportunidad. Y la receptividad se da según las horas y los rayos de luz y el propio Sol Central. [Y estas cosas deben aprenderse].

Hay muchísimos secretos del misterio de la vida para que los descubráis, amados, al desplegar vosotros ante todo el mundo las enseñanzas perdidas de Jesucristo. Llevan esperando tanto tiempo que han olvidado que están esperando. No saben qué esperan, porque se les lleva diciendo desde hace mucho tiempo que lo saben todo, que lo tienen todo, y que la salvación, por supuesto, está garantizada. Unas circunstancias de lo más desafortunadas.

EN EFECTO ESTÁIS APUNTANDO A UNA META INFINITA

No queremos romper el cáliz de esperanza ante los labios de los que tienen esperanza. Pero diríamos que, en algún momento, en algún lugar, los hijos de la luz deben ponerse las vestiduras de madurez, hacerse sabios, interesados y responsables al buscar el reino de Dios, estando dispuestos a pagar el precio y a llegar a comprender que el precio de hecho puede pagarse. Es posible pagarlo. Es posible ganarlo. Y esto lo enseñamos con las cadencias medidas del esfuerzo, al que he dirigido vuestra atención.

Cuantos más obstáculos aprenda a saltar una corriente de vida, más podrá afrontar el obstáculo del infinito, el cual, al fin y al cabo, puede estar contenido «sobre la cabeza de un alfiler» y, por tanto, puede que no sea tan difícil de saltar como una vez pensasteis. Si en un abrir y cerrar de ojos puede sonar la final trompeta de la conciencia humana y su karma descender,[10] si en ese mismo abrir y cerrar del Ojo de Dios podéis conoceros a vosotros mismos en la totalidad de la Mente universal, amados, ¿hay algo que sea demasiado difícil para vosotros, contenido en el regazo del Señor Sanat Kumara?

Queridos corazones, en efecto estáis apuntando a una meta infinita. Pero no es una meta que se aleje; cada vez está más cerca. La muerte no es su puerta. Pero en esta vida podéis contemplar y ver qué grandiosidad del cosmos podéis contener mientras aún tenéis cuerpos de los cuales los que tenéis ahora en esta octava son un facsímil. Digo «facsímil», amados, porque al purificarse y cargarse de luz vuestros cuerpos, os parecen cuerpos físicos incluso a vosotros, pero cada día se están convirtiendo más en parte de la octava etérica. Por eso cambia vuestra dieta alimenticia y por eso pedís y necesitáis otras sustancias, a medida que aprendéis a ajustar el cuerpo, el cuerpo de luz, al entorno de las ciudades de la Tierra.

ASCENDER AL CORAZÓN DE DIOS: ESTE ES EL SIGNIFICADO DE TODO

Estáis ascendiendo, amados. Este es mi mensaje para vosotros hoy, porque esto fue lo que comprendí ante el altar de la catedral de Canterbury. Me dije ante aquellos cuya oscuridad era tan grande que parecía irreal; me dije, contemplando Su gloria como en verdad hizo San Esteban: «Estoy ascendiendo. Estoy ascendiendo al corazón de Dios. Este es el significado de todo. Este es el significado de todo».

Amados, al menos fue una acción. Después de todo, me consumí en Francia durante varios años. Tuvieron suficiente oportunidad para unirse en torno a la causa de Cristo. Por tanto, la ley kármica descendió. Dios me llamó y permitió que se desarrollara el drama con un contraste especial de luz y oscuridad tan típico del solsticio de invierno.

Ellos se quedaron a enfrentar al rey tirano. Y Enrique tuvo que vivir con esto y con su imagen y con el mundo. Por tanto, el karma decreta y la ley kármica decreta que cuando las personas rechazan al representante del Cristo, que yo fui por un momento ante el papa, el rey, Francia e Inglaterra y pronto ante el mundo, cuando ese mensajero es rechazado, la luz se retira y ellos deben vencer la oscuridad con sus propios medios o de otros modo ser tragados por ella.

Cuando rechazan al mensajero de luz, deben seguir su camino hasta que se hartan de oscuridad y al final, [quizá], lleguen al punto de ese mismo amor al honor de Dios con el que se prefiere el honor más allá de una insignificante existencia de cobardía, torpeza, ignorancia e infamia callada. Algunos se han dado cuenta de esto desde aquel momento del siglo XII. Hoy es tarde. Y os puedo decir que algunos de ellos no han cambiado ni una pizca.

QUE DIOS SALVE A QUIEN QUIERA A TRAVÉS DE VOSOTROS

Creedme, amados; creedme: que Dios salve a quien quiera a través de vosotros. Estad desapegados con respecto a la conversión de quienes no quieren ser convertidos y a quienes el Señor mismo no desea convertir. No seáis testarudos queriendo decidir a quién salvar. No salvéis a ningún hombre. Dad a Dios esa gracia, porque él lo hará mejor que todos vuestros ardides.

Pero sed una gema cristalina, un corazón humilde en luz. Sed un ejemplo de alegría y de alegría en el logro del Señor a través de vosotros. Id, pues, y estableced el buen orden y el gobierno Divino en esta comunidad. Comprometeos con la armonía, con ser buenos vecinos, la buena disposición y la hermandad. Porque de hecho nosotros nos ayudamos mutuamente. Cuidado, pues, con los Malhechores que entran deslizándose y se aprovechan de vuestra caridad.[11] Porque hay que dar caridad al corazón de luz, no al de oscuridad.

CONVERTÍOS EN LA CUNA DE LA V

Yo, el Morya, con Hércules y Amazonia, pongo ahora tres poderosos puntos sobre este altar para sellar el triángulo de la voluntad de Dios con Morya, Madre y Mark; y vosotros mismos, de tres en tres: por cada uno de vosotros hay dos maestros arriba formando el triángulo del Ser. Daos cuenta, pues, de que rodeamos al planeta en esta configuración y una red de luz con la que los electrodos conectan la cota de malla azul, afianzando el cuerpo etérico del planeta Tierra, sujetado por tres puntos una y otra vez.

Por tanto, levantad ahora las manos así, [de esta forma]. Dadle la mano a los dos Maestros Ascendidos y sentid el flujo de la voluntad de Dios, cada cual un poderoso bodhisatva firme sobre vosotros a la izquierda, a la derecha. Entonces, vosotros os convertís en la cuna de la V, el punto más bajo que ha descendido. Y las manos que tomáis completan la señal de la V de Victoria en este ciclo de catorce meses. Ellas os levantan y os bajan de nuevo a medida que servís en las octavas inferiores, y os vuelven a elevar a los retiros etéricos y a la gloria interior de la Ciudad Cuadrangular.

ESTUDIAD EL TEXTO DE MI MENSAJE

¿He hablado en verso? ¿Os he cantado un canto? Sabed esto, amados, que habéis escuchado de mi voz misterios de Maitreya que os preparan para su iniciación. Estudiad el texto de mi mensaje y pedid que su diseño original interior sea afianzado en vuestro cuerpo etérico, hasta que el mensaje especial nomeolvides para vuestra corriente de vida, oculto en el diseño original de mi dictado, se cumpla y tenga lugar como una fructificación del primer rayo en vuestra vida.

Por encima de todo, buscad las cualidades de los maestros del primer rayo. Llegad a serlas. No vaciléis. Sed inflexibles cuando se trata de la voluntad de Dios. Y en lo que respecta a la compasión, en eso sed tolerantes, ofreced perdón y sed flexibles. La voluntad de Dios es la estructura de luz blanca acerada que es vuestra vida, casa y tabernáculo. Si el cimiento y la superestructura, si la estructura básica no es perfecta, nada más puede seguir la plomada de la verdad.

Por tanto, en todos los asuntos de disciplina bajo la voluntad de Dios, sed precisos al definir vuestra libertad de reunión, vuestra libertad de religión, vuestra libertad y derecho a tener propiedades y a conservar el valor de vuestra labor sagrada; vuestro derecho a tener la vida abundante. Sed precisos, amados, porque el primer rayo de la voluntad de Dios ciertamente os llevará a la maestría Divina si simplemente permitís que nuestros devas y maestros del corazón diamantino os instruyan ahora con respecto a la voluntad de Dios.

Recibid ahora la bendición y la transferencia de Hércules y Amazonia, que os hablarán mañana. He preparado vuestros cuerpos internos para que reciban la luz mayor de los Elohim. Por tanto, construid y volved a construir, y estad preparados. Porque es seguro que ellos vienen con un poder sin igual.

En el nombre del adorable Jesucristo, os sello en el amor de mi corazón para siempre. No me olvidéis.

29 de diciembre de 1985
Cámelot
Los Angeles County (California)
ECP

CAPÍTULO 20

*Las palabras de Morya desde el principio
hasta el final de nuestros dictados
son todas ellas un código, todas ellas claves,
todas ellas semillas que se abrirán
con el calor del fervor divino.*

BAUTISMO DE FUEGO SAGRADO

«Saludad a la llama de Dios viva»

La luz de Darjeeling llama al viajero a que vuelva al Origen. Por tanto, los dominios de los nobles esperan el regreso después de la batalla. Sabed, pues, que tal como hay consuelo en el bolsillo de Hércules,[1] amados, hay consuelo en el gemelo de Géminis que yo tengo.[2]

¿Habéis pensado en el cerebro como si fuera unos gemelos de la mente de Dios? ¿Habéis pensado en la limitación de estos hemisferios del cerebro? ¿Habéis pensado en la carencia de los portadores de luz al no tener el uso de todas las facultades de la mente de Dios? Bien, os digo: si no lo habéis hecho, ¡pensad en ello! Y hacedlo ahora. Porque estos caídos han suprimido, como si fuera con las botas de los soviéticos, el pleno florecimiento de la corona de la vida.[3]

Que la luz se eleve en este cuerpo. Que la luz se eleve para el pleno florecimiento del genio que pueden conocer en la octava física las personas de todas las edades. Que las células renuncien a los fantasmas de todo lo que es pasado. Que renuncien a todo lo que es inferior a la luz, la luz líquida y dorada que cada célula puede contener y que contendrá en el equilibrio de Alfa y Omega.

Ciertamente, YO SOY quien ha venido. YO SOY quien ha venido con una nota de victoria, no para dejaros en escenas astrales de inframundos de dioses Nefilín. Por tanto, Hércules ha abierto la visión del amplio panorama del cielo. Yo abro el panorama de la tierra que puede ser la plenitud del Señor y de su venida. ¡No pasarán!

Insto a nuestros escribas, que anotan las respuestas precisas a los llamados precisos, a que proporcionen incluso otro preámbulo alternativo, que se concentre en la información que salga a la luz en respuesta al llamado del primero.[4] Puede haber siete de estos preámbulos, todos azules, pero cada cual instalado en uno de los chakras y uno de los siete rayos.

Que el fuego del relámpago azul de la mente de Dios abra la totalidad del potencial de los siete chakras, los siete rayos y los siete focos de los Elohim sobre la frente.[5] Que las siete esferas del cuerpo causal desciendan.

Permitid ahora que os convirtáis, amados, en el ángel vestido de una nube de la Presencia YO SOY y sobre su cabeza el arcoíris del cuerpo causal de Dios.[6] Porque al descender el fuego del relámpago azul de la mente de Dios, este desafía en vosotros a la ira de la mortalidad y a la propia muerte, alojada en las moléculas de la materia física.

¡Amados, regocijaos en la alquimia de la acción química intensa y saltad a las llamas del fuego sagrado! Es la única manera. El bautismo de fuego sagrado puede desafiaros e incluso puede que chamusque alguna parte de lo humano que deseáis conservar. Pero cuando salís de ese bautismo de fuego sagrado, una iniciación única y personal de Maitreya, os digo que nada en este mundo puede tocaros, ¡porque sois fuego!

¡Es un fuego espiritual, una llama que no puede extinguirse! Así, está escrito: El que hace «a las flamas de fuego sus ministros».[7]

¿Lo queréis, amados? Entonces haced que el corazón diamantino y la mente Géminis,[8] la solidez de la realidad, sean vuestros. Y, por tanto, ni siquiera notaréis lo que el fuego sagrado os ha quitado, porque no será nada que tenga importancia.

Apresuraos, pues, a saludar a la llama de Dios viva. Cuando veáis una llama andar hacia vosotros en el camino, no os frotéis los ojos y digáis: «¿Estoy viendo cosas?». Benditos, lo digo en serio. Porque el fuego sagrado manifestado como salamandras o serafines, en efecto, anda por el camino como una gigantesca columna o con la forma de una gran hoja.

Observad cómo el fuego va a saludaros. Benditos, saludadlo vosotros: «¡Te veo venir, oh fuego sagrado! ¡No me daré la vuelta para salir corriendo, sino que saltaré a tu presencia ígnea de arcoíris, en un crescendo, ascendiendo, descendiendo, ondulando!».

Oh ser bendito, conozco a pocos hijos de Dios que no hayan tenido en ese momento el destello de un deseo de encontrarse en otra parte. Eso pasará. Y sabrás que no hay a dónde ir sino al corazón de la llama.

Volved a fijaros en el corazón a la altura de los dos tercios, amados, y sabed que, si saltáis a la llama en ese punto, os encontraréis sentados en una cueva, en la roca, en el centro de la meditación con Gautama. Y reconoceréis que ese fuego sagrado es la entrada a la octava etérica.

Estas son las cosas de las que deseo hablar a mis chelas, no de guerras, tribulaciones y ensayos de las actividades de los inmencionables. Oh benditos corazones, si estáis cansados de esas discusiones, creedme, la Tierra misma está cansada y así lo estamos nosotros.

Por tanto, habiéndome despojado de todo lo que podéis soportar en esta próxima quincena (y que debéis llevar por nosotros), puedo apartarme del tema de un modo espiritual para que también recordéis que somos adeptos del fuego espiritual y que este es el entrenamiento que damos a nuestros chelas.

Eminentísimos que habéis observado las señales, que vuestro cuerpo sea el recipiente del Espíritu Santo y vuestra alma la novia de Cristo. He dado la clave, eso basta.

Meditad en las cadencias de mi mente, porque son una cuerda que tomáis al principio de un túnel. Y seguís la cuerda y más allá de sus cadencias y los pasos por el túnel llegáis a la cámara secreta de mi corazón. Aferraos a la cuerda. No la soltéis. Mis frases forman este fuerte cáñamo.

Por tanto, por toda la oscuridad que atraveséis, amados, veréis que las palabras de Morya desde el principio hasta el final de nuestros dictados son todas ellas un código, todas ellas claves, todas ellas semillas que se abrirán con el calor del fervor divino.

En el nombre de nuestro SEÑOR, el Todopoderoso, y él en sus hijos e hijas, yo sirvo.

10 de agosto de 1987
Rancho Royal Teton
Park County (Montana)
ECP

CAPÍTULO 21

*Cuando sois instrumentos para la transmutación
del karma del mundo, ciertamente transmutáis
vuestro propio karma mientras os ganáis los galones
y os aseguráis la oportunidad de lograr
la unión con Dios en esta vida...
La intensidad de vuestros decretos de llama violeta
está levantando una cantidad innumerable de cargas
dentro de vuestra psique y la del planeta.*

DEFENDED LA VERDAD

La fusión de las partes fragmentadas del alma

¡Salve, legiones de la verdad!
¡Salve, legiones de la verdad!
¡Salve, legiones de la verdad!
[La congregación da la salutación]:
¡Salve, El Morya! ¡Salve, El Morya! ¡Salve, El Morya!
Amados míos, tomad asiento.

Me habéis recibido con suma amabilidad hoy, a lo largo de esta conferencia y durante muchas vidas.[1] Vengo pisándole los talones a mi hermano chohán Hilarión, pues deseo continuar con este mensaje de verdad para vosotros.

Hasta ahora, cuando habéis afrontado la elección de declarar o no vuestra fe, la Mensajera os ha dicho: «Si ustedes prefieren no declarar su fe, para no poner en peligro su trabajo, su situación o su futuro, hagan lo que quieran». Por tanto, amados, a lo largo de los años, algunos, no todos, pero algunos que se consideran chelas míos y Guardianes de la Llama de Saint Germain, han negado a su Mensajera, a su Iglesia o su afiliación con los Maestros Ascendidos, siempre por temor a la persecución.

Debo deciros, amados, como Jesús os ha dicho:

«El siervo no es mayor que su señor. Si a mí me han persegui-
do, también a vosotros os perseguirán.» «Bienaventurados sois
cuando por mi causa os vituperen y os persigan, y digan toda clase
de mal contra vosotros, mintiendo. Gozaos y alegraos, porque
vuestro galardón es grande en los cielos; porque así persiguieron a
los profetas que fueron antes de vosotros».[2]

Si estáis en una iglesia donde no hay persecución, sospechad
de esa iglesia. La persecución es una prueba del temple. La persecución exige que defendáis la verdad, aún a costa de la vida.

Acordaos de los primeros cristianos a quienes echaron a los
leones. Sí, amados, las cargas que sobrellevaban y que hicieron que
se retiraran a las catacumbas de Roma, a veces las tenéis vosotros.
Pero os digo que afirmar la causa, el propósito y la devoción de
uno tiene algo que es limpio, muy limpio. Uno encuentra algo
liberador que lo atraviesa cuando puede decir sin preocupación:
«Sí, amo a los Maestros Ascendidos y sirvo a los Maestros Ascendidos, y soy su chela. Ven y te enseñaré por qué».

Benditos, no tenéis nada que ocultar, porque los periódicos ya
han publicado la historia de vuestra organización, expuesta correcta o incorrectamente, durante décadas. Sí, no tenéis nada que
ocultar de verdad.

Hablo de esto porque hay legiones de verdad viva que sirven
bajo Palas Atenea y legiones de amor vivo que sirven bajo el Maha
Chohán. Estas defenderán vuestro derecho a adoptar la religión
que queráis. Como sabéis, la amada Palas Atenea es la llama gemela
del Maha Chohán. Y así, podéis ver cómo el poder de la verdad y
el intenso poder del amor divino, emitido a través del rayo rubí,
se combinan como una fuerza indomable en la Tierra.

La Mensajera ha oído hablar acerca de una persona que dijo:
«Alguien ha descubierto quién soy. ¿Admito quién soy o lo oculto?».
Y él mismo respondió a esa pregunta y decidió pronunciar la
verdad sobre su afiliación. Esto es un acontecimiento trascenden-
tal en la vida de cualquiera, cuando puede, por amor a la verdad,
poner a un lado su trabajo, su familia, sus asociaciones, sus

membresías de club, etc., por respeto a la poderosa verdad de Dios que ha llevado a esa persona a los pies de su poderosa Presencia YO SOY, al sendero de la ascensión.

Sois legiones de la verdad. Tenéis el escudo de Palas Atenea. Y teniendo ese escudo y avanzando hacia el Sol, el Sol se refleja en ese escudo. Y entonces se da una oscilación que ocurre entre vosotros y el Gran Sol Central. Y esa oscilación se convierte en una corriente de energía tan poderosa que podréis permanecer con vuestra postura, como hicieron los espartanos en Termópilas, quienes pudieron ejercer esa osada defensa contra el ejército persa, amados, porque estaban instalados en la llama viva de la verdad.[3]

Vosotros habéis hecho eso. Todos vosotros habéis estado en situaciones en las que solo vuestra voz ha marcado la diferencia; aquí, allá y en cualquier parte y en encarnaciones anteriores. Ahora os digo a vosotros que deseáis ser recibidos por el Espíritu Santo y conocer como nunca esa llama del consuelo ardiendo en el altar de vuestro ser: Debéis daros cuenta de que una parte de esa llama del consuelo es la llama viva de la verdad. Y la verdad contiene honor y el honor contiene amor, un amor que es abnegado, dispuesto a sufrir cualquier causa para lograr la victoria.

Este primer día del año os pido que, en primerísimo lugar, estéis en paz con vosotros mismos. Porque si no estáis en paz con vosotros mismos, no estaréis en paz conmigo y ciertamente yo no estaré en paz con vosotros. Iré a donde estén divididos vuestros miembros dentro y fuera, y os ayudaré a fundir las partes fragmentadas del alma convirtiéndolas en una totalidad.

Vendré, amados. Pero, tanto si tenéis una psicología difícil, problemas de salud o una astrología difícil, entiéndase que los miembros de vuestro ser deben estar en armonía mutua para que no haya guerra entre ellos,[4] no trabajando un órgano con otro órgano, igual que un vecino a veces no trabaja con otro vecino. Vosotros lo entendéis.

Con la plenitud del Espíritu Santo manifestado como Shiva —¡Shiva!—, vengo. Vengo con la pureza de Shiva y con el amor de Shiva. ¡Mirad el equilibrio del bailarín cósmico! ¡Mirad el fuego que da vueltas! Allá donde llaméis a Shiva, allá estará él para dispersar todo lo que impida vuestro progreso en el sendero de la verdad.

Medid todas las cosas con la verdad, el honor y el amor; amor como compasión y amor como «amor exigente», como dicen, que no es permisivo con la otra persona, pero permanece con ella y la empuja a realizar su individualidad y, al hacerlo, regocijarse con Dios en un logro que es suyo propio.

Así, amados, os pido que en todos los sentidos limpiéis la mente de engaños, de división, de falsedad. Quiero que sepáis que, como ha dicho Hilarión, las legiones de la verdad marchan por los jóvenes. Y hoy estoy decidido a consideraros a cada uno de vosotros como parte de estas legiones. Por consiguiente, limpiadme el camino, amados, porque seréis descartados si decís una falsedad. Es mejor permanecer callados para no decir una falsedad. Guardad silencio, si queréis, y cuando habléis, aseguraos de que lo hacéis con justicia.

Ahora pasamos la página del calendario…

¿Qué presagios hay, amados?

Aquellos de vosotros que habéis estado conmigo mucho tiempo y habéis estudiado en mi retiro, comprendéis los presagios. Lo que consideramos como una tarea sumamente difícil en efecto es lidiar con quienes se han elevado a puestos de liderazgo en los gobiernos de los países, en el establecimiento militar de los países y que no son aptos para realizar su trabajo.

¿No sentís casi incredulidad al pensar que en esta época podría darse un ataque a la población de personas civiles inocentes como el lanzado en Chechenia? ¿Lo podéis creer, amados, hermanos matando a hermanos a las órdenes del Estado? ¿Cómo puede enseñar la cara ese? Es difícil de entender para el mundo.

¿No os rascáis la cabeza y decís: «Estamos pasando al siguiente siglo y la guerra sigue sin fin?». En efecto, es trágico.

Por tanto, tomad nota cuando veáis a los líderes que llegan a la cima dictando términos a los países, términos de las finanzas, términos de la salud, términos de la guerra y la paz. Tomad nota de la frecuencia con la que no son aptos de ninguna manera para traer la paz o el bienestar a los países. Y cuando miráis a eso y pensáis en el karma de esta época que desciende, que de verdad está golpeando a la Tierra como granizo, como está profetizado,[5] amados, sabed que en los retiros de la Hermandad hay una gran preocupación por el futuro de esta civilización. Porque los que tienen la luz y son de la luz con mayor frecuencia no están en puestos de poder.

Por tanto, ¿qué hacer?

Se hace lo que se ha hecho siempre: correr al altar de Dios, hacer invocaciones, llamar a los siete arcángeles y a los Santos Kumaras cada hora y pedir dispensaciones para atar a las fuerzas del Mal en la Tierra y que los hijos de la luz puedan ser libres.

VOLVED SIEMPRE AL ALTAR

Cuando os sintáis frustrados, cuando os preguntéis qué hacer, siempre debéis volver al altar. Porque el altar de Dios, amados, es el sitio donde está concentrado todo el poder de Dios. Como sabéis, el gran cristal del altar es el cáliz de la llama del arca de la alianza. Y en ese cáliz de cristal y encima, en el plano etérico, está la presencia de la Luz Maxín,[6] que una vez ardió en la Atlántida, pero se extinguió durante su declive.

Por tanto, amados, no hay sitio más poderoso al que podáis ir que a vuestro altar.[7] Hemos creado el altar portátil[8] para vosotros para que podáis plegarlo, meterlo en la mochila, marchar, y después sacarlo cuando estéis en vuestro destino. Allá donde estéis, podéis establecer vuestro campo energético, aunque no tengáis más que un pequeño cristal como cáliz para la llama. Allá donde vayáis, podéis erigir un altar dedicado a Dios, Yavé, como hacían Abraham, Isaac, Jacob y los hijos de Israel en sus andaduras por el desierto. Sí, amados, esta es la manera.

Existe un altar interior del corazón y existe uno ante el que ofrecéis vuestras devociones, que podéis erigir en cualquier momento, en cualquier lugar. Enseñad esto a vuestros hijos. Enseñad a vuestros hijos, amados, que el altar es el lugar en el que Dios y el hombre se encuentran a través de la llama del arca de la alianza.

Os pido que vayáis al altar con frecuencia y que cuidéis de la llama sobre el altar de vuestro corazón, porque esta práctica dará como resultado grandes cambios en la Tierra.

LOS GUARDIANES DE LA LLAMA HAN MARCADO UNA DIFERENCIA FUNDAMENTAL

¿Creéis que no habéis tenido nada que ver con la transmutación del mundo y los cambios a mejor más importantes que recientemente han tenido lugar? ¡Sí que habéis tenido que ver! Han tenido lugar cosas maravillosas en la Tierra aun cuando han continuado las acciones oscuras de los hombres.

Os anuncio en nombre de todo el Consejo de Darjeeling de la Gran Hermandad Blanca que los Guardianes de la Llama del planeta Tierra han marcado una diferencia fundamental hasta el momento. Y yo, El Morya, cuento con vosotros para multiplicar y volver a multiplicar los decretos de llama violeta que hacéis a diario y no simplemente en nuestros servicios de los sábados por la noche.

La llama violeta es el «elixir» para la transformación del karma del mundo. Cuando sois instrumentos para la transmutación del karma del mundo, ciertamente transmutáis vuestro propio karma mientras os ganáis los galones y os aseguráis la oportunidad de lograr la unión con Dios en esta vida. Lo digo ahora y lo vuelvo a decir: la intensidad de vuestros decretos de llama violeta está levantando una cantidad innumerable de cargas dentro de vuestra psique y la del planeta.

¡Continuad así, amados! Estáis ganando. Y os doy la visión de vuestro triunfo. Y os digo que desde que os llamamos el pasado octubre,[9] habéis establecido focos de llama violeta en muchos países alrededor del mundo. Y cuando la llama violeta comienza a girar con una acción espiral ascendente, se produce el sonido del séptimo rayo, se produce la música interior de las esferas y se produce, como si dijéramos, una levadura en la Tierra. Y la levadura es la llama violeta que lleváis en el corazón.

Por tanto, aseguraos de que invocáis el fuego violeta y el tubo de luz, utilizando el decreto que Saint Germain os dio.[10] *Os pido que invoquéis la llama violeta veinte minutos al día sin falta, amados, porque veréis nuevos niveles de transmutación, nuevas puertas de oportunidad abrirse. Porque Saint Germain y Porcia podrán daros todo lo que hayáis dado en vuestros decretos de llama violeta, multiplicado muchas veces por diez mil.*

BUSCAD VUESTRA ASCENSIÓN CON UN FERVOR SANTO

Esta es la palabra de Dios en este momento… La hora de la revelación se acerca, en la que muchas de las profecías del Apocalipsis tendrán lugar. Los próximos… años intensificarán tanto la Luz como la Oscuridad a través de la presencia de los Cinco Budas Dhyani. Por tanto, haced sus mantras.[11] ¡Entrad en la espiral de fuego de su ser! Buscad su ayuda al buscar vuestra ascensión con un fervor santo. Buscad vuestra Budeidad fervorosamente, porque la podéis lograr.

Y Padma Sambhava es quien ha ayudado a Saint Germain a dar la llama violeta a la era. Y ya hemos hablado de cómo el clero no ha permitido que la gente invoque la llama violeta (que es la llama del Espíritu Santo) en las iglesias.

¡Yo digo: abrid las puertas de vuestro corazón y los poros de vuestro cuerpo y dejad que entre la llama violeta! Y no aceptéis tan deprisa los veredictos que os dan vuestros médicos del mundo.[12] Porque el Buen Médico, vuestro Señor y Salvador Jesucristo, está con vosotros, y vuestro Ser Crístico os acompaña. Y algunos de vosotros, aunque no muchos (pero suficientes para que merezca la pena mencionarlo) habéis logrado en efecto el lazo con vuestro Santo Ser Crístico este año, después de trabajar hacia esa meta durante muchos años.

LOGRAD EL LAZO CON VUESTRO SANTO SER CRÍSTICO

Este es el bendito estado al que aspiráis. Porque sabéis que está escrito: «El alma que pecare, esa morirá»[13]. Por tanto, la única manera de que el alma logre la vida eterna es que se una a su Santo Ser Crístico, que se funda con él, que es verdaderamente su Yo Superior.

Por tanto, a medida que vais ascendiendo día tras día y vuestra alma se va fundiendo con su Ser Crístico, también se va fundiendo con su Señor Jesucristo y otros avatares. No importa con qué religión estéis afiliados, sabéis que esa Presencia Crística a la que denominen con cualquier otro nombre es la plenitud del Hijo de Dios en vosotros.

Por tanto, amados, consideraros en peligro —sí, en peligro— si no os habéis ocupado de que vuestra alma esté unida a vuestro Santo Ser Crístico. Y cuando lo está, amados, tomáis decisiones en base a lo que os dice ese Cristo Interior al escuchar su Palabra interior. Al haber escuchado la voz de la conciencia, vuestro mentor desde que nacisteis, sabéis que esa voz es en efecto la voz de vuestro Santo Ser Crístico, que de hecho forma parte de vuestro ser. Estáis en un cuerpo de barro porque una vez descendisteis más abajo del nivel vibratorio de vuestra conciencia Crística, y ahora debéis subir la escalera y salir de los mismísimos abismos de vuestra mente inconsciente e intentar a diario mantener el nivel de vuestra Cristeidad.

Es inteligente tomar las enseñanzas y utilizarlas como vara de medir para observaros a vosotros mismos con respecto a cuando os encontráis desalineados con la vibración de vuestro Ser Crístico. Cada vez que os apartéis de los niveles aceptables, deberéis giraros y mirar a vuestro Ser Crístico y ofrecer decretos de llama violeta. También debéis llamar al Arcángel Miguel pidiendo refuerzos de ángeles que os mantengan en los senderos de rectitud. Sí, amados, esta es la meta que tengo para mis chelas.

Y al mirar a la estrella del árbol de Navidad, recuerdo la estrella de Belén que me guio cuando, como Melchor, viajé con Baltasar y Gaspar[14] al lugar donde nació el Niño Santo. Y después de adorarlo, nos marchamos por otro camino para no tener que informar a Herodes sobre la ubicación de ese niño.[15]

PROTEGED A VUESTRO NIÑO INTERIOR

Proteged a vuestro niño interior. Llamadnos como los tres reyes magos y cuidad, alimentad y proteged a vuestro niño interior; porque, como sabéis, vuestro niño interior es vuestra alma, que necesita atención amorosa. Y si oís hablar a muchos niños del interior, sabed que ellos son fragmentos de vuestra alma. Y los fragmentos deben llegar a ser una sola voz; una voz, un alma inmaculada. Solo entonces se elevará esa alma en plenitud como la totalidad del ser.

En conclusión, os digo que este es un año en el que debéis buscar protección. Y esa protección es un ingrediente vital para que recibáis la dotación de poder del Espíritu Santo. Debéis invocar a las legiones de luz del primer rayo para la protección de los países y continentes, de toda la vida sensible y especialmente de los queridísimos niños.

Por tanto, amados, está bien que os pongáis vuestra armadura y que os la dejéis puesta hasta el final de esta década. Está bien saber que os habéis unido tanto a las legiones del primer rayo que estáis sellados en la perfección de Dios, que es su santa voluntad. La santa voluntad de Dios os llevará. Es como la verdad y el honor. Cuando sabéis qué es la voluntad de Dios y la hacéis, sin que importe el precio, tenéis nuestra bendición.

ESTOY SIEMPRE A VUESTRA DISPOSICIÓN

Y así como os quitáis el abrigo y se lo ponéis a los niños para ampararlos del frío, yo, El Morya, vuestro Bapu, tomo mi manto y os lo pongo alrededor para escudaros, igual que vosotros escudáis a otros. Os tomo en mis brazos como a un niño pequeño, el niño pequeño que nació una vez, y os recuerda vuestra inocencia innata. No hay nada malo en la inocencia, porque la inocencia os aproxima al Cristo vivo. YO SOY Morya, siempre a vuestra disposición. Llamadme. Ofrecedme vuestro corazón en mis decretos de llama azul. Os devolveré la cantidad exacta que hayáis dado multiplicada por el poder del diez. Os veré los martes, mañana, mediodía y noche, en la corte, la Corte del Rey Arturo y sus caballeros y damas de la llama.

Me inclino ante el SEÑOR Dios en vosotros.

[ovación de 22 segundos]

1 de enero de 1995
Rancho Royal Teton
Park County (Montana)
ECP

CAPÍTULO 22

Vuestra meta es que vuestro Señor Cristo,
vuestro Santo Ser Crístico, ocupe
vuestros cuatro cuerpos inferiores.
Si esos cuerpos están llenos de desechos,
almacenados en el ático del cerebro durante siglos,
no habrá sitio en absoluto para que el Cristo entre.
¡Haced limpieza!

¡HACED LIMPIEZA!
YO SOY EL DEFENSOR DE MIS CHELAS

¡Si os involucráis en lo psíquico,
tendréis que cargar con las consecuencias!

¡Elevad vuestra conciencia!

¡Elevaos al nivel de vuestra Presencia Divina!

¡Conoced al Señor como la infinita voluntad de Dios!

¡Interiorizad esa voluntad:

en la mente, en el tercer ojo, en el corazón, en el alma!

¡Que abunde la luz! ¡Elevad la conciencia!

Levanto el fuego blanco desde la base de la columna hasta el tercer ojo. ¡Sentidlo! Porque he venido con mi imán para que sepáis qué significa que el fuego sagrado suba por el altar del ser. Y en los que se requiere más transmutación antes de que el fuego sagrado pueda elevarse, lo dejaré sellado para este encuentro en el chakra de la base de la columna.

¡Pero vendré! Y cada vez que venga y cada vez que veáis mi nombre en un programa de conferencia, podéis esperar de mí que acelere el fuego sagrado en vosotros para que sintáis el ardor en la base del cerebro, para que sintáis el ardor en vuestro corazón, como el corazón de los discípulos ardió en ellos mientras caminaban con el Señor de camino a Emaús pero no lo reconocieron.[1] Y es que no habían elevado el fuego sagrado para la apertura del tercer ojo; porque de haberlo hecho, habrían reconocido a Jesús como el Cristo resucitado.

Por tanto, amados, es bueno hacer los mantras bija a la Madre Divina.[2] Estos mantras son importantes, porque vivifican la vida.

La llama de la Madre es para «regar» todos los chakras y para limpiar el alma. Y al elevarse el fuego de la Madre por el altar de la columna, finalmente experimentáis la comunión con ella en la cámara secreta del corazón, donde vuestras energías de la Madre y del Padre se reúnen. Entonces es cuando sentís vuestra plenitud, vuestra completitud y el equilibrio de vuestras energías yin/yang. Ya no estáis incompletos, ya no ansiáis esto o lo otro, porque habéis entrado en la interiorización del fuego blanco de Dios. Esto os es posible.

Que los mantras bija dedicados a la Madre Divina se conviertan en una parte permanente del servicio de la ascensión del viernes por la noche que hacéis. Porque el servicio de la ascensión no es solo una oportunidad para que limpiéis de desencarnados al planeta, sino que también es una oportunidad para que aumentéis los anillos del cuerpo de fuego blanco alrededor de vuestros cuatro cuerpos inferiores y chakras. Por tanto, visualizaos en estos anillos, porque deseamos que os pongáis una luz cada vez mayor del mismísimo corazón de Lúxor como preparación para vuestra Victoria definitiva.

Por consiguiente, Serapis Bey me envía un rayo de luz en este momento, pidiendo que yo pueda hablar por él. Porque desea deciros, amados, que las dos acciones que más dotan de poder y que podéis lograr dentro de vuestro templo son la conservación del fuego sagrado y después la elevación de ese fuego sagrado en la medida en que podáis y os sintáis cómodos.

A cada nivel de maestría sobre vosotros mismos que logréis, el requisito diario para la transmutación personal y planetaria con la llama violeta aumentará. Para algunos, un requisito añadido para poder progresar consiste en solucionar esto o aquello en el inconsciente y el subconsciente.

Esto también es muy importante, amados. Porque a no ser que limpiéis los múltiples niveles del ser, y específicamente los problemas de vuestra psicología, veréis que la elevación del fuego sagrado dará cierta permanencia a los problemas espinosos que deseáis echar a la llama violeta.

Por tanto, dirigid de manera consciente un rayo de llama violeta a cada uno de vuestros chakras, desde la base de la columna hasta la coronilla. El póster grande de llama violeta que ilustra los chakras sobre la estatua del David de Miguel Ángel[3] ofrece una muy buena visualización para limpiar los chakras y elevar la Kundalini.

Visualizaos a vosotros mismos de manera sistemática transmutando registros del pasado, remoto y reciente, hasta que tengáis un templo totalmente limpio que el Señor Cristo pueda ocupar. Sí, veos a vosotros mismos rodeados de pulsantes ovoides de llama violeta, como muestra el póster. Porque lo que veáis e interioricéis, eso llegaréis a ser.

¡HACED LIMPIEZA!

Vuestra meta es que vuestro Señor Cristo, vuestro Santo Ser Crístico, ocupe vuestros cuatro cuerpos inferiores. Si esos cuerpos están llenos de desechos, almacenados en el ático del cerebro durante siglos, no habrá sitio en absoluto para que el Cristo entre.

¡Haced limpieza! Pero en ese mismo momento, llenad la casa de luz. Barredla, llenadla de luz y repetid el ritual día tras día.

Pues laváis los platos a diario, limpiáis vuestra casa, cuidáis de la ropa, cuidáis de vuestra persona. ¿Por qué no cuidar de estos compartimentos de la conciencia que habéis descuidado tanto?

Limpiad el reino del cuerpo mental y todos los registros de episodios que se hayan impreso sobre él durante miles de años. Cuando os vaciáis a vosotros mismos y después llamáis a Dios para que os llene, diciendo la oración: «¡Ven, ocupa, ocupa, ocupa, mi amado Ser Crístico!, día a día se producirá esa limpieza. Y puede que viváis para regocijaros en estos cuerpos por la limpieza total de todos los registros del pasado. Puede que viváis para lograr el saldo del cien por cien de vuestro karma de modo que podáis llenar vuestros recipientes de ¡luz, luz, luz!, cualificando esa luz con lo que sea la necesidad del momento en vibración, palabras, energía, conciencia.

Comprended que vuestro cuerpo físico es el templo del Dios vivo.[4] Y, por consiguiente, estad atentos con ese templo en todos los sentidos. Cada célula es un cáliz, todo átomo y toda la energía en movimiento que mantiene el equilibrio de Alfa y Omega.

Por tanto, desde el núcleo de fuego blanco de vuestro ser más profundo, centrado en el chakra de la base de la columna, llamad a vuestra Presencia YO SOY para elevar el fuego sagrado hasta vuestro chakra de la coronilla y el tercer ojo y ¡que la luz, que la luz, que la luz se intensifique! ¡Que vuestra aura sea engrandecida! Que los anillos y más anillos de vuestro cuerpo causal os rodeen aquí abajo por haber extraído de vuestro cuerpo causal una intensidad tan grande de luz a través de los decretos.

Vosotros sabéis que el único acto que puede quitaros la victoria de vuestros decretos es el acto de entrar en la discordia. Y cuando no los hacéis con regularidad, eso desde luego no ayuda. Cuando hacéis los decretos con regularidad y mantenéis la armonía juiciosamente —porque ponéis interés en mantener la armonía—, podéis mantener y acelerar el impulso acumulado de vuestro trabajo de decretos ¡y desarrollarlo y desarrollarlo y desarrollarlo! Y puede que sintáis que estáis recibiendo la gran recompensa por vuestro trabajo, porque estáis llegando al menos a una cuarta parte del camino para encontraros con el Buda, al construir los anillos de vuestro cuerpo causal alrededor de vuestros cuatro cuerpos inferiores.

LLEGAD A SER LA NOVIA DE CRISTO

Esto, por supuesto, es un adjunto a vuestro caminar por el Sendero con vuestro Santo Ser Crístico y someteros a las iniciaciones que debéis atravesar para llegar a ser la novia de vuestro Señor, Jesucristo. Ciertamente, si tenéis un templo que ha sido vaciado y llenado de luz, que ahora podéis adornar con la vestidura sin costuras que habéis tejido, pues todos los desgarros se han sanado y todas las aberraciones de conciencia han sido transmutadas por la llama violeta, esto os llevará más y más cerca de la fusión de vuestra alma con el corazón de Jesús y a tener el título y el manto de Novia de Cristo.

La ceremonia en la que uno es recibido como una novia de Cristo es impresionante, amados. Y considero de suma importancia cuando el alma que ha de convertirse en la novia del Señor aún está encarnada.

La presencia en la tierra de una novia de Cristo puede sentirse por todo el mundo. Porque todos en la Tierra se vuelven conscientes de una presencia muy especial, una relación muy especial, una santidad muy especial entre la novia y su Señor. Y hasta que vosotros logréis la unión con Cristo, tenéis la oportunidad, si estáis casados, de volver a consagrar ante el altar de Dios el matrimonio que habéis establecido a nivel humano; así, hombre y mujer pueden celebrar su unión actual y su unión futura con Cristo como sus novias.

Ahora pues, amados, deberíais conocer la bendición y la verdadera belleza del matrimonio. Pero hay otro matrimonio del que deseo hablar, que es el matrimonio con vuestro Gurú. Durante algún tiempo, por supuesto, vuestro Gurú tendré que ser yo por necesidad, puesto que soy quien Saint Germain y la jerarquía de luz han nombrado para este cargo. Soy el que está nombrado a recibiros en nombre de los siete chohanes y el Maha Chohán cuando entráis en el sendero del discipulado.

CONSTANCIA, LA VIRTUD CLAVE

Cuando adopto a un chela y patrocino a ese chela, esto es un acontecimiento muy, muy especial. Mucha gente espera vidas enteras para recibir una oportunidad tal, simplemente porque no me es posible llevar el peso de quienes aún no han transmutado cierta cantidad de karma y no han mostrado cierta estabilidad, cierta tenacidad en el sendero de la voluntad de Dios, sin virar ni a la derecha ni a la izquierda.

La constancia es la virtud clave que debe existir en quienes de verdad desean estar unidos a mí. Para formaros personalmente, amados, debo obtener de vosotros una constancia inquebrantable con la que mantengáis un nivel constante de absorción de la llama azul de la voluntad de Dios, y así entrar día a día en el fuego sagrado del primer rayo. Debéis estar dispuestos a aceptar cualquier reprimenda, cualquier corrección, aceptarlo deprisa y después autocorregiros deprisa. Debéis tener un impulso acumulado de hacer decretos a los Maestros Ascendidos que sirven principalmente en el primer rayo. Podéis hacer cualquier decreto azul (o todos los decretos azules), ya sean los dedicados a mí, a Surya, a Himalaya, a Vaivasvata o al Arcángel Miguel.

Os digo, amados, que cuando os mantenéis saturados con el rayo azul y estáis alerta con respecto a todos los estados mentales desfasados que podáis considerar albergar, veréis que me convertiré en vuestro defensor. Una vez que me convierto en el defensor de un chela, trabajo con ese chela hasta el final. Por tanto, amados, no penséis que me tomo a la ligera el hecho de adoptar a un chela.

Muchos de vosotros estáis llegando a ser chelas. Pero debo poneros a prueba durante muchos años, a veces durante vidas, antes de recibir la señal del propio Dios Todopoderoso de que puedo cargarme al adoptar a otro estudiante.

Comprended esto, amados. Está bien que os hagáis devotos de la voluntad de Dios. Porque como devotos, ¡aumentaréis y aumentaréis y aumentaréis! muchos tonos de anillos azules alrededor de vuestros cuatro cuerpos inferiores y la circunferencia de vuestra vida. Y cuando hayáis demostrado vuestra valía bajo el fuego y en muchas situaciones, situaciones insostenibles, situaciones devastadoras, y hayáis salido de ellas de pie, sabremos que tenemos a un chela de primera magnitud y os recibiremos para que seáis ungidos ante el consejo de Darjeeling.

TODOS PUEDEN HACERSE MERECEDORES

Sí, esta es una oportunidad muy especial y todos pueden hacerse merecedores. Hablo de ello, amados, porque he analizado la Tierra y he escuchado los dictados que se han dado en esta conferencia y entiendo que hay mucha, mucha gente en el mundo que buscaría y encontraría esta enseñanza si supiera que existe en alguna parte.

Puesto que estoy a punto de patrocinar a millones de almas para esta actividad y este Sendero, debo estar seguro de que vosotros que estáis aquí y que formáis las bases de esta comunidad por toda la Tierra me sois fieles. Debéis ser fieles a las almas que están entrando. Debéis cuidarlas y elevarlas. Debéis terminar con la crítica, la condenación, el juicio y los chismes que tenéis. Y debéis alabar el poder de Dios que nos da la oportunidad de darle la vuelta al mundo de verdad en los próximos años.

Por tanto, amados, al mismo tiempo que hablo de recibir a muchos de entre vosotros como chelas, porque muchos de vosotros sois dignos, también debo hablar de aquellos que no han sido chelas, que nunca han sido chelas, pero que se han aferrado a esta actividad como polillas revoloteando en torno a una lámpara. A veces se han reunido alrededor de la llama en tal cantidad, que la llama ya no se ha podido ver.

Por tanto, estoy ocupándome de que estas personas ya no formen parte de esta comunidad. Algunas ya se han marchado. Otras han sido despedidas porque se negaron a renunciar a ciertas actividades psíquicas que no pueden ser toleradas de ninguna manera en una organización patrocinada por los Maestros Ascendidos. Este asunto no tiene término medio: o bien abandonáis lo psíquico o no podéis formar parte de esta organización.

Ocurre a menudo que las personas psíquicas no saben que lo son, porque han caído al mundo de la ilusión, el mundo de las baratijas y fruslerías y espejismos. Han bajado en una espiral descendente al plano astral y, mira por dónde, ¡se creen que han encontrado Shangri-la!

CONOCED LA LEY ACERCA DEL PSIQUISMO

Bien, amados, deseo hablar con vosotros del asunto de poneros ante instructores que no son los Maestros Ascendidos y ante enseñanzas que no son las de los Maestros Ascendidos. Si estáis decididos a asistir a cursos de este o aquel instructor porque profese enseñar algo que creéis que debéis saber, siendo conscientes de que ese instructor es psíquico o que ha sido identificado como psíquico por la Mensajera, esto es lo que pasará:

Cuando os pongáis ante un instructor que no está conectado con la Gran Hermandad Blanca, que no tiene control Divino sobre sus cuatro cuerpos inferiores o sobre la ira (o sobre las As Marcianas[5] que la Mensajera ha enumerado) y que se encuentra en un valle de indecisión de algún tipo, escogiendo vivir ni en la Luz ni en la Oscuridad, sino en una zona gris, os abrís y exponéis a recibir de ese instructor cualquier sustancia no transmutada que tenga alojada en su cinturón electrónico. (Porque el pupilo siempre es quien recibe y el instructor siempre es quien da). Y no seréis capaces de filtrar lo psíquico de lo no psíquico, pues la vibración psíquica contamina toda la corriente de la conciencia del que se deja fluir con ella. Por tanto, no solo asimilaréis lo que el psíquico reparta de manera consciente, sino todo el impulso acumulado subconsciente de su psiquismo, incluyendo a su recipiente impuro, que en la mayor parte de los casos no se ha dedicado como cáliz para la transmutación de la llama violeta. (En el mundo de los psíquicos hay muchos que no tienen ninguna intención de transmutar el karma del pasado y hay otros que utilizan la llama violeta, pero sin estar dispuestos a renunciar a su involucración en lo psíquico).

Y la conclusión será que yo no tendré nada más que ver con vosotros porque os habréis involucrado en lo psíquico y tendréis que cargar con las consecuencias, hasta que decidáis «enmendaros», como se suele decir. Si os vais por la vía de los psíquico cuando conocéis la Ley, no podré ayudaros y ya no podré tener ningún lazo con vuestra corriente de vida. Tampoco podrá ningún otro Maestro Ascendido mantener lazos con vosotros, porque la Gran Hermandad Blanca no lo permite.

Debéis comprender que a través de vuestro lazo con al Gran Hermandad Blanca, a través de Padma Sambhava y el linaje jerárquico que patrocina a esta Mensajera,[6] tenéis la oportunidad más grande en todo el universo de la Materia de ascender en esta vida.

Las jerarquías de luz que están involucradas en esta Tierra también lo están en este universo. Y, por consiguiente, su patrocinio a esta organización no es algo únicamente para esta Tierra.

He hablado y esta es mi declaración. Escuchadla bien. He puesto una mesa al completo ante vosotros. El Señor Cristo ha partido el pan de vida y os ha dado su Cuerpo y su Sangre. No hace falta que lo sepáis todo acerca de todo, incluyendo las cosas de lo psíquico. No hace falta que busquéis atajos. ¡No hay atajos!

Podéis engañaros de muchas formas, ya sea con la prueba muscular, con esto, con aquello o con lo de más allá que alguien haya sacado a la luz. Pero al final, amados, veréis que no habéis avanzado nada y que habéis abandonado vuestro sendero y vuestra confianza espirituales en los Maestros Ascendidos, que son vuestros instructores y Gurús. Y os digo que os encontraréis llenos de energía psíquica y no tendréis a nadie más que a vosotros mismos para deshaceros de ella.

La energía psíquica es como las arenas movedizas. Las almas pueden quedar atrapadas en ellas y, de hecho, defender su derecho a hacer lo que están haciendo por estar tan enredadas en el plano y sus habitantes psíquicos que ya no pueden diferenciar entre el sendero espiritual y el sendero psíquico. ¡Esto es una tragedia de la era!

Existen millones de almas en la Tierra que siguen a instructores psíquicos y, como resultado, se caen por el camino. Debido a que están conectadas con estos instructores, no son conscientes de que su funda áurica (la luz más cercana al cuerpo) les está siendo «sangrada». Sin saberlo, están perdiendo la esencia de su alma. Se la están quitando no necesariamente los espiritualistas o los que tienen una bola de cristal, sino gente normal y corriente que vive en el plano psíquico. Por tanto, sabed que cuando tenéis compañías así, os volvéis vulnerables a todos los niveles del plano astral. Cuando os ponéis en frente de ellos como estudiante, sois aún más vulnerables.

Un ejemplo típico de psiquismo en la televisión que atrae a millones de personas al plano astral todos los días, por tanto, al mundo surreal de lo psíquico, es lo que denominan telenovelas. Las telenovelas no tienen absolutamente ningún valor redimible. Son una ciénaga de lo psíquico y los que prestan atención a esa ciénaga todos los días se encontrarán aún en esa ciénaga después de abandonar la pantalla de la vida al realizar el cambio llamado muerte.

Otro ejemplo de psiquismo es la violencia de los dibujos animados de los sábados por la mañana. Esta violencia es una profanación horrenda con respecto al alma del niño. Los creadores de estos dibujos animados han sembrado el viento y cosecharán, seguro que cosecharán el remolino de su karma por abusar de la mente y el cuerpo emocional de los niños.

LEALTAD AL DIOS ÚNICO

Somos vuestros instructores. Somos vuestros iniciadores. Os damos las iniciaciones en el Sendero. Como padres vuestros, os mimamos. No podéis imaginaros cómo os animamos y peleamos por vosotros. Pero esperamos una cosa: lealtad al Dios único y al Dios único en la persona de los Maestros Ascendidos.

Los Maestros Ascendidos son los patrocinadores e instructores de esta organización. Si hay un tema de estudio que os interese, pedidle a la Mensajera si os quiere enseñar algo sobre ese tema. Preguntadle si quiere invitar a instructores aptos que no sean psíquicos a que vengan y enseñen sobre temas que creáis necesarios para el avance de las metas educativas de esta organización.

A lo largo de los años, la Mensajera ha invitado a muchos expertos en los campos de la salud, la enseñanza, la psicología y la autoayuda. Y nosotros ciertamente estamos dispuestos a que nuestros chelas alcancen la excelencia en técnicas avanzadas de aprendizaje siempre que ello no implique la autosugestión o la autohipnosis. El llamado a vuestra Presencia YO SOY y a vuestro Santo Ser Crístico puede llevaros a cualquier plano u octava necesaria para que entréis a aprovechar los recursos del cerebro y la inteligencia superior de la mente de Dios. Los Guardianes de la Llama no pueden permitir nunca que los hipnoticen ni deberían hipnotizar a otras personas. Porque la hipnosis desplaza la función del Santo Ser Crístico y deposita su propia energía no transmutada en el subconsciente o el inconsciente desprotegido.

En resumen: no tendré nada que ver con cualquiera que persiga el mundo de lo psíquico y sus seguidores. Si buscáis lo psíquico, tendréis que limpiar vuestro mundo por vosotros mismos. Tendréis que volver a hacer que vuestra alma y vuestros cuatro cuerpos inferiores sean un cáliz aceptable para vuestro Santo Ser Crístico, si deseáis formar parte de esta organización.

Confío en haber hablado con claridad. Quiero que entendáis que estoy preocupado en cierta medida e igualmente apesadumbrado porque Saint Germain deba lidiar en esta organización con cosas como estudiantes que dicen recibir dictados del Maha Chohán y otros Maestros Ascendidos, cuando no tienen ningún manto y ningún cargo en la Gran Hermandad Blanca que los autorice a recibir dictados. Y me disgusta que el propio Maha Chohán se vea sometido a personas que reciben dictados que supuestamente son de él, pero no lo son, y afirman tener el Espíritu Santo, pero no lo tienen.

Las iniciaciones del Espíritu Santo os llegan día a día. Y llegan, amados, cuando estáis preparados. Antes de que podáis ser discípulos directos del Espíritu Santo bajo el Maha Chohán, debéis someteros a los senderos de los siete chohanes y dominar al menos tres de esos senderos, uno de los cuales debe ser el sendero del primer rayo conmigo. Los chohanes que presiden sobre los otros dos senderos que escojáis pueden aceptaros o bien como un chela preferente, o bien como un estudiante novel, o pueden deciros que sigáis con diligencia el sendero que enseñan los Mensajeros hasta que seáis invitados a recibir una instrucción directa de uno o ambos chohanes. Yo ejerzo el mismo criterio.

Por consiguiente, me pesa ver una cierta separación o un cierto rechazo, si se quiere, a los maestros, que llevan con vosotros tanto tiempo, en favor de quienes llegan al pueblo con sus cazos y cazuelas y aceite de serpiente, con la intención de apartaros de vuestro Primer Amor.

Vuestro único, verdadero y primer amor debería ser vuestra Presencia YO SOY. Llamad a vuestra Presencia YO SOY para aseguraros toda la edificación y el aprendizaje que necesitáis para ascender. Pero no seáis avaros al permitiros este, aquel y el siguiente curso ofrecido aquí y allá y por doquier, mientras emprendedores psíquicos conspiradores se aprovechan de gente tonta que entra en sus tiendas y pagan altos precios para que la enseñen, a menudo por parte de quienes no han sido purificados por el Señor Cristo y, por tanto, en quienes no habita ese Cristo.

NO SERÉ FLEXIBLE

Confío en que entendáis mi preocupación y mi severidad. No soy flexible y no lo seré. No quiero cargar con el bagaje psíquico de ningún chela. Si os habéis conectado innecesariamente, consciente o inconscientemente, con gente psíquica o con el plano psíquico, os veréis obligados a desmagnetizar vuestros cuatro cuerpos inferiores con la ayuda del Arcángel Miguel y el Elohim Astrea y al utilizar la llama violeta con asiduidad, hasta que finalmente os encontréis fuera del plano astral, de una vez por todas.

En este momento, pues, os sello para la victoria y digo: en esta comunidad tendremos a los que son buenos ejemplos del Sendero. Y dejaremos que los de mirada perdida que ya están idos, idos a lo psíquico, incluso con la ayuda de drogas psicodélicas, graviten hacia niveles inferiores, donde van a terminar en todo caso. Separémonos en paz de quienes no reconocen su supremo llamamiento en Dios y su extraordinaria oportunidad de avanzar siguiendo las líneas de las grandes dispensaciones del Sol Central.

Me inclino ante el Cristo en cada uno de vosotros y os digo *adieu*.

[ovación de pie de 41 segundos]

16 de abril de 1995
Rancho Royal Teton
Park County (Montana)
ECP

CAPÍTULO 23

Comparaos no con los que han competido
en la Olimpiadas en la Tierra,
sino con los que han entrado
en las Olimpiadas cósmicas.
Obtened vuestro sentido de la medida
de quienes ya han ascendido.

EL ESPÍRITU DE LA GRAN HERMANDAD BLANCA EDUCA EL DESEO MEDIANTE EL CONTROL DIVINO

El refuerzo de la Cristeidad
en una comunidad espiritual

¡Ho! La luz despunta. Y el Maestro de Darjeeling se siente complacido. YO SOY quien está en el corazón de todos los chelas. Y estoy con vosotros en este momento del Ciclo Oscuro que ha cambiado.[1]

Y al cambiar, amados míos, vosotros también cambiáis y sois girados hacia la luz. Y como se ha dicho, cuando encaráis la luz, las sombras quedan detrás. Así es. Que la luz siempre esté delante y la sombra detrás, pero que el ojo itinerante de Dios, el Ojo Omnividente (360 grados) de Dios, permanezca consciente y con control Divino sobre la sombra.

Por tanto, hablemos de las fuerzas y los seres oscuros. Porque, amados, hay niveles de control y control Divino que no conocéis.

Amados, ¿qué es lo que podéis controlar en la vida? Lo único que podéis controlar es el yo, pues no es lícito controlar a ningún otro yo, excepto en el caso de los padres que tienen el control Divino sobre el hijo confiado a su cuidado. Amados, comprended bien el significado del dilema del libre albedrío yuxtapuesto al trasfondo de fuerzas planetarias cósmicas, universales y sistémicas que se mueven en, a través y en torno a la persona.

Amados, nunca ha sido más incierto, por consiguiente, más importante, que el chela de la voluntad de Dios tenga el control Divino de su mente, fuerzas, corazón y autoconocimiento y que por tanto se esté preparando para entrar en esa mente Géminis de Dios[2] que es el Alfa y la Omega del sol central de vuestra Presencia YO SOY.

HACED CASO DE MIS REFLEXIONES Y COMENTARIOS

Es de importancia cósmica, o chelas, que hagáis caso de mis palabras a medida que mis reflexiones y comentarios sobre las escenas de nuestros tiempos pasan de mí, a través de la mensajera, a vosotros. Porque a menudo, en un momento y en un comentario, encontraréis dicho todo lo necesario como clave de los enigmas del presente y los misterios de la vida.

Por tanto, puesto que se da el caso de que el control Divino en el individuo debe establecer los límites de su habitación,[3] comprended esto: cuando permanecéis en control Divino de los cuatro cuerpos inferiores, de las energías del cinturón electrónico y el karma, y cuando este control Divino no es por voluntad humana, sino por vuestra familiarización con la mente de Dios, la fuerza del sol central del ser, que es el corazón, empieza a expandirse y no a ondular, sino a mantener su posición como sol central de la funda áurica.

RETENED EL CAMPO ÁURICO
DEL SEÑOR GAUTAMA BUDA

Orad, pues, para que la llama trina esté en equilibrio, que la Madre esté en vosotros y que vuestra huida no sea en invierno.[4] Orad, pues, por encima de todo, para que retengáis el campo áurico del Señor Gautama Buda, que os ha prestado, amados, no solo el hilo de contacto con su llama trina, sino, a los devotos de la voluntad de Dios, su campo áurico —el cuerpo causal— en congruencia con el vuestro como vosotros lo queráis y que así os sintonicéis periódicamente con esos rayos secretos de su corazón. El que está a salvo en tiempos de tribulación planetaria es el que está sellado en su luz áurica intensificada.

Por tanto, venimos para una medida de cordura y una medida de prevención. Saquemos la masilla y sellemos las fugas en el aura de nuestros chelas que invocan tanta luz, pero esa luz a veces supura, a veces gotea y se derrama por los agujeritos o los desgarros más grandes en el campo áurico.

Amados, la fuerza del campo áurico es la fuerza el campo electromagnético, siendo este último más permanente, mientras que el aura es más representativa de los altibajos temporales. Nosotros, pues, venimos con la masilla de relámpago azul y el fuego sagrado para ayudaros. Nuestros ángeles, por tanto, reparan el campo energético y la funda áurica cuando sois sellados en lealtad y devoción en este momento de nuestra venida.

Amados, sois sumamente amados. Por tanto, tenemos el deseo, nosotros del Consejo de Darjeeling, el Consejo Indio y el Consejo del Royal Teton de la Gran Hermandad Blanca con quien servís, de daros hoy un conocimiento de lo que significa estar libres del recipiente con fugas, de sentiros dentro de una funda áurica que tiene el calor, el poder y la Presencia de Dios, para que con el discurrir del día sintáis que estáis en esa Presencia, que no os desviáis de ella y que abundáis en la alegría y el conocimiento:

Mi Redentor vive.
YO SOY Quien YO SOY.
Habito en la Presencia de Dios.
Siento ese Amor conmigo siempre.
¡Y, por tanto, sé
que alcanzaré el sitio y el período de mi Destino!
¡Iré más allá de estos años de adversidad del planeta!
¡Me encontraré aún en este cuerpo en el Nuevo Día!*

---

*Hágase este fíat junto con los del Dios Armonía en *Perlas de Sabiduría*, vol. 29, n° 47, 12 de octubre de 1986.

REGOCIJAOS EN LA PRESENCIA RECONFORTANTE DE DIOS EN VOSOTROS

Amados, si no sentís esta Presencia consoladora de Dios con vosotros siempre, diría que deberíais considerar tener cierta preocupación acerca de cómo mantenéis la armonía de la luz que habéis invocado y acerca de los peligros en el sendero de la vida, ya sea por la invasión de enfermedades, accidentes o simplemente por estar en el sitio equivocado en mal momento, lo cual ha demostrado ser funesto para muchos en este desencadenamiento de terrorismo.

Amados, venimos pues con esta Presencia de Amor. Al sentirla desde nuestro corazón, recordad que no es solo vuestra Presencia YO SOY, Santo Ser Crístico y Espíritu Santo con vosotros, sino que bien podría ser la compañía de un maestro ascendido a quien amáis, una llama gemela ascendida o un ángel enviado por uno de los arcángeles para que os ayude.

Regocijaos, pues, en esa Presencia reconfortante y valoradla más que todos los bienes, todas las situaciones y posiciones en la Tierra. Porque hay lugares en la Tierra a donde podéis llegar deambulando, amados, que son tan oscuros y pesados (muchos de ellos no lejos de donde os encontráis aquí, físicamente) donde esta Presencia es neutralizada por la oscuridad solo porque aún no habéis logrado la maestría Divina en esa Presencia, en mantenerla. Y, por tanto, la Presencia se eleva a un campo electrónico superior y os veis incapaces de mantener esa misma luz en los sitios de oscuridad a donde podáis ir, donde podáis encontrar vuestro empleo u otras idas y venidas para realizar las necesidades de la vida.

Esta semana os pido, pues, en el nombre del primer rayo, cuyo Señor soy, que os deis la oportunidad hacer autobservación, que toméis nota de cuándo llega la ausencia de esta calidez reconfortante de luz solar de vuestra Cristeidad, de qué lo causa. Perseguid la causa, ya sea temor, ansiedad, relaciones mundanas o el permitir que la energía del mundo entre en vuestra corriente de vida por un acceso excesivo de los medios de comunicación, como la televisión, etc.

Amados, la seguridad está en efecto en el arca del SEÑOR.[5] Por tanto, con todo vuestro adquirir, adquirid el arca del SEÑOR. ¿Podéis encontrarla? ¿Podéis verla? Es el Lugar Preparado, en efecto; el lugar de vuestro corazón, el lugar del aura.

Seguridad en la Gran Hermandad Blanca.

Que sea una nube de testigos[6] a vuestro alrededor sostenida por la atracción y el tirón* de vuestro corazón a las huestes angélicas y vuestro amor.

Seguridad en el corazón de la llama trina y el Buda.

Seguridad, en efecto, en el corazón de Cristo,

INVOCAD A SERES CÓSMICOS Y ELOHIM EN LA PODEROSA OBRA DE LAS ERAS

Por tanto, amados, viendo cómo todo debe llegar a ese grado de cierta decepción por el hecho de que todo lo que podemos controlar es el yo, que es el don que Dios nos ha dado, ¿cómo emprendemos entonces en esta poderosa obra de las eras el perfeccionamiento del yo y el mantenimiento del equilibrio en la Tierra?

De manera muy sencilla, invocando a seres cósmicos y a los Elohim, cuyas auras y campos electromagnéticos contienen con facilidad a la Tierra, el sistema solar o la galaxia y aún más. Puesto que uno puede tener el control Divino de su campo electromagnético y aura, podéis entender cómo la Presencia de una única manifestación de las llamas gemelas de los Elohim en la Tierra, en la octava física, a través de chelas físicos, puede mantener en control Divino (hasta que lo permita la ley del karma y el libre albedrío) a una oleada de vida planetaria, a un cuerpo terrestre y a la vida elemental.

Hasta cierto punto, vuestra invocación a un Elohim, sustentada como una vibración en vuestra aura, proporciona al Elohim los puntos de anclaje de contacto físico, permitiendo que esos electrodos colocados en la Tierra tengan una mayor manifestación física. Cuando el libre albedrío de los portadores de luz de todo el mundo proporciona un aura estable para que los Elohim se manifiesten a

---

tirón: halón. (N. del T.)

través de ella, podéis visualizar un *antahkarana**, un cuerpo estelar compuesto de portadores de luz, siendo cada estrella un punto en el campo electromagnético del Alfa y de la Omega de los Elohim.

Igual que los grupos de estrellas en los cielos se ven como el perfil de formaciones, constelaciones y figuras, visualizad la poderosa aura de Pureza y Astrea, Hércules y Amazonia, rodeando a la Tierra y luego al sistema solar. Ved a todos los portadores de luz como si fueran estrellas, chakras en el cuerpo de los Elohim, siendo cada uno de ellos un punto que emana esa luz a la octava física por la autoridad que se le da solo a los que están encarnados.

SED PARTE DEL CUERPO DE LUZ

Ahora podéis ver cómo vuestra participación y pertenencia al cuerpo de Dios, vuestra pertenencia a la Gran Hermandad Blanca, os permite por la voluntad de Dios participar en una aura más grande de seres cósmicos para lograr el control Divino de mundos y el resultado de los eventos en esos mundos. En muchos sentidos, por tanto, llegamos a apreciar a la Gran Hermandad Blanca, de modo que los que de repente se despiertan con respecto a la conciencia cósmica y se hacen conscientes de que esta les falta ante la presencia de tales seres, no se demoren dos o diez millones de años hasta lograr también el nivel de un ser cósmico, sino que unan fuerzas con ese ser y formen parte de ese cuerpo específico de Dios. Porque en verdad los Elohim son el cuerpo de Dios.

Por tanto, cualquiera que, de manera realista, al evaluar su logro, se sienta deficiente para mantener el equilibrio de un planeta, pueda tener de esta forma un recurso inmediato para entrar y formar parte del cuerpo de luz de todo el Espíritu de la Gran Hermandad Blanca. Entonces considerad que nosotros, como Maestros Ascendidos o nuevos seres ascendidos, nos podemos sentir de vez en cuando deficientes ante un desafío cósmico y, por tanto, nos hacemos parte del cuerpo universal de Dios, de la mente universal de Dios.

**antahkarana:* [sánscrito, "órgano sensorial interior"], la red de la vida; la red de luz que abarca Espíritu y Materia y sensibiliza y conecta a toda la creación dentro de sí misma y con el corazón de Dios.

Cada vez más, todos hemos llegado en nuestro nivel específico a comprender la ley del Uno. Cuando entramos en el Dios único y en el verdadero cuerpo único de Dios —cada uno posicionado como un chakra estelar emanando la luz de nuestro cuerpo causal y beneficiándonos de la emanación de luz de todos los demás—, podemos ver, como diríais vosotros, «la luz al final del túnel». Podemos ver el cosmos de la Materia tragado por el cuerpo universal de Dios. Podemos ver todas las cosas llegar a la culminación, cuando el cosmos del Espíritu devora al cosmos de la Materia tal como la Serpiente se traga su cola.

Amados de luz, este principio de la ley del Uno es llevado a la realidad práctica de esta comunidad del Espíritu Santo y subraya por qué tantas personas en todas las épocas han querido y decidido unirse a una comunidad espiritual. Han sentido el refuerzo. Sí, en efecto, ha sido el refuerzo de la Cristeidad de cada individuo de esa comunidad, porque la fuerza siempre está en la luz.

CONOCED EL SIGNIFICADO DEL IMÁN DEL GRAN SOL CENTRAL QUE SOIS

Ahora pues, amados, ciertas situaciones sumamente desconcertantes se os han presentado en el día, en vuestros periódicos, en vuestra Tierra, en vuestros países, las cuales han desafiado de verdad vuestra imaginación acerca de cómo muchos o pocos en vuestra zona podrían de hecho mantener el equilibrio de luz, cuando la opinión prevaleciente del mundo o la opinión local ha sido algo totalmente opuesto a esa luz y ese Cristo. Por tanto, vengo con el recordativo y la perspectiva que todos nosotros hemos deducido al servir a la luz en todas las épocas: Hasta que uno no entra en el «estado del Uno» formado por muchos y lo define como la Gran Hermandad Blanca, lo que uno puede lograr es limitado.

Entonces, al considerar esas fuerzas desplegadas, comprended cómo la ley de la positividad, la ley del Bien Absoluto, debe tener el círculo de luz trazado en torno a sus miembros y el campo áurico de sus miembros para intensificarlos y no para distenderlos, para saturarlos y no para extenderlos; debe tener la capacidad de tragarse la oscuridad predominante, de otro modo la oscuridad prevalecerá en la Tierra. Porque la transmutación universal tiene lugar por el Cuerpo y la Sangre de Cristo en todos vosotros. Saturad, saturad el templo corporal y los chakras.

Conoced el significado del Imán del Gran Sol Central que sois. Porque lo he descrito como la red de luz de los Elohim en la cual, uno a uno, con un libre albedrío del cien por cien, podéis insertaros. Esto lo podéis llevar a cabo, amados, pero solo si todas las fuerzas están dispuestas, de lo contrario el cuerpo mayor expulsará el pretendido trasplante de la individualidad inferior en la Individualidad superior con el pronunciamiento: «Vuelve, pues; vuelve a salir del círculo. No tienes la unidad de propósito de vida para ser una célula viable en el cuerpo universal de Dios».

DESEO DE SER DIOS

Por tanto, se trata del deseo que está reflejado en el centro de cada célula de vuestro ser, el deseo que está centrado en cada órgano y cada chakra. El deseo de ser Dios debe ser total, de otro modo no podéis estar llenos de luz. El deseo mana del manantial más profundo de la vida.

Nosotros, por tanto, que debemos mantener ardiendo los fuegos en el cuadrante mental del cuerpo de la Tierra, nos enfrentamos constantemente a los deseos de la gente en el nivel subconsciente, diametralmente opuestos a las palabras, las acciones, los esfuerzos llevados a cabo desde el nivel mental, hasta que en algunas personas la palabra carece totalmente de significado, no tiene relevancia con respecto a la realidad o la verdad. Y de hecho, amados, por todo el planeta hay un balbuceo de voces que confirman personalidades, descargan ira, frustraciones, represalias; y todo esto sigue sin reflejar ese deseo central para bien o para mal.

Amados, quienes están desconectados de la sede del deseo de su ser siempre intentan ser alguien que no son, intentan hacer algo que complazca a otra persona, aparentar que son inteligentes, avanzar política o económicamente; estas personas se encuentran en un estado sumamente lamentable. Son de lo más irreal, de lo más poco halagüeño en cualquier situación, porque nunca producen lo mejor en los demás ni en sí mismas.

Amados, el individuo que está en contacto de verdad con el deseo del corazón y del alma puede afrontarlo, puede enfrentarse a ello y tiene el entendimiento para saber que puede elevar ese deseo, acelerar ese deseo, llenarlo de luz y sabiduría, tal como moldearía el barro y volvería a dar forma a una escultura del propio hombre. Por tanto, es placentero estar con ese individuo, aunque esté en el lado oscuro de la vida. Porque el que está en contacto con su deseo se encuentra en el punto de partida en la vida que en verdad puede asumir una dirección divina bajo la guía del Gurú o de la Gran Hermandad Blanca.

Tomemos a la persona que odia, que desea odiar, que sabe que odia y que desea odiar; esa persona sabe que desea asesinar. Al menos está integrada con su ser interior. Será fiel a sí misma. Puesto que existe una integración, todo ese impulso acumulado puede ser revertido y aprovechado para el deseo de amar, el deseo de aceptar a Dios, el deseo de dar vida y no de quitarla.

Nosotros podemos trabajar con personas así. Pero es difícil llegar a un punto de contacto con quienes no saben quién son porque no saben lo que quieren. Hoy quieren esto, mañana quieren aquello. Y el genio salta de este trabajo al siguiente, sin jamás terminar nada, porque el genio de la mente se desconcierta con el cuerpo de los deseos o el alma que no ha llegado a ser capitán del barco. Amados, por esas personas podemos hacer poco, porque, aunque deseáramos jugar a ser Santa Claus, no es la voluntad de Dios.

EDUCAD A LOS DESEOS

Por tanto, amados, cuando saludéis la bandera de Maitreya y decidáis caminar en dirección a la Estrella Polar, la poderosa Presencia YO SOY (o el norte verdadero), amados, podremos ayudaros. Por consiguiente, aseguraos de que al desear casaros con el Cristo y hacerlo demasiado deprisa, que todos vuestros deseos descontrolados y no evaluados no sean como latas y bocinas que alguien haya atado a vuestra carroza que lleva la etiqueta de «Recién casados».

Amados, lo digo en serio. Porque quienes desean casarse con el Cristo y aún llevan colgando por detrás todas esas cosas irresolutas de los deseos, de verdad, de verdad, amados, no pueden permanecer casados. Y esta es la causa del divorcio en la octava física y los problemas en el círculo del matrimonio.

Cada cual, por tanto, debe educar el deseo. El deseo no es rey y reina. El deseo está sujeto a la voluntad de una chispa de espíritu que descendió. El deseo es un accesorio, una vestidura, un efecto de una identidad; una *id-entidad* en Dios, amados. Por tanto, la identidad puede dirigir todos los deseos de acuerdo con la voluntad. Pero la voluntad no tendrá éxito sin amor o sin sabiduría o sin la pureza del impulso de la Madre.

Por tanto, comprended, cuando reconozcáis el deseo erróneo, debéis entrar en el corazón de Alfa y Omega, por tanto, en el corazón de la mente Géminis de Dios, en el gran círculo del taichí donde está Dios, y debéis poneros la capa del deseo de Dios. Debéis probárosla y debéis decir:

«Si mi deseo es incorrecto, y sospecho que lo es, ¿qué es lo que Dios desea en este asunto? Voy a ir a la fuente. Lo voy a experimentar. Me voy a vestir con ello por devoción a mi conciencia de Krishna. Me voy a elevar en mi Santo Ser Crístico hasta el corazón del deseo de Dios. Voy a ver a través de los ojos del deseo de Dios. Voy a amar a través del corazón del deseo de Dios. Voy a decir la palabra del deseo de Dios. Voy a probármelo a ver cómo me siento de cómodo en este estado de deseo Divino y si puedo soltar las amarras de mis deseos humanos que me atan a personas y circunstancias peligrosas en nombre del bien humano».

Veis, amados, solo hay un modo de salir del deseo limitado, infructífero y perjudicial, que consiste en ir al corazón de Dios, subir al Árbol de la Vida, entrar y decir: «¿Cuál es mi deseo Divino en este asunto? Ya no tengo luchas en mí. Ya no puedo estar dividido entre esto y aquello. Durante demasiado tiempo he vacilado como un péndulo, al que Morya no puede ni seguirle la pista, ni quiere».

Por tanto, amados, para que cualquiera de nosotros, en cualquier plano de nuestra manifestación espiritual, sepamos y lleguemos a ser el punto más alto de la realidad que deseamos o debiéramos desear, debemos ir allá y resolver el asunto en seguida y completamente, y después ponernos esa vestidura, traerla al punto en el que nos encontramos como embriones de luz —un sol embrionario que rodea al corazón y el ser— y decidirnos y decir: «Mi Gurú ha apuntado hacia esta esfera. Mi Dios, a quien percibo, tiene esta inclinación y es de este parecer. Me alegro de tener puesta esta vestidura por un tiempo, apropiarme de ella, ser ese ser y después, tras ciertos períodos de tiempo, medir lo que he incorporado y dominado de verdad en comparación con el estado anterior».

Solo desde el punto de la maestría es que podéis calibrar, medir, escoger, tomar una decisión sobre el anterior estado de limitación. ¿Comprendéis, amados? Este es el enigma, el rompecabezas chino. Es el *kōan*. Es el desafío que todo Gurú debe poner ante el chela nuevo o avanzado. Es el conocimiento de que el chela primero debe llegar a ser maestro a fin de saber de verdad si desea conservar el estado inferior en el que se encuentra en el presente.

Consideremos por un momento que os encontráis en un estado limitado y no sabéis qué camino tomar. Solo hay un camino para conocer la salida, que es lograr la maestría primero y después visitar el estado anterior, como volver a visitar a viejos amigos o viejos lugares o viejas encarnaciones, vibraciones, etc.

Tenéis cierta maestría. Volvéis y decís: «Me alegro mucho de haber decidido estar donde estoy. Sí, lo veo; aquí y ahora decido que lo voy a hacer permanente. No quiero nunca más volver a ese estado, a esa «vieja Italia», a ese viejo lugar que conocía y al que amaba. No; veo el espacio que he recorrido gracias al sentido de la medida de Morya. Veo que el punto al que he ido es el punto en el que quiero estar de verdad».

Por tanto, todos vosotros habéis hecho esto. Ahora simplemente tenéis que volver a hacerlo y comprender que ningún sitio de la octava física puede describirse como nada más que un sitio con un nuevo nivel de limitación, así como un nuevo nivel de estado ilimitado de Plenitud. La falta de estado es estática. Todos los estados exigen progreso, para que los animales de presa no vengan y os encuentren, para que no os olfateen y os encuentren por una vibración conservada demasiado tiempo que ahora puedan identificar como «vuestra» vibración.

No conservéis una parte importante del yo durante tanto tiempo que las computadoras de los caídos tengan un punto de contacto de vuestra identidad, amados. ¡Estad en el siguiente estado antes de que os encuentren en el último estado! Y estarán desconcertados para siempre, y confío en que vosotros no lo estéis.

Por tanto, amados, quisiera divertiros un poquito ante las graves cuestiones de la vida. Quisiera amaros un poquito más y que pudierais hallar el tesoro de vuestro corazón y no desanimaros en este momento de muchos desafíos. Os digo que podrían ser muchos más de no ser por las victorias que ya habéis conseguido.

Y la verdad siempre será cierta, que Dios no os da más desafíos de los que podéis soportar, amados. Es solo que Dios está añadiendo unas pocas bolas en manos de los malabaristas que tan bien hacen los juegos malabares es esta actividad con sus múltiples proyectos y responsabilidades.

Ahora él dice: haced más juegos malabares… y más. Y así os encontráis teniendo también que hacer juegos malabares sobre una peonza en movimiento mientras mantenéis vuestro equilibrio, una peonza cuyo eje está inclinado. La peonza es el planeta Tierra, amados. Pero vosotros podéis hacer todo eso, porque los santos lo han hecho. Y, al fin y al cabo, habéis pedido la ascensión. Por consiguiente, os damos lo necesario para lograrla.

Solo recordad, amados, cual es el pensamiento del hombre en su corazón, tal es él.[7] Muchos de quienes siguen la religión hindú, por consiguiente, aunque puedan parecer sabios, han creído que se necesitan eones de tiempo para lograr ese nivel en el que el ser está libre de karma para entrar en unión permanente con Dios. Según creen, así son; están sobre una cinta de correr de un camino que nunca se acaba, pensando que alguna vez, a lo largo de la avenida de un *manvantara* * muy, muy largo, podrán llegar a la meta.

---

*manvantara: [sánscrito, de *maver*, 'hombre' y *antara*, 'intervalo', 'período de tiempo'], en hinduismo, uno de los catorce intervalos que constituyen un *kalpa*, duración de tiempo desde el origen hasta la destrucción de un sistema de mundos (un ciclo cósmico).

Estos procrastinadores se encuentran en todas las religiones en defensa de muchas doctrinas distintas y peculiares. Pero la procrastinación es la misma allá donde la encontréis. Por tanto, no os dejéis confundir con facilidad por quienes aparentan ser sabios en cualquier círculo de la vida. Porque vosotros sois los sabios y entendéis que el ascender es un curso exigente. Podéis compararos no con los que han competido en la Olimpiadas en la Tierra, sino con los que han entrado en las Olimpiadas cósmicas. Obtened vuestro sentido de la medida de quienes ya han ascendido y poseeréis de verdad la mejor regla y vara de medir tanto para la cancha interior como para la exterior.

SED DILIGENTES A LA HORA DE DOMINAR EL CICLO OSCURO DE GÉMINIS

Os asigno, oh chelas de la voluntad de Dios, que seáis diligente en la ciencia de la astrología a la hora de dominar este Ciclo Oscuro de Géminis.[8] Considerad el cuadrado que forma la cruz cósmica de fuego blanco. Considerad la tríada. Después considerad la forma que se crea con cada una de las varias combinaciones que se os ocurran al conectar el punto de Géminis con otros puntos de las jerarquías del Sol. Después recordad que hay 360 puntos y que todos ellos, por supuesto, son divisibles. Y entonces, esto que supera la percepción lo maneja vuestra lealtad al sendero de los cinco rayos secretos y al corazón del Buda.

Tenéis la Instrucción, amados. Tenéis la Alegría. Tenéis la Meta. Ahora, proteged estas tres cosas y adelante. Yo os digo: ¡adelante!, amados. Porque a vosotros pertenece la Victoria. Qué lástima sería que permitieseis que nadie os quitara esa bola de Victoria.

Soy siempre, en el nombre de Jesucristo, el siervo de Dios Todopoderoso y del alma de mis chelas. Soy vuestro y estoy con vosotros. Hoy, este es mi consuelo.

27 de abril de 1986
Cámelot
Los Angeles County (California)
ECP

EPÍLOGO

Si algo nos queda claro después de leer las palabras de Morya en este segundo volumen de mensajes, es que nos pide que utilicemos nuestro corazón y nuestra mente para liberarnos de las sendas desconocidas del deseo erróneo.

Este maestro práctico nos muestra de manera inequívoca que la sabiduría no es un simple estado del ser plácido o bienaventurado. Antes, es un impulso activo para lograr algo que los buscadores espirituales han querido a lo largo de los tiempos: dar el salto desde nuestro estado de conciencia cotidiano y excesivamente humano hacia lo que los Maestros Ascendidos llaman unión con nuestro Yo Real.

«Subid más arriba», han clamado perpetuamente a nuestras almas. Es este libro, El Morya expone lo que significa esto: soltar las cosas que no importan de verdad en el gran esquema y redirigir nuestra conciencia a un estado más alto del ser que se encuentra justo detrás de la esquina. La autotrascendencia no tiene por qué necesitar de siglos o décadas. Lo único que exige es que tomemos una decisión firme para que, de una vez por todas, terminemos con la mentalidad blanda e inconstante con respecto a un compromiso con el sendero que nos ha mantenido en dirección a la Tierra durante demasiado tiempo.

Morya utiliza todo lo que tiene a su disposición para llevarnos hasta el punto de realidad que parece tan sencillo y natural para un Maestro Ascendido. Lo podemos percibir en sus palabras, en su fraseología, en las formas de pensamiento contenidas en este libro. A veces el maestro toma el camino psicológico directo, que toma al estudiante por el cogote y lo pone en su sitio con respecto a sus prioridades. A veces es una severa reprimenda que dice ¡ya basta! Y a veces es el humor maravilloso que surte efecto especialmente cuando uno se da cuenta de que viene de un ser iluminado que lo ha visto todo, en lo que respecta a la ecuación humana, y literalmente le cuesta esperar a ver a cada uno de sus estudiantes romper la «bolsa de papel de su propia percepción finita», como lo llamó una vez El Morya.* En el último capítulo de este libro, El Morya describe este dilema humano perpetuo desde la perspectiva del chela y no la suya:

> Veis, amados, solo hay un modo de salir del deseo limitado, infructífero y perjudicial, que consiste en ir al corazón de Dios, subir al Árbol de la Vida, entrar y decir: «¿Cuál es mi deseo Divino en este asunto? Ya no tengo luchas en mí. Ya no puedo estar dividido entre esto y aquello. Durante demasiado tiempo he vacilado como un péndulo, al que Morya no puede ni seguirle la pista, ni quiere».

¿Nos abandonaría Morya? Con un maestro tan comprometido con nuestra victoria, resulta difícil de imaginar. Sin embargo, en estos suaves golpecitos nos es posible percibir su impaciencia con nuestra procrastinación. Él sabe qué nos espera en términos de un estado de conciencia superior y no puede tolerar la conciencia de dejar las cosas para mañana por la que seguimos dando pasos atrás que nos apartan de Shangri-la, el cual nos llama apenas tras del horizonte de nuestra mente.

Entontes, la sabiduría está definida por lo que se demuestra. ¡Que las palabras de Morya sean el estímulo por el que salgas de la bolsa de papel con un estallido y te unas a la plenitud de la divinidad que eres!

---

*El discípulo y el sendero, capítulo 2.

APÉNDICE

Organizaciones espirituales patrocinadas por El Morya

TEOSOFÍA
y
AGNI YOGA

LA SOCIEDAD TEOSÓFICA

En la segunda mitad del siglo XIX, durante su última encarnación, los Mahatmas Morya, Kuthumi y Djwal Kul vivieron próximos a Shigatse (Tíbet) y en cercanía mutua, donde llegaron a asociarse con la meta común de revivir la antigua sabiduría de la ciencia y la religión unificadas. Morya y Kuthumi estaban bajo la dirección estricta de un adepto, mucho más avanzado que ellos, conocido como el Maha Chohán [Gran Señor] y otro maestro conocido como Serapis.

En una carta dirigida a A. P. Sinnett, Morya habla de los orígenes de la Sociedad Teosófica y su período de prueba:

El próximo 17 de noviembre [del año 1882], el período Septenario [de siete años] de prueba impuesto a la Sociedad en su fundación… caducará. Uno o dos de nosotros [Morya o Kuthumi] tenía la esperanza de que, habiendo avanzado tanto el mundo en lo intelectual, aunque no en lo intuitivo, la doctrina Oculta [esotérica] pudiera obtener una aceptación intelectual, y el impulso dado para un ciclo nuevo de investigación oculta. Otros… eran de otra opinión, pero se dio consentimiento a la prueba. Se estipuló, sin embargo, que el experimento se realizara de manera independiente a una gestión por nuestra parte; que nosotros no produjéramos ninguna interferencia anormal.

Y así, pescando, encontramos en los Estados Unidos al hombre que fuera el líder; un hombre de gran valentía moral, altruista y de otras buenas cualidades [Henry Steel Olcott]. Lejos estaba de ser el mejor, pero… era el mejor que había. Lo asociamos a una mujer de dotes sumamente excepcionales y maravillosas [Helena Blavatsky]. Combinados con ellas [esta dotes], ella tenía fuertes defectos personales, pero tal como eran las cosas, no había nadie más como opción viva para este trabajo. La enviamos a los Estados Unidos, los juntamos y la prueba empezó.

Desde el principio, tanto a él como a ella se les dio a entender con claridad que el asunto dependía totalmente de ellos. Y ambos se ofrecieron para la prueba a cambio de cierta remuneración a recibir en un futuro distante… Durante los seis años y medio en los que llevan luchando contra problemas que habrían disuadido a cualquiera que no estuviera trabajando con la desesperación de alguien que se juega la vida y todo lo que valora en algún esfuerzo desesperado y supremo… En pocos meses más el período de prueba terminará.[1]

Morya da otra visión de la Teosofía

Europa es grande, pero el mundo lo es más aún. El sol de la Teosofía debe brillar para todos, no solo para una parte. Este movimiento es más de lo que usted se haya podido pensar, y el trabajo de la S.T. [Sociedad Teosófica] está vinculado con un trabajo parecido que está teniendo lugar en secreto en todas las partes del mundo. Incluso en la S.T. existe una división, gestionada por un Hermano griego [el Maestro Hilarión] de la que ninguna persona de la Sociedad tiene sospecha… El ciclo del que hablé se refiere a todo el movimiento. Europa no se ignorará, no tema; pero quizá ni siquiera usted anticipe cómo se derramará la luz allá.[2]

La finalidad de los maestros para la Teosofía

En una carta a A. P. Sinnett, el Maestro Kuthumi afirma la finalidad de la Sociedad Teosófica, que los maestros fundaron en 1875 a través de Helena Blavatsky:

Una Hermandad genuina y práctica de la Humanidad en la que todos llegarán a ser compañeros de trabajo por naturaleza, al trabajar por el bien de los hombres con y a través de Espíritus planetarios superiores [Seres Divinos o gobernantes de planetas].

Kuthumi continúa:

Platón tenía razón: las ideas gobiernan el mundo; y, a medida que la mente del hombre reciba nuevas ideas, haciendo a un lado lo viejo y gastado, el mundo avanzará; grandes revoluciones surgirán de ellas; credos e incluso poderes se derrumbarán ante su marcha, destruidos por la fuerza irresistible. Igual de imposible será resistir su entrada, cuando llegue el momento, como detener el progreso de la marea. Pero todo esto llegará de manera gradual, y antes de que llegue tenemos un deber ante nosotros, el de limpiar cuanto sea posible los deshechos que nos dejaron nuestros antepasados píos. Las ideas nuevas deben plantarse en rostros nuevos, porque estas ideas pertenecen a los temas más trascendentales. No estudiamos los fenómenos físicos, sino estas ideas universales, pues a fin de comprender lo anterior primero debemos comprender lo más reciente. Estas pertenecen a la verdadera posición del hombre en el universo en relación a sus nacimientos anteriores y futuros; su origen y su destino final; la relación entre lo mortal y lo inmortal, entre lo temporal y lo eterno, entre lo finito y lo infinito; ideas más grandes, más grandiosas, más comprensivas, que reconocen el reino universal de la Ley Inmutable, invariable e inalterable con respecto a la cual solo existe un Ahora Eterno, mientras que para los mortales no iniciados el tiempo es pasado o futuro tal como se relaciona a su existencia finita en esta mota de polvo material. Esto es lo que estudiamos y lo que muchos han resuelto... Los Jefes quieren una «Hermandad de la Humanidad», una Fraternidad Universal verdadera que tenga inicio, una institución que se dé a conocer en todo el mundo y detenga la atención de las mentes más grandes.[3]

Morya, sobre aquellos en quienes él podía confiar en la Teosofía

Entonces lo digo otra vez. Solo él [el individuo] que tiene en el corazón amor por la humanidad, que es capaz de captar en su totalidad la idea de una Hermandad práctica y regeneradora tiene derecho a la posesión de nuestros secretos. Solo él, un hombre así no abusaría nunca de sus poderes, y no existiría el temor de que los utilizara con fines egoístas. Un hombre que no pone el bien de la humanidad por encima del suyo no merece ser nuestro chela; no merece tener un conocimiento superior al de su vecino. Si ansía los fenómenos, que le basten las bromas del espiritualismo. Así es el verdadero estado de las cosas. Hubo un tiempo cuando de mar a mar, de las montañas y desiertos del norte a los grandes bosques y colinas de Ceilán, no había más que una fe, un grito de unión: salvar a la humanidad de las miserias de la ignorancia en el nombre de Él [el Buda Gautama], que fue el primero en enseñar la solidaridad de todos los hombres.[4]

Descripciones y testimonios de encuentros con el Maestro Morya

Comentarios y descripciones de C. W. Leadbeater, de *Los Maestros y el Sendero*:

La casa del Maestro Morya se encuentra al otro lado del valle [donde está la casa del Maestro Kuthumi], pero mucho más abajo, de hecho, bastante cerca del pequeño templo y la entrada a las cuevas. Tiene un estilo arquitectónico totalmente distinto, con al menos dos pisos, y el frente, que da al camino, tiene terrazas en cada uno de ellos, acristaladas casi en su totalidad.[5]

Madame Blavatsky nos ha dicho con frecuencia cómo conoció al Maestro Morya en Hyde Park, Londres, en el año

1851, cuando este viajó con varios príncipes indios para asistir a la primera gran Exhibición Internacional. Por extraño que parezca, yo, entonces un niño de cuatro años, también lo vi, sin saber nada. Recuerdo que me llevaron a ver una espléndida procesión en la que, entre muchas otras maravillas, llegó un grupo de jinetes indios suntuosamente vestidos… Y al verlos pasar, de la mano de mi padre, uno de los más altos de aquellos héroes fijó su mirada en mí con unos relucientes ojos negros, que medio me asustaron, pero a la vez como que me llenaron de una indescriptible felicidad y exaltación. Él pasó con los demás y ya no lo vi más, pero a menudo la visión de esos ojos destellantes volvió a mi recuerdo infantil.

Por supuesto, entonces yo no sabía nada de quién era él y nunca lo habría identificado, de no haber sido por un amable comentario que me hizo muchos años después. Un día, hablando en presencia suya de la primera época de la Sociedad, por casualidad dije que la primera vez que tuve el privilegio de verlo en forma materializada fue en cierta ocasión, cuando vino a la habitación de Madame Blavatsky en Adyar con el propósito de darle fuerzas y ciertas instrucciones. Él, que estaba conversando con otros Adeptos, se dio la vuelta de pronto hacia mí y dijo: «No, esa no fue la primera vez. Usted me había visto antes en mi cuerpo físico. ¿No recuerda, cuando era un niño pequeño y miraba a los jinetes indios pasar cabalgando por Hyde Park, no vio cómo lo identifiqué entonces?». Lo recordé al instante, claro está, y dije: «Oh, Maestro, ¿era usted? Pero lo debí haber sabido». No menciono este incidente entre las ocasiones en las que he conocido a un Maestro y hablado con él, con ambas partes en el cuerpo físico, porque en aquel momento no supe que el gran jinete era el Maestro, y porque la prueba de uno niño tan pequeño bien podría ser objeto de duda y descontada.[6]

Leadbeater ofrece este relato de otro teósofo que conoció a Morya, el Sr. S. Ramaswami Iyer

Seguía yo el camino al pueblo, desde donde, me aseguró la gente que me encontré en el camino, podría cruzar al Tíbet con facilidad en mi ropa de peregrino, cuando de repente vi a un jinete solitario galopando hacia mí. Por su gran estatura y destreza como jinete, pensé que se trataba de algún oficial militar del rajá de Sikkhim… Al acercarse, frenó. Miré y lo reconocí al instante… Estaba ante la imponente presencia de él, el mismo Mahatma, mi reverenciado Gurú, a quien había visto antes en su cuerpo astral en el balcón de la Sede Teosófica. Era él, el Hermano himalayo de la eternamente memorable noche del pasado diciembre, que con tanta amabilidad me había entregado una carta en respuesta a otra que le había dado yo apenas una hora o así antes en un sobre cerrado a Madame Blavatsky, a quien nunca había perdido de vista ni por un momento durante el intervalo.

Ese mismo instante me vio prostrado en el suelo a sus pies. Me levanté obedeciendo sus órdenes y, mirándolo a la cara despacio, me olvidé totalmente de mí mismo en la contemplación de la imagen que tan bien conocía, puesto que había visto su retrato (en posesión del coronel Olcott) innumerables veces. No supe qué decir; la alegría y la reverencia me ataron la lengua. La majestuosidad de su rostro, que me pareció como la personificación del poder y el pensamiento, me mantuvieron capturado en el asombro. Al fin me encontraba frente a frente con el Mahatma del Himavat, y no era un mito, ninguna creación de la imaginación de un médium, como habían sugerido algunos escépticos. No era un sueño en la noche; era entre las nueve y las diez de la mañana. El sol brillaba, testigo silencioso de la escena desde arriba. Lo veo ante mí en carne y hueso, y me habla con acentos amables y suaves.

¿Qué más podía querer? Mi exceso de felicidad me enmudeció. Y no fue hasta después de transcurrir algún tiempo que pude pronunciar algunas palabras, animado por su tono amable y su forma de hablar. Su complexión no era tan pálida como la de Mahatma Kuthumi, pero jamás he visto un rostro tan hermoso, una estatura tan alta y majestuosa. Como en su retrato, tiene una barba negra corta y el cabello negro hasta el pecho; solo su vestimenta era distinta. En vez de una túnica blanca y suelta, llevaba un manto amarillo forrado de piel y en la cabeza, en vez del turbante, un gorro amarillo tibetano de fieltro, como he visto en este país llevar a algunas personas de Bután. Cuando pasaron los primeros momentos de arrobamiento y sorpresa y comprendí con calma la situación, di un largo paseo con él.[7]

Comentario de Leadbeater sobre la edad de Morya

El Maestro Morya... parece un hombre que se encuentre absolutamente en la plenitud de la vida, posiblemente de treinta y cinco o cuarenta años; pero muchas historias que sus pupilos cuentan de él le atribuyen una edad cuatro o cinco veces mayor, y la propia Madame Blavatsky nos dijo que cuando lo vio por primera vez de niña le pareció que se veía exactamente igual que en la actualidad.[8]

Encuentro entre el Maestro Morya y H. P. Blavatsky, de 20 años, en 1851

Durante su niñez, [Madame Blavatsky] a menudo ha visto a su lado una forma Astral [etérica], que siempre parecía llegar en cualquier momento de peligro, salvándola justamente en el momento crítico. HPB había aprendido a considerar a esta forma Astral como un ángel de la guarda, y sentía que estaba bajo Su cuidado y guía.

En Londres, en 1851, un día iba ella caminando cuando, para su asombro, vio a un hindú alto en la calle con algunos príncipes indios. De inmediato lo reconoció como la misma persona que había visto en el Astral. Su primer impulso fue apresurarse a hablar con él, pero él le hizo señas de que no se moviera y ella se quedó como hechizada mientras él pasaba. Al día siguiente fue a Hyde Park a dar un paseo, para poder estar sola y libre de pensar en la extraordinaria aventura. Al mirar arriba vio acercársele la misma forma, y entonces su Maestro le dijo que había ido a Londres con los príncipes indios con una importante misión y que tenía deseos de encontrarse con ella personalmente, puesto que necesitaba de su cooperación en un trabajo que estaba a punto de emprender.

Entonces él le dijo cómo se había de formar la Sociedad

Teosófica y que deseaba que ella fuera la fundadora. Le describió brevemente todos los problemas que tendría que atravesar y también le dijo que tendría que pasar tres años en el Tíbet para prepararse para la importante tarea. HPB decidió aceptar el ofrecimiento recibido, y poco más tarde marchó de Londres hacia la India.[9]

Una de las mucha apariciones del Maestro Morya a H. S. Olcott, 1876 o 1877

Estaba yo leyendo tranquilamente, con toda la atención puesta en mi libro. Nada en los incidentes de la tarde me había preparado para ver a un adepto en su cuerpo astral. No lo había deseado ni lo había conjurado en mi imaginación ni me lo esperaba en lo más mínimo.

De repente, mientras leía con la puerta ligeramente detrás de mí, llegó un brillo de algo blanco que vi con el rabillo del ojo derecho. Giré la cabeza, dejé el libro sorprendido y vi a un oriental de una estatura muy superior a la mía, vestido de blanco y con la cabeza cubierta con un paño o turbante a rayas ámbar, bordado a mano con hilo de seda amarilla.

El cabello largo, negro azabache, le llegaba desde el turbante hasta los hombros; la barba negra, separada verticalmente en la barbilla a modo rajput, estaba enroscada en los extremos y sujetada por las orejas; los ojos eran vivos y estaban llenos de fuego del alma; ojos que tenían una mirada a la vez benigna y penetrante... Era un hombre tan grandioso, tan lleno de la majestuosidad de fortaleza moral, tan luminosamente espiritual, tan evidentemente por encima de la humanidad común, que me sentí avergonzado ante su presencia e incliné la cabeza, e hinqué la rodilla como se hace ante un dios o un personaje divino.

Una mano se posó suavemente sobre mi cabeza, una dulce voz, aunque fuerte, me invitó a sentarme y cuando alcé los ojos, la Presencia estaba sentada en la otra silla al otro lado de la mesa...

Finalmente se levantó, asombrado yo por su gran estatura y observando el tipo de esplendor que tenía su rostro; no un brillo externo, sino un relucir suave, como si fuera una luz interior, la del espíritu.

De repente me llegó el pensamiento: «¿Y si esto no es más que una alucinación; y si H.P.B. me ha hipnotizado? Quisiera tener un objeto tangible que me demostrara que él ha estado aquí de verdad; ¡algo que pueda tocar después de que se marche!».

El Maestro sonrió con amabilidad como si me leyera el pensamiento, se desenrolló el fehtâ [turbante] de la cabeza, se despidió de mí con benignidad y se marchó; su silla vacía; ¡yo estaba solo con mis emociones! Pero no solo del todo, porque sobre la mesa estaba el turbante bordado; una prueba tangible y duradera de que no había sido «ignorado» o engañado psíquicamente, sino que había estado cara a cara con uno de los Hermanos Mayores de la Humanidad.[10]

El Maestro Morya habla de sí mismo

Yo soy como fui; y como fui y soy, probablemente siempre seré: esclavo de mi deber con la Logia [la Gran Hermandad Blanca] y la humanidad, no solo así instruido, sino deseoso de subordinar cualquier preferencia por personas a un amor por la raza humana.[11]

El Maestro Kuthumi sobre Morya

Ahora bien, ese «modo» [el modo de Morya] es simplemente la verdad desnuda, que él [Morya] está preparado para escribírsela, o incluso decírsela y repetírsela a la cara, sin ocultarla ni cambiarla lo más mínimo, a menos que haya permitido a propósito que las expresiones sean exageradas... y es, entre todos los hombres que conozco, el que lo hace ¡sin el más mínimo titubeo!... Estoy dispuesto a conceder... y a admitir y repetir con usted (y él mismo a mi lado) que es un tipo muy imperioso y ciertamente muy propenso a veces a enojarse, especialmente si le llevan la contraria cuando él sabe que lleva razón...

Ustedes que pertenecen a ella [la sociedad Británica] a duras penas podrán apreciar personalidades como la de Morya:

un hombre tan severo consigo mismo, tan severo con sus defectos como indulgente con los de otras personas, no con palabras, sino en los sentimientos más profundos de su corazón; porque, aunque siempre puede decirle a la cara cualquier cosa que piense de usted, siempre ha sido un amigo más acérrimo que yo, que a menudo puedo vacilar para no herir los sentimientos de nadie, aun al decir la verdad más estricta.[12]

Publicaciones teosóficas

Tanto el Maestro Morya como Kuthumi (entre otros adeptos, incluyendo a Djwal Kul) encargaron la publicación de *Isis sin velo* y trabajaron a través de Helena Blavatsky para realizarla, una obra monumental en dos volúmenes, Ciencia y Tecnología, respectivamente. En el prefacio del primer volumen, Blavatsky escribe:

La obra, ahora sometida a la opinión pública, es el fruto de una relación algo cercana con adeptos orientales y el estudio de su ciencia. Se le ofrece a quienes estén dispuestos a aceptar la verdad allá donde esta se encuentre y a defenderla, incluso mirando a la cara al prejuicio popular. Es un intento de ayudar al estudiante a detectar los principios vitales subyacentes a los sistemas filosóficos de antaño…

Cuando hace años viajamos por primera vez a Oriente, explorando las partes más profundas de sus santuarios desiertos, dos entristecedoras y recurrentes preguntas oprimían nuestros pensamientos: *¿Dónde,* QUIÉN, QUÉ *es* DIOS? *¿Quién ha visto al* ESPÍRITU INMORTAL *del hombre que le permita estar seguro de la inmortalidad del hombre?*

Fue mientras tratábamos de solventar estos desconcertantes problemas con la mayor ansiedad que entramos en contacto con ciertos hombres, dotados de tales poderes misteriosos y un profundo conocimiento tal que realmente los podemos designar como sabios de Oriente. A sus instrucciones prestamos oídos. Nos mostraron que, al combinar la ciencia con la religión, la existencia de Dios y la inmortalidad del espíritu del hombre puede demostrarse como un problema de Euclides. Por primera vez recibimos garantías de que en la filosofía oriental no hay sitio para otra fe que no sea una fe absoluta e inamovible en la omnipotencia del yo inmortal del hombre. Nos enseñaron que esta omnipotencia viene del parentesco entre el espíritu del hombre y el Alma Universal: ¡Dios! Este último, dijeron ellos, nunca puede demostrarse más que por el primero. El espíritu del hombre demuestra el espíritu de Dios, como una gota de agua demuestra una fuente en la que debe tener su origen...

Nuestra obra, por tanto, es una petición a que se reconozca la filosofía hermética, la antiguamente universal Sabiduría-Religión, como la única clave posible para lo Absoluto en ciencia y teología.[13]

La Doctrina Secreta

De nuevo observamos las mismas características del Maestro Morya: universalidad, hermandad y la importancia de una unión entre ciencia y religión; y, además, que siempre ha existido una sabiduría-religión universal y que esta religión universal debería existir y lo hará de nuevo en el mundo.

Otra enseñanza característica del Maestro Morya es que la clave del conocimiento de Dios se encuentra a través del espíritu inmortal de uno, que en aquella época se llamaba Atmán o Atma (sánscrito: Yo) o la Mónada, y que después (en la década de 1930) el Maestro Saint Germain denominó la Presencia YO SOY.

En 1888 se publicó *La Doctrina Secreta,* en dos volúmenes: el primero, Cosmogénesis, y el segundo, Antropogénesis. El primero explicaba al detalle el origen y la evolución del universo, mientras que el segundo exponía el desarrollo y la evolución del hombre. El libro también demostraba con muchos ejemplos las verdades universales subyacentes a todas las religiones principales.

La Doctrina Secreta fue un hito en la evolución de la conciencia en este planeta. En una carta precipitada y dirigida al Dr. Hubbe-Schleiden, que visitó a Blavatsky en Würzburg, Alemania, cuando ella estaba escribiendo *La Doctrina Secreta,* el Maestro M. afirmó: «Yo, el humilde abajo firmante... certifico que la "Doctrina Secreta" está dictada a Upasika [HPB] en parte por mí y en parte por mi hermano K.H.».[14]

Tanto *La Doctrina Secreta* como *Las cartas de los Mahatmas* presentaron un amplio panorama de evolución, con su origen en «un Principio omnipresente, eterno, ilimitado e inmutable»,[15] y su fin en nuestro actual universo manifestado, que contiene innumerables seres divinos que obran en varios planos y dimensiones y que llevaron a nuestro universo a la objetividad.

El Maestro Morya y Kuthumi revelaron que el «alma» (también llamada mónada), un rayo de la Mónada Divina o chispa de espíritu, estaba obligada a evolucionar a través de ciclos inmensos de desarrollo y evolución desde dimensiones superiores, descendiendo a lo físico, a fin de adquirir conciencia de sí misma en los planos de la materia y, después, lograr la conciencia Divina, al evolucionar hacia una personificación de Dios.

Morya, con Kuthumi, hizo llamativas revelaciones basadas en antiguos manuscritos que mostraron a Blavatsky en visiones, algunos de ellos de la época de Lemuria y la Atlántida. Morya creía que había llegado el momento de revelar ciertas enseñanzas, igual que Kuthumi, ocultas durante mucho tiempo por los adeptos, únicamente para la iluminación y edificación de la humanidad.

Algunas de estas enseñanzas incluían siete principios o siete «cuerpos» del hombre, el mayor de los cuales es el Yo Divino o Atmán, las siete «rondas» o ciclos de encarnación planetaria que componen la vida de un planeta de una duración de 4000 millones de años, el viaje evolutivo de la mónada (alma) a través de siete razas raíz, la exhalación *(manvantara)* e inhalación *(pralaya)* del cosmos y el hecho de que nuestro universo actual y todo lo que contiene es el efecto kármico de un universo anterior.

Morya y Kuthumi también dieron a conocer al mundo la existencia de una jerarquía oculta (a la que los dos maestros pertenecían), también llamada la Logia Blanca o Hermandad Blanca, que había guiado a la humanidad de este y otros mundos durante millones de años. Pero las enseñanzas más importantes fueron la divinidad inherente al hombre y una comprensión más profunda sobre la ley del karma y la reencarnación.

Comentarios de Elizabeth Clare Prophet sobre la fundación de la Teosofía

1875 fue un año crucial, un año crucial en astrología y la apertura del camino para el siglo xx. En Oriente, El Morya y el Maestro Kuthumi estaban fundando su movimiento Teosófico. En Occidente comenzaban estudios de metafísica, homeopatía, experimentos de Mesmer, etc.

Realmente se abrió el camino a una nueva forma de entender las cosas, de modo que el primer día de 1900 comenzamos el siglo con nuevas religiones de Oriente y Occidente llamando a la puerta, con miembros de las sectas budistas e hindús de la India viniendo a los Estados Unidos y promulgando sus enseñanzas por primera vez...

Por tanto, en ese año propicio de 1875, El Morya y Kuthumi, al trabajar de cerca con Djwal Kul, Saint Germain y Serapis Bey, fundaron la Sociedad Teosófica a través de Helena Blavatsky en la ciudad de Nueva York. Es muy curioso que Saint Germain y El Morya y los patrocinadores escogieran esa ciudad, esa ciudad en auge y con un gran estallido de ideas y mentes y más mentes que estimulan a otras mentes y almas hacia la creatividad.

La Teosofía se convirtió en un movimiento a nivel mundial que tuvo una gran influencia en el pensamiento occidental. Madame Blavatsky dijo que la meta más importante de la Sociedad Teosófica era revivir el trabajo de Ammonio Saccas, el renombrado fundador de la escuela neoplatónica hace 1700 años. El trabajo de esa escuela, dijo ella, era «reconciliar a todas las religiones, sectas y naciones bajo un sistema ético común, basado en las verdades eternas».[16]

Los maestros que patrocinaron a Blavatsky le legaron la idea de la continuidad de los verdaderos misterios interiores de Dios, la continuidad de la religión. ¿Y qué deseaban traer los maestros? Deseaban traer a un primer plano [la enseñanza] de la antigua Atlántida y Lemuria a este siglo, para que podamos tener el beneficio de llevar la antorcha de esta enseñanza, esta eterna enseñanza, a la siguiente era.[17]

Persecución y cisma en la Teosofía

Los Maestros Morya y Kuthumi, así como Blavatsky y sus asociados, sufrieron una oposición severa y continua desde muchos ámbitos a lo largo de la historia de la Teosofía. Muchos que deseaban ser discípulos fracasaron, pero el movimiento continuó. Morya también dio a conocer que el trabajo de los maestros y sus discípulos siempre recibió la oposición de los «Hermanos de la Sombra», quienes habían tomado el sendero de la izquierda del egoísmo, el ego y la destrucción.

En 1891, H. P. Blavatsky falleció y la dirección de la organización pasó a Olcott, Annie Besant y C. W. Leadbeater. En 1895, un cisma partió a la Sociedad en dos, con William Q. Judge marchando a los Estados Unidos como cabeza de la Sociedad Teosófica de allá, sin afiliación alguna con la Sociedad de Ahyar de la India. La causa del cisma fue que Judge afirmó haber recibido cartas de los maestros que lo estaban dirigiendo, y que Olcott, Besant, entre otros, no aceptaban la autenticidad de las cartas.

Como resultado de otra triste controversia, lo último que nos llega de los Maestros Morya y Kuthumi en su comunicación con Olcott tiene lugar en 1907 (el año en que este falleció). El mensaje, entregado a la Sociedad en nombre de los maestros (que estaban «ascendidos» en ese momento), fue este: «Que los que creían en su existencia y que Ellos, Quienes estaban detrás del Movimiento Teosófico, continuarían empleándola como una agencia para elevar a la humanidad y a veces debían utilizar instrumentos imperfectos; que los miembros deberían apartarse de trastornos y de apresurarse a disentir, cosa que socava la Unidad de la Hermandad y aminora su fuerza. Ellos [los maestros] se veían impotentes a la hora de detener trastornos a raíz del Karma de miembros individuales, pero el rechazo a tomar parte en tales trastornos los ayudaba a Ellos. La Ley ajustaría cualquier aparente injusticia. "Manteneos juntos en amor fraternal, puesto que formáis parte del Gran Yo Universal… ¿no son los pecados de vuestros Hermanos también los vuestros?"».[18]

Universalidad

Este mensaje de los Maestros a la Sociedad Teosófica sobre la importancia de evitar la disensión es un punto de referencia aplicable a todas las demás organizaciones fundadas por el Maestro Morya (o por cualquier maestro) hasta el presente. También se aplica a los países y apunta a la característica insistencia de Morya sobre la unidad y la hermandad.

LA SOCIEDAD AGNI YOGA

El trabajo del Maestro Morya con Nicholas Roerich y la Sociedad Agni Yoga

Al tiempo que trabajaba con la Sociedad Teosófica, el Maestro Morya tenía su atención puesta en Rusia. Ahí patrocinó a dos amanuenses, Nicholas Roerich y su esposa Helena.* Nicholas nació en 1874, en una familia acaudalada de influencia política, y se interesó en el arte, la pintura, la arqueología y en escribir tanto poesía como prosa.

Nicholas asistió a la Universidad Imperial y la Academia Imperial de Arte. A los veinticuatro años conoció a su futura esposa, cinco años más joven que él, y contrajeron matrimonio en 1901. Helena trajo al mundo a dos niños.

El Maestro Morya comenzó poniéndose en contacto con la joven Helena en 1885, durante la época en la que estaba inmerso en dirigir a la Sociedad Teosófica. La autora Ruth A. Drayer dice: «Tenía seis años cuando se encontró con esa "alta figura, vestida de blanco", a quien llegó a conocer como un "Instructor de Luz que vivía en alguna parte que estaba lejos". Poco después empezó a tener muchos sueños y visiones que le dieron acceso a reinos más profundos de realidad y le proporcionaron la capacidad de predecir acontecimientos futuros».[19]

La Sociedad Teosófica rusa

Según Elizabeth Clare Prophet, «se fundó una rama rusa de la Sociedad [Teosófica] en 1908, y los Roerich aparentemente se

*En este libro hemos empleado "Helena" como nombre de pila de la Sra. Roerich, aunque algunos autores emplean "Elena".

unieron a ella antes de la Primera Guerra Mundial. Años después, Helena Roerich tradujo al ruso la obra monumental de Blavatsky, *La Doctrina Secreta*».[20]

Apariciones del Maestro Morya a los Roerich

Conscientes de la creciente amenaza de los bolcheviques, los Roerich abandonaron Finlandia en diciembre de 1916, a pocos meses de la Revolución Rusa. Durante los años que siguieron tuvieron problemas económicos, hasta llegar a Londres en 1919, donde la exhibición de arte de Nicholas fue un gran éxito.

Ruth Drayer continúa la historia:

> Sus días en Londres tuvieron muchas sorpresas, pero nada equiparable a la experiencia que tuvo la pareja un día, al pasar un grupo de hombres indios por Bond Street. Haciendo contacto visual con el más alto, de inmediato reconocieron los penetrantes ojos del Maestro Morya, que les era tan conocido por sus meditaciones diarias. Aunque barbudo y con turbante, era su Maestro, y se les debió parar el corazón al verlo. Después, esa misma noche, él los visitó en su estudio de Queen's Gate Terrace... En sus sueños ella empezó a recibir libros que leer, y dos luminosas figuras plateadas se aparecieron a lado de su cama con ciertas fechas y números que brillaban sobre sus frentes.[21]

Drayer continúa:

> En marzo de 1920, las transmisiones del pensamiento o comunicaciones del Maestro Morya comenzaron. Al principio ambos recibieron mensajes; después, Elena continuó con el trabajo. Las trasmisiones se convirtieron en una fuente de fortaleza y les ofrecieron un consuelo valiosísimo en su vida. «Quienes llevan a cabo nuestras peticiones con un corazón lleno, sintonizarán sus oídos con la armonía del Universo», dijo el Maestro Morya. A lo largo de su vida se transmitieron montones de mensajes, inspirando, educando, aconsejándoles y dándoles un conocimiento casi imposible de adquirir de ningún otro modo.[22]

Durante las siguientes décadas las transmisiones se transcribieron en forma de libros que hacían resonar el llamado a una nueva época de «el poder del pensamiento». Con el nombre de Agni Yoga, las enseñanzas explicaban la relación creativa del pensamiento humano con la energía o fuego del que está hecho el universo.

Morya dijo:

Os doy la Enseñanza, mensajes kármicos, indicaciones. La Enseñanza es para el mundo entero, para todos los seres… Cuanto más ampliamente comprendáis, más será vuestra en verdad. ¡Amigos míos! La felicidad yace en servir a la salvación de la Humanidad. Poned a un lado todos los prejuicios y, tras convocar a todas vuestras fuerzas espirituales, ayudad a la humanidad. Convertid lo feo en hermoso. Tal como el árbol renueva sus hojas, los hombres florecerán en el sendero de justicia.[23]

Comunidad Nueva Era

En 1923, los Roerich y su familia viajaron a la India. De 1925 a 1928 viajaron a Asia Central: Cachemira, Mongolia y Tíbet. En 1928, Nicholas fundó el Instituto de Investigación de los Himalayas y después se asentó en los Himalayas Occidentales, en el valle de Kulu. Durante esa época el Maestro Morya continuó transmitiendo mensajes.[24]

El primer libro de la serie Agni Yoga fue *Hojas del Jardín de Morya,* publicado en 1924. El segundo volumen con ese mismo título se publicó en 1925. En 1926 llegó *Comunidad Nueva Era,* que era un desafío al comunismo soviético de Lenin y Stalin. En este libro, Morya dice:

Y otra condición absoluta debe cumplirse. El trabajo debe ser voluntario. La cooperación debe ser voluntaria. La comunidad debe ser voluntaria. El trabajo no debe esclavizarse por la fuerza. La condición de acuerdo voluntario debe ponerse en el cimiento del avance. Nadie puede traer disolución a la casa nueva. Trabajadores, constructores, creadores pueden compararse con águilas de alto vuelo. Solo en un vuelo amplio se cae el polvo y la basura del decaimiento.

Toda obligatoriedad es condenada. La esclavitud obligada, el matrimonio obligado, el trabajo obligado incita a la rebelión y la condenación. Pero de todas las formas de obligatoriedad, la peor y más fea es la comunidad obligada. Cada obligatoriedad está destinada a sufrir una reacción, y la peor forma de obligatoriedad está destinada a sufrir la peor reacción.[25]

El diseño de Morya para la Comunidad Nueva Era

Familia, clan, país, unión de países; cada unidad se esfuerza hacia la paz, hacia mejorar la vida. Cada unidad de cooperación y vida comunal necesita perfeccionarse. Nadie puede fijar los límites de la evolución. Al seguir este razonamiento, un trabajador se convierte en un creador. Que no nos asusten los problemas de la creatividad. Hallemos senderos sin trabas para la ciencia. Por tanto, el pensamiento en el perfeccionamiento será señal de alegría… La vida comunal ha sido desde hace mucho señal de cooperación y respeto mutuo… El altruismo es un requisito si uno ha de dedicar su talento al trabajo común.

La unidad se señala en todas las creencias como el único baluarte del éxito. Mejores logros pueden afirmarse si la unidad de compañeros de trabajo está asegurada… Comprenderemos un significado hermoso si podemos introducir el gran concepto: amigo. La comunidad puede consistir solo de amigos.

Morya continúa:

Los antiguos gremios comunitarios de trabajo dejaron testimonio de su vitalidad. Uno ve cómo la gente cultivaba sus destrezas hacia la perfección. Sabían cómo escudarse mutuamente y cómo proteger la dignidad de su comunidad. Siempre que la gente no aprenda a defender el mérito de sus compañeros de trabajo, no logrará la felicidad del Bien Común…

La Comunidad, como Camaradería, puede acelerar la evolución del planeta de una manera sin precedentes y dar nuevas posibilidades de interacción con las fuerzas de la materia. No debe pensarse que la comunidad y la conquista de la materia se encuentran en planos distintos. Un canal, una bandera: ¡Maitreya, Madre, Materia!...

El hombre que se pierde en conjeturas acerca de dónde está la esclavitud y dónde la libertad, es incapaz de pensar en la comunidad. El hombre que oprime la conciencia de su hermano no puede pensar en la comunidad. El hombre que distorsiona la Enseñanza no puede pensar en la comunidad. La base de la comunidad está en la libertad de pensamiento y en la reverencia por el Instructor...

Comprended la Enseñanza; comprended que sin la Enseñanza uno no puede arreglárselas. Esta fórmula debe repetirse, porque en la vida se hacen muchas cosas sin la Enseñanza. La Enseñanza debe teñir cada acto y cada discurso.[26]

Elizabeth Clare Prophet comenta sobre la importancia de la comunidad en su comentario sobre el libro de Morya, *Comunidad Nueva Era:*

La comunidad, que es la oportunidad para que todos los chelas estén juntos y estén unidos al gurú y reciban las enseñanzas, es más importante que la supervivencia de cualquiera de sus miembros... Quisiera que estudiáramos este libro *[Comunidad Nueva Era]*. Es un libro que atesoro, porque veo a la comunidad como lo más valioso del mundo... No puede existir una relación gurú-chela sin comunidad y, por consiguiente, la enseñanza, la Palabra, la Mensajera y sus estudiantes no sobrevivirán. Cuanto más sepamos sobre comunidad como el cubo blanco del corazón, y después como su ramificación en lo externo, más estabilizamos un campo energético exterior de la Gran Hermandad Blanca.[27]

Ética Viva

Bajo la dirección del Maestro Morya, Roerich dio al mundo la filosofía de la Ética Viva, basada en un actitud espiritual y unificadora:

De acuerdo con esta actitud, el Universo es un grandioso sistema vivaz de energía que evoluciona según las Grandes

Leyes del Cosmos. Ello explica al hombre como una de muchas estructuras, vinculado de cerca a los demás e interactuando con ellos, con objetos parecidos sobre la superficie de nuestro planeta, con cuerpos celestes, con los mundos de otros estados de la materia. Considerando al hombre como «parte de la energía cósmica, parte de los elementos, parte de la Razón Cósmica, parte de la conciencia de la materia superior», la Ética Viva le asignó el papel de instrumento principal para la evolución. Sin un hombre, la principal tarea del proceso evolutivo, la espiritualización de la materia, su transformación en un estado superior de distinta cualidad, habría sido imposible.

Aparte de nuestro mundo sólido, la Ética Viva también observó los mundos de distintos estados de la materia… Combinando estos tipos de materia en sí mismo, el hombre interactúa constantemente con estos mundos. La naturaleza de su interacción está definida por el nivel y la expansión de la mente de uno y por la participación del corazón de uno mismo. Por tanto, la Enseñanza pone un gran énfasis en ideas éticas y su realización práctica: altos estándares morales, amor, compasión, sentimiento de responsabilidad por los seres queridos y por la evolución del planeta como un todo.

Según la doctrina, «el sentimiento de responsabilidad debería desarrollarse infinitamente. El espíritu del hombre, como el Creador, es responsable de todos su actos. No sentiremos el temor de realizar el fenómeno de la responsabilidad. Somos responsables no solo de nosotros mismos, sino también del Cosmos».[28]

Títulos posteriores

La enseñanza de la Ética Viva estuvo encarnada en todas las publicaciones posteriores dictadas por Morya a los Roerich. Después de *Comunidad Nueva Era*, se publicaron los siguientes títulos: *Agni Yoga, Infinito* (dos volúmenes), *Jerarquía, Corazón, Mundo Ígneo* (tres volúmenes), *Aum* y *Hermandad*. Estos títulos se publicaron entre 1929 y 1937.*

---

*Agni Yoga, Infinity, Hierarchy, Heart, Fiery World, Aum, Brotherhood.

El Pacto de la Paz y el Estandarte de la Paz de Roerich

Nicholas Roerich creó un plan internacional para la protección de tesoros culturales después de los estragos de la guerra. El plan de Roerich consistía en la utilización de un estandarte simbólico para identificar como neutrales —y a ser respetados y protegidos por los beligerantes— los monumentos históricos del mundo, los museos, las instituciones científicas, artísticas, educativas y culturales y sus propiedades y colecciones.

El Estandarte de la Paz, inspirado por el diseño original de Roerich, es el símbolo del Pacto Roerich. Mostrado en magenta (rojo oscuro) sobre un fondo blanco, el estandarte muestra tres esferas o puntos dentro de un círculo. Para Roerich, el símbolo representaba no solo el círculo de la eternidad que abarca el pasado, el presente y el futuro, sino también la religión, el arte y la ciencia, tres aspectos clave de la cultura, dentro del círculo de la cultura en su totalidad.

En 1935, el Tratado Interamericano del Pacto Roerich fue firmado por las 21 repúblicas miembros de la Unión Panamericana, incluyendo a los Estados Unidos. El tratado se convirtió en la base de la Conferencia de La Haya para la protección de monumentos. La India y los estados balcánicos fueron firmantes posteriores.[29]

El Maestro Morya, a través de Elizabeth Clare Prophet, habló del Pacto de la Paz de Roerich en 1996

Benditos, el Consejo de Darjeeling está trabajando con una intensidad tremenda para darle la vuelta a este mundo. Debemos obtener vuestra energía… Hablamos a la gente de Sudamérica, Centroamérica, Norteamérica. Os hablamos a todos vosotros de todos los países de la Tierra. Decimos, amados: que el fuego blanco de Dios se intensifique. Regocijaos de tener al Espíritu Santo, de tener el conocimiento del Sendero y la enseñanza. Despertad a las almas. Y, sobre todo, recordad que en Darjeeling hay una bandera que ondea que no es distinta al símbolo de Nicholas Roerich. Es el [símbolo del] Pacto de la Paz de Roerich. Esa bandera, amados, tiene los tres puntos dentro de un círculo. Se puso en los edificios de hospitales, de las artes o de museos para su protección durante la Segunda Guerra Mundial. Benditos, nuestro estandarte aún ondea, porque estamos decididos a que el Consejo de Darjeeling y todos los chelas de todos los maestros que forman parte de ese consejo no fallen. Estamos decididos a lograr la victoria, pero no debemos olvidarlo *a diario*.[30]

Pinturas de Nicholas Roerich

Roerich pintó más de 7.000 obras de arte, entre las que se cuentan pinturas de caballete, diseños de escenario y murales. En sus viajes a la India y Asia, Roerich visitó y pintó lugares donde los Maestros Morya y Kuthumi vivieron y frecuentaron. En *Corazón de Asia*, Roerich escribe:

Hasta hace muy poco existían varios Áshrams de los Mahatmas de los Himalayas cerca de Shigatse y más allá, en dirección al lago sagrado Manosaravar. Sabiendo esto, y los hechos en torno a esos sitios extraordinarios, me llené de una emoción especial. Fue algo maravilloso y extraño pasar por los mismos lugares por los que pasaron Ellos. Aún hay gente mayor que recuerda conocerlos personalmente, llamarlos por su nombre de Asaras [hombres sabios, de apariencia hindú, de cabello largo y vestimenta blanca, que con frecuencia aparecen en los Himalayas] y Khuthumpas. Algunos recuerdan que los Mahatmas de la India fundaron una escuela religiosa allá…

Estuvimos en el mismo patio donde ocurrió un episodio con una carta, que fue destruida y después milagrosamente restaurada por un Maestro. Pasamos por ciertas cuevas donde Ellos habían estado y cruzamos los mismos ríos, y en estas mismas junglas de Sikkim estuvo afuera su Áshram de modesto exterior…

Mientras los europeos discuten sobre la existencia de los Mahatmas, los hindús guardan un silencio significativo, porque muchos no solo saben de Ellos, sino que Los han visto y tienen pruebas verdaderas de Sus acciones y apariencias. Puesto que la gente de Asia siempre Los ha anhelado, los Mahatmas crearon una existencia especial allá, manifestándose cuando era necesario y de otro modo pasando desapercibidos; dejando Su impronta solo en el corazón y la mente de los que saben. Ellos no pertenecen a un cuento de hadas, a la imaginación o la invención; los Mahatmas son formas vivas.

No deseo persuadir o tratar de convencer a nadie de Su existencia. Muchísima gente Los ha visto, ha hablado con Ellos y ha recibido cartas y objetos materiales de Ellos…

¡A cuánta gente le encantaría recibir una carta de los Mahatmas! Pero tras proporcionar un momento de asombro y confusión, ¿realmente cambiaría eso sus vidas? Probablemente no.

Pero ahora la gente llama a las puertas de su gran conocimiento; muchos de la generación más joven simplemente quieren iniciar una correspondencia con un Gurú o encontrar a un verdadero instructor.[31]

El Maestro Morya dictó mensajes, enseñanzas y libros a través de los Roerich hasta 1937, cuando se publicó el último volumen de la serie Agni Yoga. Nicholas Roerich falleció en 1947, sin la necesidad de reencarnar. Hoy es un Maestro Ascendido.

El permanente legado de la Sociedad Agni Yoga

Elizabeth Clare Prophet ha afirmado: «La Sociedad Agni Yoga y la multitud de libros publicados son un hilo muy importante de las Enseñanzas de los Maestros Ascendidos a través de Morya.

El Morya dictó a los Roerich en ruso… Y Morya siente un gran amor por el pueblo ruso, y el fuego de su voluntad en Darjeeling producirá la redención tanto de Rusia como de China».³²

Notas del apéndice

1. *The Mahatma Letters to A. P. Sinnett (Las cartas de los Mahatmas a A. P. Sinnett)* (London: Rider and Company, 1926), carta 44, Morya a Sinnett, febrero de 1882, pág. 263; corchetes y división de párrafos añadidos.

2. *Las cartas de los Mahatmas,* carta 47, Morya a Sinnett, 3 de marzo de 1882, pág. 271.

3. *Las cartas de los Mahatmas,* carta 6, Koot' Hoomi [K.H.] a Sinnett, 10 de diciembre de 1880, págs. 23-24.

4. *Las cartas de los Mahatmas,* carta 38, Morya a Sinnett, recibida alrededor de febrero de 1882, pág. 252.

5. C. W. Leadbeater, *The Masters and the Path (Los Maestros y el Sendero)* (Adyar: Theosophical Publishing House, 1969), pág. 27.

6. Ibid., págs. 29-30.

7. S. Ramswami Iyer, citado en Leadbeater, *Los Maestros y el Sendero,* pág. 30.

8. Leadbeater, *Los Maestros y el Sendero,* pág. 35.

9. Constance Wachtmeister, *Reminiscenses of H. P. Blavatsky (Reminiscencias de H. P. Blavatsky)* (Wheaton, Ill.: Theosophical Publishing House, 1976), pág. 44, citado en el artículo sobre Morya en *Theosophy Wiki,* http://theosophy.wiki/en/Morya.

10. Henry Steel Olcott, *Old Diaries Leaves: America, 1874-1878 (Viejas hojas de diarios: Estados Unidos, 1874-1878)* (Adyar: Theosophical Publishing House, 1941), págs. 379-380.

11. *Las cartas de los Mahatmas,* carta 29, Morya a Sinnett y A. O. Hume, pág. 225; corchetes añadidos.

12. *Las cartas de los Mahatmas,* carta 30, K.H. a Hume, págs. 232-233; corchetes añadidos.

13. H. P. Blavatsky, "Preface" ("Prefacio"), *Isis Unveiled: A Master-Key to the Mysteries of Ancient and Modern Science and Theology (Isis sin velo: Llave maestra a los misterios de la ciencia y la teología antigua y moderna),* primera ed. (1877; segunda ed. Pasadena: Theosophical University Press, 1976), vol. 1, págs. V, vi, vii.

14. Virginia Hanson, ed., *H. P. Blavatsky and the Secret Doctrine (H. P. Blavatsky y la Doctrina Secreta)* (Wheaton, Ill.: Theosophical University Press, 1971, 1988), pág. 17.

15.	H. P. Blavatsky, *La Doctrina Secreta,* primera ed. (1988; segunda ed., Pasadena: Theosophical University Press, 1963), vol. 1, pág. 14.

16.	H. P. Blavatsky, citada en Joseph Head y Sylvia Cranston, *Reincarnation: The Phoenix Mystery (La reencarnación: el misterio del fénix)* (San Diego: Point Loma Publications, 1977), pág. 488.

17.	Elizabeth Clare Prophet, "Review of Teachings from El Morya" ("Análisis de enseñanzas de El Morya"), durante el 37 aniversario de The Summit Lighthouse, 6 de agosto de 1995.

18.	*The Theosophist (El teósofo),* feb. 1907, pág. 385 y sigs., citado en Josephine Ransom, *A Short History of the Theosophical Society (Breve historia de la Sociedad Teosófica)* (Adyar, Madras: Theosophical Publishing House, 1938), págs. 367- 68.

19.	Ruth Abrams Drayer, *Nicholas and Helena Roerich: The Spiritual Journey of Two Great Artists and Peacemakers (Nicholas y Helena Roerich: El viaje espiritual de dos grandes artistas y pacificadores)* (Wheaton, Ill.: Quest Books, Theosophical Publishing House, 2005), pág. 8. Para obtener más información sobre los Roerich, véase cap. 1, especialmente págs. 3, 5, 6, 7.

20.	Elizabeth Clare Prophet, "A Profile of Nicholas Roerich" ("Perfil de Nicholas Roerich"), *Perlas de Sabiduría,* vol. 33, n°. 43, 4 de noviembre de 1990. Véase nota 34.

21.	Drayer, *Nicholas y Helena Roerich,* pág. 17.

22.	Ibid., págs. 17-18.

23.	Ibid., pág. 18. El autor no indica la fuente de estas citas.

24.	Véase *Theosophy Wiki,* artículo sobre Nicholas Roerich, en http://theosophy.wiki/en/Nicholas_Roerich.

25.	*New Era Community (Comunidad Nueva Era)* (New York: Agni Yoga Society, 1951), págs. 9, 196.

26.	Ibid., págs. 7, 8, 10, 50, 71, 73.

27.	Elizabeth Clare Prophet, *Community: A Journey into the Heart of Community (Comunidad: Viaje al corazón de la comunidad)* (Corwin Springs: The Summit Lighthouse Library, 2002), págs. 2, 3.

28.	La cita sobre la Ética Viva está tomada del artículo de Nicholas Roerich que consta en Theosophy Wiki, http://theosophy.wiki/en/Nicholas_Roerich.

29.	Véase El Morya, *Perlas de Sabiduría* de 2002, vol. 45, n°. 53, 29 de diciembre de 2002, pág. 392, n. 8.

30.	Ibid., pág. 389.

31.	Nicholas Roerich, *Heart of Asia (Corazón de Asia),* citado en Drayer, *Nicholas y Helena Roerich,* págs. 249-52.

32.	Conferencia de Elizabeth Clare Prophet del 25 de octubre de 1973.

NOTAS

PRÓLOGO
1. El Morya, 8 de octubre de 1977, "The Gemini Mind for the Governing of Society and the Self" ("La mente Géminis para gobernar
   la sociedad y al yo"), publicado como capítulo 17 en este libro. Para
   el extracto citado aquí, véase págs. 191.
2. Elizabeth Clare Prophet, "Cosmic Consicousness" ("Conciencia
   cósmica"), conferencia, 24 de noviembre de 1981.
3. Ibid.
4. El Morya, 8 de abril de 1990, "Bonded to the Lord of the First
   Ray: The Initiation of the Bonding of Guru and Chela" ("Atados
   al Señor del Primer Rayo: La iniciación del lazo entre Gurú y
   Chela"), *Morya y Tú: Amor* (Summit University Press, 2018), págs.
   284, 288-89. También publicado en tu totalidad en *Perlas de Sabiduría* de 1990, vol. 33, n°. 13, 8 de abril de 1990.

CAPÍTULO 1:   **La perfección de vuestro corazón es Dios**
1. Marcos 16:19.
2. Hechos 1:9.
3. Apocalipsis 1:15; 14:2; 19:6; 21:6; 22:17.
4. Apocalipsis 21:6.

CAPÍTULO 3:   **La sacudida de la libertad**
1. *Yasna.* Parte litúrgica principal del Avesta (las escrituras del zoroas-
   trismo reunidas a partir de escritos, sermones y tradiciones orales
   de Zoroastro antes de 800 a. C.); compuesta de letanías, "himnos"
   ghatas e invocaciones dedicadas a Ahura Mazda y a otros dioses.
2. Tradicionalmente, cada víspera de Año Nuevo Gautama Buda
   entrega la forma de pensamiento del año. La de 1965 fue un per-
   gamino dorado, descendiendo del cielo desde Dios, con las palabras: *PAZ con honor.* Véase Gautama Buda, 1 de enero de 1965:

"Go Be!" ("¡Id y sed!"), *Perlas de Sabiduría* de 1965, vol. 8, "Prólogo", pág. xii.
3. Mateo 18:6.
4. Juan 14:2, 3.

CAPÍTULO 4:   **El don de la gracia divina**
1. Juan 6:68.
2. Mateo 13:12; Marcos 4:25; Lucas 8:18.
3. Isaías 1:18.
4. Hechos 9:18.
5. Juan 3:17.
6. "Brighten the Corner Where You Are" ("Ilumina el rincón donde estás") fue una popular canción publicada en 1913, con música de Charles H. Gabriel (1856-1932) y letra de Ina Duley Ogden (1872-1964). A lo largo de las décadas ha sido interpretada por muchos artistas profesionales. La letra es la siguiente:

> No esperes hasta hacer algún acto de grandeza,
> no esperes hasta arrojar lejos tu luz;
> sé fiel a las muchas obligaciones que siempre hay cerca,
> ilumina el rincón donde estás.

> Estribillo:
> ¡Ilumina el rincón donde estás!
> ¡Ilumina el rincón donde estás!
> Alguien lejos de la bahía a quien puedas ayudar a atravesar el
>   banco de arena;
> ¡Ilumina el rincón donde estás!

> Arriba hay cielos nubosos que puedes ayudar a despejar,
> no impida el estrecho yo tu camino;
> Aunque su canción alegre llegue a un solo corazón,
> ilumina el rincón donde estás.
> Aquí encontrarás seguro alguna necesidad para todo tu talento,
> refleja aquí la reluciente Estrella de la Mañana;
> de tu mano humilde el Pan de Vida alimentará,
> ilumina el rincón donde estás.

7. 1 Corintios 15:52.
8. Piedra angular principal. Mateo 21:42; Marcos 12:10; Lucas 20:17; Hechos 4:10-12; Efesios 2:20; 1 Pedro 2:5-7; Salmos 118:22; Isaías 28:16.
9. Amós 7:8.
10. Lucas 23:34.

CAPÍTULO 5: **La voluntad de Dios es una carga de radiación que proviene de lejos**

1. Isaías 64:8; Jeremías 18:6.
2. Marcos 4:39.
3. Huevo Cósmico. En las Enseñanzas de los Maestros Ascendidos, el universo espiritual-material es conocido como el Huevo Cósmico. Ello incluye las galaxias, sistemas estelares y mundos conocidos y desconocidos, cuyo centro se denomina Gran Sol Central. Para obtener más información, véase glosario de *Saint Germain sobre alquimia,* entradas "Gran Sol Central" y "Huevo Cósmico".
4. Mateo 8:12; 13:42; 22:13; 24:51; 25:30; Lucas 13:28; Hechos 7:54.
5. El Sr. Krishnamurti. Jiddu Krishnamurti (1895-1986) fue instruido en la teosofía por Annie Besant, entonces presidenta de la Sociedad Teosófica. Krishnamurti llegó a ser instructor y escritor en Europa y en los Estados Unidos durante la década de 1920. En 1929 abandonó la Sociedad Teosófica y después rechazó a los maestros y a sus instructores.
6. Lucas 22:31.
7. *At the Feet of the Master (A los pies del Maestro),* publicado por primera vez en 1910, fue escrito por Jiddi Krishnamurti bajo el nombre de Alcyone. Según los Mensajeros Mark y Elizabeth Prophet, el libre fue escrito bajo la supervisión del Maestro Kuthumi cuando Krishnamurti aún tenía como gurú a Maitreya.
8. Isaías 14:12-15.
9. Como ratones y hombres. La frase "De ratones y hombres" está tomada del poema de Robert Burns, "A un ratón" ("To a Mouse"), el cual dice: "Los mejores planes de ratones y hombres, / a menudo se tuercen". John Steinbeck utilizó la frase como título de su novela corta, *De ratones y hombres (Of Mice and Men),* que ilustra la impotencia y tragedia de los personajes principales.
10. Lucas 15:18.
11. Los nueve embajadores. En una conferencia de la noche del 27 de agosto de 1967, el Mensajero Mark L. Prophet dijo que la misión de los nueve embajadores "ha sido secreta casi desde el principio del mundo... Estos embajadores representan a la jerarquía. Tienen la responsabilidad de actuar como observadores en el mundo de la forma de lo que hacen los hombres... La jerarquía, entonces, en comunión constante con la Divinidad, utiliza estos informes de los nueve embajadores, que están repartidos por el cuerpo planetario, como medida con la cual el Consejo Kármico pueda garantizar

ciertas dispensaciones… Y esta mañana nos enteramos de algo que está ocurriendo en ese sistema. Y como resultado de ello, ahora creemos que comprendemos cómo es que San Pedro puedo decir que al final el mundo sería destruido por el fuego… En este caso sería una destrucción producida por la intensificación del fuego de la Presencia".

12. Apocalipsis 12:14.
13. Apocalipsis 6:16; Lucas 23:30.
14. Lucas 21:28.
15. Romanos 13:12.
16. Lucas 1:78, 79.
17. *The Pilgrim's Progress (El avance del peregrino)* es una alegoría cristiana escrita en dos partes, 1678 y 1684, por John Bunyan. La trama se centra en el viaje del protagonista, Christian, desde su ciudad, la "Ciudad de la Destrucción" (este mundo), a la "Ciudad Celestial" (el cielo). La obra supone una visión simbólica del sendero espiritual donde el héroe encuentra tanto compañeros como adversarios a lo largo del camino, siendo al final victorioso.

CAPÍTULO 6: **A donde conduzcan los maestros, que vayan los hombres**
1. Hebreos 12:23.
2. El Morya estuvo encarnado como el Rey Arturo, quien fundó la Orden de los Caballeros de la Mesa Redonda en la zona conocida actualmente como Glastonbury (Inglaterra). Para obtener más información sobre el Rey Arturo de Britania, véase *Morya y tú: Amor,* de Mark L. Prophet y Elizabeth Clare Prophet, págs. 306.
3. 2 Pedro 1:10.
4. Lucas 9:62.

CAPÍTULO 7: **El poder del pensamiento correcto**
1. El *Infierno* de Dante es la primera parte de la epopeya del siglo XIV, *Divina comedia,* que narra el viaje de Dante a través del infierno, guiado por el antiguo poeta romano Virgilio. Durante el curso del viaje a través de los nueve círculos del infierno, Dante encuentra imágenes y sonidos grotescos y aterradores representativos del sufrimiento de las almas por sus crímenes, como la hechicería, el asesinato, la blasfemia, el suicidio y demás. Al *Infierno* sigue el viaje de Dante por el purgatorio y el paraíso.
2. La Señal de la Cruz. Bendición ritualista sobre uno mismo que realizan los miembros de la mayoría de las ramas del cristianismo

como indicación del Padre, el Hijo y el Espíritu Santo. El movimiento consiste en trazar una cruz sobre el cuerpo de uno tocando la frente, el pecho y los hombros. Los Maestros Ascendidos enseñan que la cruz simboliza el punto de encuentro entre Dios y el hombre en el nexo donde nace la conciencia Crística.

3. Génesis 1:27; 2:8-15.

4. Hedón está tomado de la palabra griega *hedone,* que significa "placer". Mark Prophet habló del planeta Hedrón (también conocido como Hedón) como un paraíso de belleza y cultura. A cierto punto, las evoluciones de Hedrón sucumbieron al culto al placer del egoísmo y la complacencia y el planeta acabó destruido. Para obtener más información, véase Mark L. Prophet y Elizabeth Clare Prophet, *Paths of Light and Darkness (Senderos de Luz y Oscuridad)* (en la serie "Escala la montaña más alta").

5. "Cadena planetaria" es un término teosófico en referencia a la "cadena" de planetas conectados para formar nuestro sistema solar. También se refiere a los siete globos o esferas que componen cada planeta.

6. Ezequiel 18:23; 33:11.

7. Jeremías 31:33; Hebreos 8:10.

8. El cuerpo etérico o de la memoria contiene las Tablas de Mem (memoria), que son los registros de todas las vibraciones e impulsos energéticos que el alma ha producido.

9. Génesis 2:18, 21-24.

10. Old Ironsides. El maestro podría estar refiriéndose a Oliver Cromwell (1599-1658), general inglés y Lord Protector a quien sus soldados pusieron el mote de "Old Ironsides"; o al navío USS *Constitution,* fragata de 44 cañones de la Marina de los Estados Unidos botada en 1797 y aún en servicio en la actualidad. Oliver Wendell Holmes escribió un poema en 1830 como tributo a la fragata titulado, "Old Ironsides", que sirvió para que no la retiraran de servicio.

11. Divagaciones de la conciencia del Grial. El mismo día en el que se dio este dictado, Mark Prophet dio una conferencia, "Meditaciones sobre el Santo Grial", en la que dijo: "La antigua orden de Melquisedec es el poder detrás de la manifestación del Santo Grial, que simboliza a los seres Crísticos, aquellos que no tenían padre ni madre en el simple sentido de que, según los antiguos misterios, se crearon a sí mismos... Para ser un miembro del sacerdocio de Melquisedec, para moverse por el universo con la velocidad de la luz, para poder dominar el tiempo y el espacio, para ser maestros

del tiempo y el espacio, debéis tener las cualidades del amor universal. Y esto no puede ser algo como una hermosa nada, como una pequeña rosa que alguien pudiera pintar o una idea de una mirada inocente en el rostro de alguien. Estamos hablando del poder del Dios vivo".

CAPÍTULO 8: **Revestíos con la mente correcta y la severidad de conciencia**
1. Salmos 60:4, 5; Cantares 2:4.
2. Joel 2; Josué 6.
3. Mateo 5:1-12.
4. Según la mitología griega, Atalanta era una cazadora virgen que accedió a contraer matrimonio solo si sus pretendientes la vencían en una carrera a pie. Un pretendiente, Hipomenes, pidió ayuda a la diosa Afrodita, quien le dio tres manzanas de oro para que las echara al suelo ante Atalanta durante la carrera y esta se distrajera. Cada vez que Hipomenes se adelantaba a Atalanta en la carrera, dejaba caer una manzana ante ella, quien se iba tras la manzana, desviándose. Hipomenes ganó la carrera y se casó con Atalanta.
5. Santiago 1:17; 1 Juan 1:5.

CAPÍTULO 9: **La bandera de la Madre del Mundo se revela**
1. Juan 20.
2. Isaías 2:4.
3. En la frase que empieza con "Ciclo tras ciclo terminado", El Morya está describiendo un uso de la energía de naturaleza kármica, mientras que los Maestros Ascendidos enseñan que el uso correcto de la energía del "tres por tres" es un medio para obtener los nueve dones del Espíritu Santo. La Mensajera Elizabeth Clare Prophet explicó en una conferencia del 25 de enero de 1976: "Los dones del Espíritu son nueve debido a la acción del "tres por tres", la acción de la cuadratura de la Trinidad. Cuando tenemos equilibrada la llama trina del Padre, el Hijo y el Espíritu Santo y esta se eleva al cuadrado, tenemos el poder del nueve. Por tanto, los nueve dones del Espíritu Santo solo los puede contener alguien que antes haya equilibrado el amor, la sabiduría y el poder de la conciencia Crística". La concesión de los nueve dones del Espíritu Santo es por definición una transferencia del poder del "tres por tres", que el discípulo debe aprender a esgrimir y aumentar a través de la llama trina equilibrada y la ciencia de la Palabra hablada.
4. Génesis 3:15.

5. Apocalipsis 1:7.
6. Mateo 28:20.

CAPÍTULO 10: **¿Amáis a Morya? ¡Entonces amad al Dios interior! ¡Amad su santa voluntad!**

1. Salmos 37:11; Mateo 5:5.
2. Isaías 65:17; 66:22; 2 Pedro 3:13; Apocalipsis 21:1.
3. Mateo 5; 13:1-3.
4. "Un mensaje a García" es una frase de especial significado para millones de personas de todo el mundo. Es una frase sinónimo de características nobles como la formalidad y la dedicación a lograr cualquier tarea o responsabilidad requerida de alguien. "Un mensaje a García" surgió durante la guerra hispano-estadounidense de 1898, cuando el presidente americano McKinley necesitó la urgente cooperación del general García, líder de las fuerzas revolucionarias cubanas. García se encontraba en la jungla montañosa de Cuba, pero nadie sabía dónde. McKinley buscó a alguien que pudiera encontrar a García y darle su mensaje. El entonces teniente Andrew Summers Rowan llevó la carta sobre su pecho y desapareció en la jungla en busca del general García. Tres semanas después, Rowan apareció al otro lado de la isla tras haber entregado el mensaje. El autor Elbert Hubbard escribió sobre esta historia en 1899, y de Rowan dijo: "Aquí había un hombre singular con los ingredientes para el éxito que se necesitan en todo lugar". El éxito de Rowan se ha atribuido a su tenacidad para no rendirse, a no perder tiempo y a permanecer concentrado en la meta teniendo presente la meta mucho más grande. Debido en parte al heroico logro de Rowan, España cedió Puerto Rico, las islas Filipinas y Guam a los Estados Unidos y renunció a cualquier derecho a Cuba.
5. Mateo 8:12; 13:42; 22:13; 24:51; 25:30; Lucas 13:28; Hechos 7:54.
6. Mateo 10:16 (traducción directa de la versión bíblica del rey Jacobo).

CAPÍTULO 11: **La sabiduría eterna es la satisfacción de las ansias del alma**

1. Mateo 5:6.
2. 1 Reyes 18:31-38.
3. Levítico 18:21; 20:2-5; 2 Reyes 23:10; Jeremías 32:35.
4. Lucas 2:13, 14.
5. Santiago 4:3.

6. Apocalipsis 2:27.
7. Mateo 27:51; Marcos 15:38.

CAPÍTULO 12:   **¡Morya viene!**
   ¡Tronamos con la esperanza de un nuevo día!
1. Isaías 62:8.
2. Salmos 18:9.

CAPÍTULO 13:   **La iluminación de la humanidad es una pasión**
   de la conciencia universal
1. Mateo 13:45-46.
2. Hebreos 11:3.
3. El cristal y la niebla. En una conferencia del 13 de octubre de 1968, el mensajero Mark L. Prophet explicó que el estado de la "niebla" es el reino del pensamiento, el sentimiento y los motivos de la humanidad. El estado del "cristal" es la acción llevada a cabo en base a los pensamientos y sentimientos propios. Es la cristalización de la conducta desde el reino del pensamiento y el sentimiento en manifestación.
4. *Sombras Oscuras (Dark Shadows)* era un programa televisivo semanal retransmitido en la cadena ABC de 1966 a 1971; serie sobre sucesos sobrenaturales. La retrasmisión tuvo 1225 episodios.
5. Véase 1 Corintios 3:16, 17.
6. Lucas 23:34.
7. Mateo 12:40.
8. 1 Pedro 3:18-20.
9. Efesios 6:11.
10. Génesis 30:27-43; 31:1-3.
11. Apocalipsis 20:14, 15; 21:8.
12. Judas 1:13.
13. 1 Corintios 2:14.
14. El gran dragón Tiamat. En la mitología babilonia, Tiamat es el principio primordial femenino del caos (representado como el mar tumultuoso) que asume la forma de un dragón. Está representado como enemigo de los dioses babilonios de la luz y la ley.
15. Daniel 5:5, 24:28. "MENE, MENE TEKEL, UPARSIN" significa: "Pesado has sido en balanza, y fuiste hallado falto".
16. Juan 11:1-43.
17. Howard Hughes (1905-1976) fue una de las personas más exitosas económicamente de su época. Fue un multimillonario, aviador y productor y director de cine. Aunque admirado por muchos por

su riqueza y perspicacia en los negocios, en años posteriores se convirtió en un solitario excéntrico, lo cual se añadió a su reputación de hombre misterioso.

18. Mateo 6:33.

CAPÍTULO 14: **Conoced la perfección de fuego estelar de la voluntad de Dios**

1. Eclesiastés 1:2.
2. Huevo Cósmico. Véase pág. 299, n. 3.
3. Lecciones de Guardianes de la Llama. La Fraternidad de Guardianes de la Llama es una fraternidad aconfesional para hombres y mujeres según la tradición de las antiguas órdenes espirituales. Fue fundada por el Maestro Ascendido Saint Germain en 1961 a través de su Mensajero Mark L. Prophet y está compuesta de buscadores espirituales que prometen guardar la llama de la vida para hacer que esta Tierra llegue a una era de oro de libertad, paz e iluminación. El curso de los Guardianes de la Llama se compone de 33 lecciones mensuales sobre la aplicación práctica de la ley cósmica para ayudar a buscadores y miembros a recorrer el sendero de las pruebas del alma, el crecimiento espiritual y, finalmente, lograr la ascensión. Para ver una muestra gratuita de una lección y para obtener más información sobre las lecciones y la fraternidad, véase https://www.guardianesdelallama.org/
4. Ascensión del Huevo Cósmico. La mensajera ha explicado que el universo espiritual-material es conocido como el Huevo Cósmico. (Véase pág. 299, n. 3). En una *Perla de Sabiduría* de 1973, Serapis Bey habló de la ascensión de las almas encarnadas, del cuerpo planetario y de "todo el Huevo Cósmico". "¿Podéis contemplar —dijo— el momento en el que todo el cosmos sea vivificado en la espiral de la ascensión?... Un día seréis testigos de la ascensión de toda la urdimbre del tiempo y espacio. Pensad en eso, benditos corazones, y ponedlo directamente frente a vosotros como la meta. Porque debéis recibir la visión. Debéis tener la visión y la autoridad de afirmar esa visión". (*Perlas de Sabiduría* de 1973, vol. 16, nº. 26, 1 de julio de 1973)
5. *Invictus* en latín significa "nunca vencido". El poeta británico William Ernest Henley (1849-1903) compuso su conocido poema, "Invictus", sobre la superación de la adversidad. El poema hace un paralelo entre el espíritu victorioso de Henley a través de sus oscuras tribulaciones y la enfermedad y los trastornos. Henley escribió el poema en 1875 desde el hospital donde recibió cuidados por tuberculosis osteoarticular.

CAPÍTULO 15:   **El resorte de la voluntad de Dios**
1. El Morya es el jerarca del Templo de la Buena Voluntad ubicado en el plano etérico, sobre la ciudad de Darjeeling (India), a los pies de los Himalayas. Este retiro es un mandala y un campo energético utilizado por las jerarquías solares para emitir incrementos de energía cósmica al planeta. Junto con los miembros del Consejo de Darjeeling, los Hermanos del Corazón Diamantino, que prestan servicio en este retiro liderados por El Morya, ayudan a la humanidad organizando, desarrollando, dirigiendo e implementando la voluntad de Dios como base para el éxito de todos los movimientos organizados. Como Jefe del Consejo de Darjeeling de la Gran Hermandad Blanca, El Morya preside en este retiro las reuniones en torno a una mesa redonda.
2. Apocalipsis 11:3-18.
3. Apocalipsis 11:1.
4. Apocalipsis 6:6.
5. Mateo 13:24-30.

CAPÍTULO 16:   **El iniciador de la voluntad de Dios viene a iniciar a los chelas que colaboran conscientemente con la voluntad de Dios**
1. Mateo 19:30; 20:16; Marcos 10:31.
2. Grabaciones de audio con mensajes subliminales y la utilización de técnicas de autohipnosis, así como otras formas de programación de la mente subconsciente, se han convertido en la última moda en el desarrollo de la conciencia. Promovido como productos de autoayuda para asistir a las personas a superar malas costumbres, eliminar bloqueos para conseguir éxito y riquezas y desarrollar la seguridad en uno mismo, estas grabaciones incluyen conferencias, meditaciones guiadas, afirmaciones y mensajes subliminales dentro de la música de fondo o sonidos de la naturaleza.

El 1 de enero de 1988, el amado Omri-Tas dijo en un dictado: "La llama violeta realmente os permite realizar, como si dijéramos, una cirugía cósmica; y esto nunca se da por un impulso acumulado que pueda administrarse al subconsciente mediante todas las grabaciones que tenéis a vuestra disposición sobre cómo llegar a ser mejor persona y vencer la procrastinación y adicciones de todo tipo. Benditos corazones, estas grabaciones son para las personas computarizadas que no tienen una llama trina. Son para los que tienen solo una personalidad humana que se ha ido creando encarnación tras encarnación sin la integración de una llama del Espíritu de Dios… Benditos, cualquier cosa que llegue desde el nivel humano, independientemente de lo positivas que sean las declaraciones al respecto, siempre encarna todo el karma, el cinturón electrónico y el subconsciente de la persona a través de la cual esa cosa ha llegado". (*Perlas de Sabiduría,* vol. 31, n°. 3, págs. 25, 26).

Solo al invocar la luz de nuestra Presencia YO SOY para producir una transmutación consciente por libre albedrío, con el alma totalmente implicada como alquimista en nuestro templo, colaboradora consciente con la voluntad de Dios, es que podemos saldar nuestro karma y ascender. La gente que promueve la utilización del subconsciente en una autoprogramación, o bien ignora las leyes de Dios ("Padre, perdónalos, porque no saben lo que hacen"), o bien no ha hincado la rodilla ante el Cristo universal, ante su Santo Ser Crístico o ante la Gran Ley. En este último caso, las personas quieren un logro y una felicidad humanos sin dar lealtad a la Presencia YO SOY. La persona cree que, al eludir la relación Gurúchela, también elude toda responsabilidad por su karma. Los seguidores de tales personas pertenecen a la escuela de mentalistas atlantes que buscan desarrollar la mente para el control del yo y otros yoes, y para controlar las circunstancias sin la necesidad de una obediencia al principio cósmico.

Cuando el poder humano se adquiere de esta forma, sin una verdadera maestría Crística sobre uno mismo, su uso o su abuso está sujeto a la justicia del hombre y no a la de Dios. ¿Cuándo se convierte este poder mal utilizado en la práctica de brujería o magia negra? Cuando la persona se excede por tener como estándar "el fin justifica los medios", pudiendo ella no saberlo puesto que nunca ha sentido la necesidad de someter sus idas y venidas al Señor, Justicia Nuestra (Jeremías 23:6). Además, los beneficios de una programación subconsciente así son ilusorios, porque antes o después, en esta vida o en muchas vidas futuras, la persona deberá permanecer, afrontar y conquistar su karma de manera consciente. Este karma *no se transmuta con estas grabaciones de audio.* Pero el karma es la raíz de los problemas que la persona suprime a través del uso de tales grabaciones. Por tanto, cuando los problemas y el karma se vuelvan a dar, la persona deberá iniciar finalmente el verdadero sendero del discipulado.

Para concluir, estas grabaciones de audio son una postergación peligrosa en el sendero de la reunión con Dios, puesto que crean la ilusión de una maestría sobre uno mismo y una prosperidad cuando la mente carnal, a través del subconsciente, teje una red enmarañada en torno al alma. Son una autohipnosis, el verdadero engaño de la mente carnal con respecto al alma a fin de que esta posponga su verdadera victoria Crística en la luz en el sendero de la superación individual, tal como está delineado en las enseñanzas de la Gran Hermandad Blanca.

3. La palabra *religión* se deriva del latín, *religio*, 'lazo entre el hombre y los dioses' o *religare,* 'volver a atar'.

CAPÍTULO 17:   **La mente géminis para gobernar la sociedad y al yo**

1. Revolución Venidera en Conciencia Superior. El 13 de junio de 1976, en la ciudad de Washington, Palas Atenea, Diosa de la Verdad, pidió la elevación de la conciencia de la gente de la Tierra mediante la llama de la verdad: la Revolución Venidera en Conciencia Superior. "Hoy deseo que entendáis —dijo— que cuando digo que YO SOY la Verdad encarnada, dependo de vuestro cuerpo, vuestras carne y vuestra sangre, vuestra mente y vuestra alma para ser la encarnación de la Palabra de Verdad que YO SOY… Afirmo para vosotros la causa de la verdad porque os habéis apoderado de esa causa… ¡Y utilizaré esa llama para iluminar a un país y para iluminar a mundo!".

2. Esto se refiere a "La ciencia del ritmo para la maestría de las energías sagradas de la vida" ("The Science of Rhythm for the Mastery of the Sacred Energies of Life"), conferencia de Elizabeth Clare Prophet del 7 de octubre de 1977. La conferencia contenía una presentación con diapositivas sobre los usos buenos y malos del ritmo, el sonido y la energía en la música y sus efectos en el aura humana, con ilustraciones tomadas de unos dibujos al pastel de la mensajera.

3. Mateo 28:18.

4. Esto se refiere a la dispensación anunciada por el Elohim Apolo el 6 de julio de 1975, la entrega de un incremento de la luz de la iluminación "entregada solo una vez cada diez mil años para la elevación de la conciencia y para centrar esa conciencia en [el chakra de] la coronilla… Ahora, la vara que viene del Sol Central por edicto cósmico, ¡la aceleración de la mente de la humanidad! Y los Logos Solares implantan esa vara en consonancia con el Ser Crístico de cada persona. ¡Y hecho está! ¡Y la humanidad puede, si quiere, emplear la vara para entrar en una nueva era y en una era de oro!". Véase "An Increment of Light from the Holy Kumaras" ("Un incremento de luz de los Santos Kumaras"), en *The Great*

White Brotherhood in the Culture, History, and Religion of America (La Gran Hermandad Blanca en la cultura, historia y religión de los Estados Unidos), págs. 269-70. El 7 de octubre de 1977, Apolo anunció que algunas personas habían superado ciertas iniciaciones durante muchos miles de años y que ahora estaban preparadas para heredar una parte de la mente de Dios. "Os anuncio esta iniciación para que podáis sentir la necesidad imperiosa de alinear rápidamente vuestros átomos y vuestras células con la mente de Dios, de modo que vosotros también podáis recibir en cada ciclo sucesivo los incrementos que se entregarán antes del año 2001". Véase *Perlas de Sabiduría* de 1978, vol. 21, nº. 20, pág. 97.

5. Véase nota 1 más arriba.

CAPÍTULO 18:   **El trabajo del templo interior de Serapis Bey en los cuatro cuadrantes, "carros", de la Materia**

1. La décima visión: los cuatro carros. El comentario del Rev. C. I. Scofield sobre Zacarías 6:1-8 citado al inicio de esta *Perla* es el siguiente: La interpretación de la décima visión debe estar gobernada por la declaración autoritativa del versículo 5. Los cuatro carros con sus caballos no simbolizan los cuatro reinos de la tierra de Daniel, sino 'los cuatro espíritus del cielo, que salen después de presentarse delante del Señor de toda la tierra' (v. 5) Estos 'espíritus' son ángeles (Lucas 1:19; Hebreos 1:14) y de manera muy natural son interpretados como los cuatro ángeles de Apocalipsis 7:1-3; 9:14, 15. Estos también tienen un ministerio en la tierra y son de naturaleza parecida a los 'espíritus' de Zacarías 6:1-8, es decir, juicio. El símbolo (carros y caballos) sintoniza perfectamente con esto. En el simbolismo de las Escrituras estos siempre defienden el poder de Dios en la tierra con el juicio (Jeremías 46:9, 10; Joel 2:3-11; Nahúm 3:1-7). La visión, por tanto, habla de los juicios del Señor a las naciones gentiles del norte y el sur en el día del Señor (Isaías 2:10-22; Apocalipsis 10:11-21)". (*The Scofield Reference Bible*, pág. 969, n. 2).

2. "La limpieza de Madre en el ciclo oscuro de Tauro." A petición de El Morya y Serapis Bey, la Mensajera dirigió un servicio antes del dictado de El Morya para la limpieza del ciclo oscuro de Tauro en el eje 10/4 y el "morador del umbral" de los Guardianes de la Llama, las evoluciones de la Tierra y los registros atlantes y lemurianos. Este servicio para la limpieza del eje 10/4, seguido del dictado de El Morya, se encuentra en https://www.SummitLighthouse.org, en el área de miembros ("Broadcast", "On-Demand

Replays", bajar en la página hasta "Clearance Replays", donde se encuentra este servicio).

3. Santiago 1:21.

4. Véase nota 2 más arriba.

5. Hebreos 11:35.

6. "Morador del umbral." Véase *Perlas de Sabiduría* de 1985, vol. 28, nº. 26, pág. 350, n. 10.

7. Juan 13:10.

8. Prueba de fuego (iniciación impartida por el Cristo Cósmico). Daniel 3:8-30; 1 Corintios 3:13-15; 1 Pedro 1:6, 7; 4:13, 13.

9. El reloj cósmico. Para obtener una lista de conferencias publicadas por Elizabeth Clare Prophet sobre este tema, véase *Perlas de Sabiduría* de 1985, vol. 28, nº. 26, pág. 350, n. 8.

CAPÍTULO 19: **Búsqueda y hallazgo del misterio de la vida**

1. El Morya estuvo encarnado como Thomas Becket, nacido durante el solsticio de invierno el 21 de diciembre de 1118, en Londres (Inglaterra).

2. Mateo 7:7, 8; Lucas 11:9, 10.

3. Véase Serapis Bey, 28 de diciembre de 1985, "The Descent of the Mighty Blue Spheres", ("El descenso de las poderosas esferas azules"), *Perlas de Sabiduría* de 1986, vol. 29, nº. 15.

4. El 29 de diciembre de 1170, tras años de conflicto con el rey Enrique II de Inglaterra a causa de los derechos de la Iglesia y el Estado, Thomas Becket, Arzobispo de Canterbury, fue asesinado brutalmente en su catedral por cuatro caballeros que actuaron a partir de un deseo del rey de deshacerse de "este turbulento sacerdote". Becket, que había defendido la Iglesia sin comprometerla, acababa de volver de Francia, donde se había exiliado durante seis años en protesta por el abuso de poder por parte del rey Enrique.

5. Deuteronomio 4:24; 9:3; Hebreos 12:29.

6. Esto se refiere al ciclo de catorce meses de Serapis Bey a través de las esferas del cuerpo causal. Para obtener más información, véase Elizabeth Clare Prophet, "Forteen-Month Cycles of the Initiation of the Christed Ones through the Spheres of the Great Causal Body" ("Ciclos de catorce meses de iniciación de los seres Crísticos a través de las esferas del Gran Cuerpo Causal"), *Perlas de Sabiduría* de 1984, vol. 27, nº. 56, págs. 495-510.

7. Véase Saint Germain, 13 de octubre de 1985, "The Sword of Sanat Kumara: The Judgement of the Rulers in the Earth Who Have Utterly Betrayed Their God and Their People" ("La espada de Sanat

Kumara: El juicio a los gobernantes de la Tierra que han traicionado por completo a su Dios y a su pueblo"), *Perlas de Sabiduría* de 1985, vol. 28, n°. 50, págs. 589-91.

8. Véase Sanat Kumara, 31 de diciembre de 1984, "A Dispensation of the Solar Logoi" ("Una dispensación de los Logos Solares"), *Perlas de Sabiduría* de 1985, vol. 28, n°. 6, pág. 60.

9. 1 Pedro 2:5.

10. 1 Corintios 15:51-53.

11. Judas 4, 12.

CAPÍTULO 20:   **Bautismo de fuego sagrado**

1. Bolsillo de Hércules. En un dictado del 10 de agosto de 1987, Hércules dijo: "Oh amados, este es un momento crucial. Por tanto, tomad asiento en un compartimento de mi conciencia… Podéis subiros a uno los bolsillos que tengo en cantidades infinitas en el forro de mi capa y sentiros a gusto dentro de él… Benditos corazones, sentid el calor y la alegría de este pequeño bolsillo como una hamaca dentro de la capa de un Elohim y sabed que tengo un bolsillo para todos y cada uno de vosotros. ¿Y sabéis que los elfos de Hércules han bordado vuestro nombre en ese bolsillo, que es vuestro camarote privado, todo vuestro?… Os doy esto, que de hecho es una realidad, para que conozcáis el profundo consuelo de los Elohim, para que tengáis un sentimiento de morar conmigo siempre igual que yo moro siempre en el centro del átomo del yo, que vosotros habéis cargado con la voluntad de Dios". (*Perlas de Sabiduría* de 1987, vol. 30, n°. 47, 16 de noviembre de 1987).

2. El gemelo de Géminis. El Morya es el iniciador bajo la jerarquía de Géminis, en la línea de las 5 del reloj cósmico. Al final del dictado que dio el 8 de agosto de 1987, El Morya dijo: "No he terminado de hablar con vosotros, sino que continuaré a niveles internos; ni he terminado este discurso. Pero cierro mi cartera sobre este capítulo para que podáis encontrar paz en la voluntad de Dios y volver a escucharme, amados. Porque ¿acaso puede un Géminis estar sin un gemelo?". (*Perlas de Sabiduría* de 1987, vol. 30, n°. 46, 15 de noviembre de 1987).

3. Esto se refiere al servicio anterior al dictado de El Morya en el cual la Mensajera dio una enseñanza sobre los OVNI, sobre un próximo evento llamado la Convergencia Armónica (que suponía un intento de entrar en contacto con OVNIS) y sobre los caídos y su manipulación. La Mensajera hizo intensos llamados para que se eliminaran estas fuerzas del planeta.

4. Esto se refiere al "Preámbulo alternativo al 10.00, Oraciones al Arcángel Miguel para la liberación del pueblo de Dios en la Tierra", en *Oraciones, meditaciones y decretos dinámicos para la transformación personal y del mundo*, págs. 177-83. A lo largo de varios años, en respuesta a los múltiples problemas por todo el planeta necesitados de oraciones y decretos (guerras, calamidades, clima, defensa, libertad, sociedad, etc.), la organización ha publicado un librito como foco para los decretos con insertos detallados como oraciones. Además, una hoja con el foco del mes y otra con el foco semanal proporcionan información sobre las situaciones actuales y urgentes que necesitan oraciones.

5. El foco de los Elohim en el Retiro Royal Teton. Los siete focos de los Elohim están enclaustrados en el Retiro Royal Teton, antiguo foco de luz congruente con el Grand Teton, en el estado de Wyoming. Los rayos se concentran y afianzan en una gran imagen del Ojo Omnividente de Dios ubicado en un salón de consejo del retiro. El 28 de marzo de 1986, el Señor Lanto llamó a los Elohim: "Yo, Lanto, os convoco en este momento al Retiro Royal Teton y a nuestra montaña. Por tanto, venid al Grand Teton, oh Elohim. Intensificad estos focos de siete rayos sobre la frente de las llamas gemelas". El Señor Lanto invitó a que las almas y sus llamas gemelas acudieran al Grand Teton esa noche mientras su cuerpo dormía para recibir la dispensación del "alineamiento del ser interior y el ovoide ígneo y los chakras a manos de los Elohim, que pondrán sus manos sobre la frente de la forma masculina y femenina. Porque de los Elohim en el núcleo de fuego blanco del ser saliste en este forma como la polaridad del ser". (*Perlas de Sabiduría* de 1986, vol. 29, n°. 40, 24 de agosto de 1986).

6. Apocalipsis 10:1.

7. Salmos 104:4; Hebreos 1:7.

8. La mente Géminis. Dictado de El Morya, "The Gemini Mind: For the Governing of Society and the Self" ("La mente Géminis: para gobernar la sociedad y al yo"), del 8 de octubre de 1977, publicado aquí como capítulo 17, pág. 191.

CAPÍTULO 21: **Defended la verdad**

Este dictado de El Morya está publicado en su totalidad en las *Perlas de Sabiduría* de 1995, vol. 38, n°. 8, 19 de febrero de 1995.

1. El Morya, representando a los Elohim y arcángeles del primer rayo, dio este dictado durante la conferencia *Clase de los Siete Chohanes (Class of the Seven Chohans)* con el Maha Chohán, celebrada del 29

de diciembre de 1994 al 1 de enero de 1995 en el Rancho Royal Teton, Park County (Montana).

2. Juan 15:20; Mateo 5:11, 12.

3. La defensa de los espartanos en Termópilas. En 480 a. C., Leónidas, rey de Esparta, comandó a los griegos en su heroica defensa contra la invasión del inmenso ejército persa en el paso de las Termópilas, entrada a Grecia central. Aunque los persas superaban enormemente en número a los griegos, Leónidas opuso resistencia al avance del ejército enemigo, comandado por el rey Jerjes, durante dos días. Al tercero, cuando los persas se acercaron desde la retaguardia y no teniendo los espartanos ningún refuerzo a la vista, Leónidas despidió a la mayor parte de su ejército. Con la ayuda del resto de aliados griegos, Leónidas y sus 300 miembros de la guardia real lucharon hasta el final. Esta heroica defensa posibilitó a la flota griega su retirada. Después esa misma flota derrotó a los persas. Leónidas fue una encarnación de Serapis Bey.

4. Romanos 7:15-25; Gálatas 5:16-26; Santiago 4:1-10; 1 Pedro 2:11.

5. Isaías 28:2, 17; Ezequiel 38:22; Apocalipsis 8:7; 11:19; 16:21.

6. Luz Maxín. Como lo describe Phylos el Tibetano en *Habitante de dos planetas (A Dweller on Two Planets),* la Luz Maxín es el "fuego autosustentado" que ardió en el templo de Incal de la Atlántida durante cinco mil años. La llama, que emite "una luz de poder intenso", ardía con la forma de una gigantesca punta de lanza, superior a la estatura de un hombre más de tres veces.

7. La llama del altar. La llama del arca de la alianza arde en el altar mayor, aquí en el retiro de Maitreya. Los altares de la Iglesia Universal y Triunfante que los Guardianes de la Llama cuidan a diario en todo el mundo están conectados con esa llama y reciben sus emanaciones. Para obtener instrucciones sobre cómo hacer un altar sencillo en el hogar, véase *Perlas de Sabiduría* de 1994, vol. 37, n.º 12, pág. 127, n. 10.

8. Solicítese el altar portátil de cinco paneles con la Gráfica de tu Yo Divino y los retratos de Jesucristo, Saint Germain, El Morya y Kuthumi. A todo color y laminado, cartulina gruesa, 14 x 28⅝ pulgadas (35,56 x 72,40 cm).

9. La petición de los maestros de más llama violeta durante la conferencia de octubre. Véase *Perlas de Sabiduría* de 1994, vol. 37, n.º. 39, 40, 42, 43, 44, págs. 449-54, 458-60, 476, 480-82, 509, 511-12, 525-26, 531-32.

10. "Decreto de fuego violeta y tubo de luz", de Saint Germain: decreto 0.01 en *Oraciones, meditaciones y decretos dinámicos para la transformación personal y del mundo.*

11. Mantras de los Cinco budas Dhyani:
    Om Vairochana Om. Om Akshobhya Hum.
    Om Ratnasambhava Tram. Om Amitabha Hrih.
    Om Amoghasiddhi Ah.
    Mejore su meditación sobre los Budas con una litografía de 19 x 23 pulgadas (48,26 x 58,42) del mandala de los Cinco Budas Dhyani. Diseñada al auténtico estilo tibetano, esta litografía de intensos colores combina los símbolos budistas tradicionales con fotografías de estatuas tibetanas y nepalíes de los siglos XIII y XV. También hay disponibles reproducciones de estatuas de los Cinco Budas Dhyani en tarjetas laminadas tamaño billetera. El respaldo de cada tarjeta cuenta con una descripción del Buda, su mantra, símbolo, mudra y el veneno anulado por su Sabiduría, todo lo que ha de saber para invocar su presencia. Disponible en http://Store. SummitLighthouse.org. Véase también "Introducción to the Five Dhyani Buddhas and Their Mandala" ("Introducción a los Cinco Budas Dhyani y su mandala"), en *Perlas de Sabiduría* de 1994, vol. 37, n°. 2, págs. 13:26.

12. Los Maestros Ascendidos alientan la prevención de enfermedades a través de métodos naturales, como una dieta alimenticia disciplinada, hacer ejercicio, tomar aire fresco, una actitud espiritual y mental positiva y un cuidado de la salud inteligente en todos los ámbitos. Sin embargo, todo ello no sustituye a la medicación y el cuidado médico adecuado de un doctor cuando sea necesario. Los maestros no recomiendan evitar los procedimientos médicos establecidos. Tampoco recomiendan la aplicación de cualquier técnica sanadora sin el consejo y la supervisión de un profesional de medicina con licencia.

13. Ezequiel 18:4, 20.

14. Los Maestros Ascendidos El Morya, Kuthumi y Djwal Kul estuvieron encarnados como los tres reyes magos, Melchor, Baltasar y Gaspar.

15. Mateo 2:1-12.

CAPÍTULO 22: ¡Haced limpieza! YO SOY el defensor de mis chelas

1. Lucas 24:13-35.

2. Mantras bija a la Madre Divina. Véase "Bija Mantras to the Feminine Deities" ("Mantras bija a las deidades femeninas"), números 617 y 618 en el *Libro de himnos y canciones* de la Iglesia Universal y Triunfante o números 24 y 27 en el librito de *Ángeles;* o número

22, "Bija Mantras for Chakra Meditation" ("Mantras bija para la meditación en los chakras"), en el librito *Heart, Head and Hand Decrees (Decretos de corazón, cabeza y mano);* todo ello disponible en http://Store.SummitLighthouse.org.

3. Póster de llama violeta que ilustra los chakras sobre la estatua del David de Miguel Ángel. Este bonito póster a todo color mide 19 x 25 pulgadas (48,26 x 63,5 cm); también 5 x 7 pulgadas (12,7 x 17,78 cm); y también viene en tarjeta tamaño billetera; disponible en http://Store.SummitLighthouse.org.

4. 1 Corintios 3:16, 17; 6:19; 2 Corintios 6:16.

5. As Marcianas. Las energías marcianas mal cualificadas son agresión, ira, arrogancia, argumentación, acusación, agitación, apatía, ateísmo, aniquilación, exasperación, enfado y sugerencia mental agresiva. (No todas las palabras empiezan con la letra 'a' en español, pero sí en inglés, de ahí "As Marcianas").

6. Linaje jerárquico. El orden de Gurús en descenso lineal desde Sanat Kumara es el siguiente: Sanat Kumara, Gautama Buda, Señor Maitreya, Jesucristo, Padma Sambhava. El 2 de julio de 1977, Padma Sambhava otorgó el manto de Gurú a la mensajera, Elizabeth Clare Prophet. "Los Maestros Ascendidos —dijo— vienen como testigos vivos a proclamar en este momento que la relación Gurú-chela ahora puede sustentarse en esta octava a través de la llama del corazón de la Madre". (Véase *Perlas de Sabiduría* de 1991, vol. 34, n.º 1, págs. 2, 3; y *Perlas de Sabiduría* de 1984, vol. 27, Libro I, Introducción, págs. 66-73).

CAPÍTULO 23: **El Espíritu de la Gran Hermandad Blanca educa el deseo mediante el control Divino**

1. Ciclo Oscuro en Géminis. El 23 de abril de 1986, el Ciclo Oscuro entró en su decimoctavo año, indicando el regreso del karma personal y planetario acumulado a través del mal uso de la luz de Dios y el fracaso en las iniciaciones Crísticas bajo la jerarquía de Géminis, en la línea de las 5 del reloj cósmico. (Para obtener más información sobre este tema, véase *Perlas de Sabiduría* de 1986, vol. 29, n.º 23, pág. 217, n. 3). Durante el servicio previo al dictado, la Mensajera dirigió a la congregación en decretos e invocaciones para la purificación del Ciclo Oscuro en Géminis. El servicio "Gemini Clearance and Dictation" está disponible en http://www.SummitLighthouse.org, en la zona para miembros ("Broadcast", "Replays On-Demand", bajar hasta "Clearance Replays", donde el servicio está enumerado).

2. Véase El Morya, 8 de octubre de 1977, "The Gemini Mind: For the Governing of Society and the Self" ("La mente Géminis: para gobernar la sociedad y al yo"), capítulo 17 de este libro.

3. Hechos 17:26; Deuteronomio 32:8.

4. Mateo 24:20; Marcos 13:18.

5. Véase Arcángel Chamuel y Caridad, 7 de julio de 1985, "The Mystery of Love" ("El misterio del amor"), *Perlas de Sabiduría* de 1985, vol. 28, n.º 39, pág. 485.

6. Hebreos 12:1.

7. Proverbios 23:7.

8. Para acceder a la limpieza de Géminis, véase nota 1 más arriba.

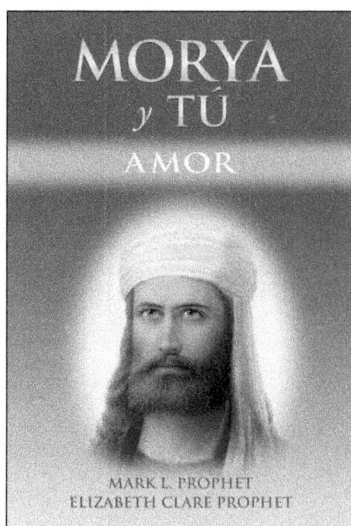

Morya y tú
Amor

Mark L. Prophet y Elizabeth Clare Prophet

A veces miramos a los ojos a un extraño y en un destello lo reconocemos: ¡conozco a esta persona! Posiblemente sientas una conexión instantánea en tu alma al mirar los ojos del ser fiero cuyo retrato adorna la cubierta de este libro. ¿Quién es?

Se trata del Maestro Ascendido El Morya. Ahora es un ser puramente espiritual, pero El Morya ha tenido muchas encarnaciones terrenales en las que millones de almas lo conocieron de manera íntima: como padre, hermano, instructor, gobernante y amigo. Fue Abraham. Fue Sir Tomás Moro. Fue Akbar el Grande. Y tuvo muchas más vidas en las que fue un ejemplo de guía y amor paternal.

Tú bien podrías ser uno de los millones de personas que lo conocieron. El problema es que lo has olvidado al centrarte en la vida actual.

Pero el Maestro Morya no te ha olvidado. Él busca a sus estudiantes y amigos de antaño y tiene los ojos puesto en ti. Su corazón anhela tenerte. Tiene importantes enseñanzas que transmitirte y está listo para llevarte de la mano al siguiente paso del sendero espiritual. ¡Conócelo! Conoce sus vidas pasadas explicadas en el Apéndice. Empápate de sus tiernos cuidados a tu alma, expresados con sus propias palabras en los 26 mensajes de este libro.

Deja que El Morya le hable a tu corazón. Agradecerás haber vuelto a conectarte con un querido amigo a quien has conocido durante muchísimo tiempo.

The Summit Lighthouse®
63 Summit Way
Gardiner, Montana 59030 USA
1-800-245-5445 / 406-848-9500
Se habla español.

TSLinfo@TSL.org
SummitLighthouse.org
www.SummitLighthouse.org/El-Morya/
www.ElMorya.org

Mark L. Prophet (1918-1973) y Elizabeth Clare Prophet (1939-2009) fueron pioneros visionarios de una espiritualidad moderna y autores reconocidos internacionalmente. Sus libros están publicados en más de treinta idiomas, al haberse vendido millones de ejemplares online y en librerías de todo el mundo.

Juntos crearon una organización espiritual mundial que ayuda a miles de personas a encontrar una salida a los problemas humanos y a reconectarse con su divinidad interior. Recorrieron el sendero de los adeptos espirituales, al atravesar las iniciaciones universales conocidas por todos los místicos de Oriente y Occidente. Enseñaron el recorrido de este sendero y describieron sus experiencias para beneficio de quienes deseen progresar espiritualmente.

Mark y Elizabeth dejaron una amplia biblioteca de enseñanzas espirituales de los Maestros Ascendidos y una comunidad mundial creciente de personas que estudian y practican estas enseñanzas.

www.ingramcontent.com/pod-product-compliance
Lightning Source LLC
Chambersburg PA
CBHW060245100426
42742CB00011B/1646